Zeitreise
zum Ursprung
und in die Zukunft

ISBN 978-91-986787-5-8 (Taschenbuch)

ISBN 978-91-986787-6-5 (gebundenes Buch)

Zuerst auf Schwedisch gedruckt.

Erste Ausgabe 2021.

Englischer Titel: *Time Journey to the Origin and the Future*

Deutsche Übersetzung: Marlon Heisenberg

Weitere Bücher von Mariana Stjerna in Deutsch:
Auf Engelsflügeln
Das Unsichtbare Volk, In der magischen Welt der Natur
Agartha, Die Welt im Inneren der Erde
Auf einer Mission im All, Ausgehend von Agartha

Weitere Bücher von Mariana Stjerna in Englisch:
On Angels' Wings
The Bible Bluff
The Invisible People
Agartha - The Earth's Inner World
Mission Space

SoulLink Publisher
www.SoulLink.se
info@SoulLink.se

Mariana Stjerna

Zeitreise zum Ursprung und in die Zukunft

SoulLink Publisher

Jan Fridegård (1897-1968) wuchs als Landarbeiter auf und versuchte sich in verschiedenen Berufen, bevor er als Schriftsteller debütierte: *One Night in July* (1933). Seine autobiografische Roman-Trilogie über Lars Hård ist vielleicht sein bestes Werk. Der Tod seines Vaters weckte ein verborgenes Interesse für das Übernatürliche, das sich in *The Tower Rooster* (1941) manifestierte.

Inhalt

Marianas Einleitung

Auf die Bitte vieler Menschen hin, habe ich mich endlich dazu entschlossen, einen zweiten Teil von *Auf Engelsflügeln* zu schreiben. Jan Fridegård hat mich schon lange wissen lassen, dass er mehr zu erzählen hat, aber erst jetzt war ich bereit zuzuhören. Deshalb setze ich mich an einem bedeckten Tag im Juli an meinen Computer und leere mich für die höheren Energien, damit sie in Form einer spannenden Geschichte hervortreten können, die uns über Zeit und Raum hinaus in ein Universum führt, das wir uns vielleicht vorstellen, aber nicht kennen.

Ich habe ein kleines Schmuckstück in Form einer Kugel, das mir seit mehr als 50 Jahren sehr wichtig ist. Es hängt immer um meinen Hals an einer kleinen Goldkette. Die Geschichte, wie ich die kleine Kugel bekommen habe, ist so eigenartig, geheimnisvoll und bezaubernd, dass ich sie euch unbedingt erzählen muss, zumal sie in diesem Buch eine besondere Bedeutung hat. Und vergesst nicht, dass die Geschichte von meiner kleinen Kugel wahr ist. Ich habe kein einziges Wort aus der ursprünglichen Geschichte, die mir mein englischer Freund Gerald R. erzählt hat, hinzugefügt oder abgezogen. Ich möchte mit dieser bemerkenswerten Geschichte beginnen, die mich seit so vielen Jahren verfolgt.

Es war das Jahr 1948, und ich reiste nach England, um meine Sprachkenntnisse vor meinem Abitur als Privatschülerin zu verbessern. Ich fuhr zusammen mit einer Freundin nach Penzance, das im Süden Cornwalls liegt. Dort hatten wir ein Zimmer in einem Familiengästehaus, einem sogenannten *Boarding House*, gebucht, das sich als ein ziemlich seltsamer

Ort herausstellte. Der Besitzer, Herr Gerald R., hatte einen großen Teil seines Lebens in Fernost verbracht, unter anderem in Indochina. Die gesamte Pension war von seinen Reisen geprägt. Es gab eine einzigartige Mischung aus wertvollen Antiquitäten und Krimskrams, kleine Reiseerinnerungen von allen Basaren der Welt.

England litt noch unter den Folgen des Zweiten Weltkriegs und die Essensrationen im Gästehaus waren eher knapp bemessen - außer für mich und meiner Freundin. Wir wurden wie Könige behandelt, ohne zu verstehen warum! Es fehlte an nichts auf unserem Tisch und wir bemerkten, dass die anderen Gäste neidisch wurden. Herr R. und seine Familie machten ganz offen einen Aufstand um uns und wir fügten uns und genossen es.

Jeden Abend wurden wir in das private Wohnzimmer von Familie R. eingeladen, wo wir die fantastische Erzählkunst von Herrn R. genossen, zusammen mit einem riesigen Teller köstlicher Sandwiches. Wir waren jung und hungrig nach beidem: Essen und Kultur. Außerdem war das abenteuerliche Leben von Herrn R. vor dem Gästehaus wie ein erstklassiger Roman. Er war der Sohn eines Geistlichen und hatte seine College-Ausbildung in Oxford erhalten. In den Jahren 1914-1915 war er ein Hauptmann im 14. Husarenregiment. 1915 wurde er Major in den Westafrikanischen Grenztruppen und diente in Frankreich, Kamerun und Deutsch-Westafrika. Danach wurde er zum Offizier der Sonderermittlungsabteilung der SS-Polizei in Singapur ernannt, und dieser Job führte ihn in den ganzen Fernen Osten.

Herr R. war ein kleiner, hagerer Mann um die 55 Jahre alt, mit einer großen Nase und schütterem, braunem Haar. Ich hatte ständig das Gefühl, dass er uns noch etwas sagen wollte, etwas, das tief in ihm lag, und als wir von dort abreisten, versprachen wir, mit ihm und seiner Familie in Kontakt zu bleiben. Dies geschah auch, allerdings auf eine sehr unerwartete und bemerkenswerte Weise.

Gerald R. überhäufte mich mit seinen Briefen: lange, interessante, spannende Briefe, und oft waren kleine Geschenke aus seinen Sammlungen darin enthalten. Für mich war es äußerst förderlich, Englisch zu schreiben, da ich im darauffolgenden Frühjahr meinen Abschluss als Privatschülerin machen sollte und ich das Programm für moderne Sprachen gewählt hatte, sodass wir recht intensiv korrespondierten. Am Neujahrswochenende 1949 reiste ich nach Grangärde, um über das Wochenende vor meinen Prüfungen konzentriert zu lernen. Ich wohnte in einem Gästehaus, und am Silvesterabend kam die Gastgeberin keuchend mit der Mitteilung, dass ich zum Postamt in Grangärde gerufen wurde. Das werde ich nie vergessen!

Die Postbeamten versammelten sich um mich und zeigten mir einen kleinen, weißen, sehr dicken Umschlag, der am unteren Rand offen war. Dort ragte ein Wattebausch heraus - er war nicht gerade sauber! Sie versicherten mir, dass niemand den Brief geöffnet hatte. Er war in diesem erbärmlichen Zustand angekommen. Ich öffnete ihn im Beisein von Zeugen. Die Handschrift war mir mittlerweile vertraut: ein Brief von Gerald R. Vor meinen erstaunten Augen rollte ein kleines Knäuel, das aus Knochen zu sein schien, aus der Baumwolle. Darin befand sich auch ein dicker, eng beschriebener Brief, in dem er die Geschichte der kleinen Kugel erzählte, die seltsame Symbole trug.

Im Jahr 1921 verbrachte Gerald einige Zeit in der indischen Armee. Eines Tages fragte er einen sehr hoch gebildeten, alten indischen Beamten, ob er einen echten Yogi kenne. Gerald wusste, dass es noch lebende Männer gab, die Hüter der ungeschriebenen Weisheit durch die Jahrhunderte waren, die in Form von Zeichen und geheimen Worten von Meister zu

Die kleine Kugel (10 x 11 mm) ist mit seltsamen Symbolen versehen und das Material ist von unbekannter Herkunft. Erst jetzt beginnt das Rätsel langsam seine Lösung zu finden.

Schüler weitergegeben worden war. Sie war niemals Fremden gegenüber offenbart worden. Der Beamte antwortete, dass er die Existenz dieser geheimen Wissenschaft nicht bezweifle und dass es einige Eingeweihte gäbe, die davon wüssten. Man dürfe nicht glauben, fügte der alte Mann hinzu, dass diese Weisen dasselbe seien wie aschebedeckte Zauberer oder jonglierende Fakire. Er erzählte mir, dass ein Sadhu - so werden die eingeweihten Weisen genannt - in der Stadt zu Besuch war. Dieser Mann hieß Sadhu Bisudhanan Dhan, und sicherlich würde Gerald ihn kennenlernen. Der Sadhu glaubte, dass alle Energie auf unserem Planeten von "unserem Herrn, der Sonne" stammt. Alle Macht über irdische Dinge existiert in den Strahlen der Sonne, wenn man die richtigen Wege findet, sie zu erreichen. Er war sehr bescheiden und genoss nicht allzu viel Aufmerksamkeit. Er studierte "Swabigan", oder "die Kraft des Lichts", die zu einem magischen Wissen führte. Indem er Lichtstrahlen durch eine Lupe konzentrierte, hatte er es geschafft, tote Vögel wieder zum Leben zu erwecken.

Es war der 25. März, als Gerald in der Residenz des Sadhus ankam. Er fand den Mann auf der Veranda sitzend, umgeben von seinen Jüngern: Bengalis, wohlhabende intelligente

Kaufleute und Beamte. Der Sadhu saß auf einem langen, niedrigen Stuhl. Er hatte einen grauen Bart und er trug ein einfaches, safranfarbenes Tuch um seinen Körper und die brahmanische Schnur. Er hatte einen witzigen, amüsanten Gesichtsausdruck und ungewöhnlich große Augen, die voller Humor waren. Es schien, als sähe er direkt durch einen hindurch, direkt in die Ewigkeiten des Raumes... Er drückte Geralds Hand und bat ihn, sich zu setzen. Die Stille war fast peinlich. Die Jünger starrten Gerald an, und er fühlte sich unwohl.

"Stell ihm eine Frage und er wird sie beantworten", sagte jemand.

"Warum bin ich hierher gekommen?", fragte Gerald, denn er wusste es nicht wirklich.

"Genau in diesem Moment", antwortete der Sadhu ernst, "geschieht etwas, das für dein Leben von großer Bedeutung sein wird. Alles, was ich für dich tun kann, ist dir zu helfen, das Ereignis zu erkennen, wenn es zu dir kommt. Deshalb bist du hier. Ich möchte, dass du dich an das Zeichen erinnerst, das ich dir geben werde. Merke es dir, merke es dir! Es wird so viel davon abhängen."

Gerald schaute auf seine Uhr. Sie zeigte ein paar Minuten nach neun. Der alte Mann schickte einen seiner Jünger los, um eine Lupe und ein Stück Baumwolltuch zu holen. Er reichte Gerald das Baumwolltuch, das nach nichts roch. Das Vergrößerungsglas war eine doppelt konvexe Linse mit einem kleinen Stahlgriff. Gerald erinnerte sich an alles, bis ins kleinste Detail. Er saß ganz nah bei dem Sadhu und beobachtete jede einzelne Bewegung des alten Mannes. Der Sadhu packte das Baumwolltuch zwischen Zeigefinger und Daumen seiner linken Hand, während er das Vergrößerungsglas in seiner rechten Hand hielt. Er stellte das Glas so ein, dass ein Sonnenstrahl auf den Stofffleck schien. Nach einer Weile bat er Gerald, an dem

Stofffleck zu riechen. Es roch nach Veilchen. Dann riss er ein Stück des Stoffes ab und wiederholte das gleiche Manöver. Es roch nach Rose.

"Das sind zwei schöne Düfte, die du wiedererkennst, aber sie haben keine besondere Bedeutung für dich. Ich wollte dir zeigen, dass ich jeden beliebigen Duft erzeugen kann. Jetzt wirst du einen Duft erleben, den du eines schönen Tages wiedererkennen wirst, auch wenn du es jetzt nicht tust. Versuche, ihn dir gut zu merken!"

Wieder ging er die gleiche Prozedur durch. Gerald roch an dem Tuch und nahm einen ungewohnten Duft wahr, einen Duft, den er nie vergessen würde. Der Duft war ein Parfüm von Guerlain (Vol de Nuit), das ich bei meinem Besuch in England benutzt habe. Der Sadhu legte nun das Vergrößerungsglas beiseite und saß regungslos da. Auf seinen Lippen spielte ein sanftes Lächeln. Es gab nichts in seiner Nähe, was den eigentümlichen Duft aufnehmen konnte. Er war nackt bis zur Hüfte. Er wusste nicht im Voraus, dass Gerald ihn besuchen würde. Das Ganze muss völlig unvorbereitet gewesen sein.

Gerald fragte sich, ob der Sadhu hypnotische Kräfte hatte. Der Schüler antwortete, dass dies die erste Fähigkeit war, die er bei der Großen Weißen Bruderschaft in Tibet erlernte, wo er vor vierzig Jahren in die Lehre ging. Aber an diesem Tag hatte er keine Hypnose angewendet. Gerald blieb lange bei dem alten Sadhu, und ihm wurden viele seltsame Geschichten erzählt. Als Gerald ging, befahl ihm der alte Mann, den Duft nie zu vergessen. Es war ein Schock, als er ihn so viele Jahre später an einem jungen Mädchen aus Schweden erkannte. Doch dann wagte er nicht, über das zu sprechen, was am 25. März 1921, zwischen 9 und 10 Uhr, in einer kleinen indischen Stadt geschehen war. - Am 25. März 1921, zwischen 9 und 10 Uhr, wurde ich in der südlichen Entbindungsklinik in Stockholm geboren. Es war Karfreitag.

Für Gerald war das die erste Verbindung, die er in Bezug auf mich erlebte. Trotz seines erzählerischen Talents war er ein schüchterner Mann und hatte sich nicht getraut, ein Wort über all das zu verraten, als ich in Penzance war.

Nun kehren wir zu dem Brief mit der Kugel zurück, dem seltsamen kleinen Gegenstand, der immer um meinen Hals hängt. Es war das Jahr 1930. Zu dieser Zeit war Gerald in Singapur (Malaysia) stationiert, als er den Befehl erhielt, nach Saigon (Vietnam) zu reisen, um einen Chinesen zu fangen, der ein Drogenhändler und Unruhestifter war. Er hatte eine ganze Reihe von früheren Auseinandersetzungen mit dem Kriminellen gehabt, und das war der Grund, warum er den Auftrag erhielt. Er war froh, Singapur zu verlassen und noch glücklicher darüber, nach Saigon zu kommen, da er dann vielleicht die Chance hätte, zu den alten Tempeln in Angkor (Kambodscha) zu gelangen. Es dauerte eine Woche, bis er Zeit hatte, mit dem Zug nach Angkor zu fahren. Er kam am Abend an und checkte über Nacht in einem Hotel ein. Nach dem Abendessen ging er auf Entdeckungsreise inmitten der Ruinen.

Die Tempelstadt von Angkor, erbaut in den Jahren 800-1200, ist eine der schönsten Ruinen der Welt. Sie wurde in den späten 1800er Jahren mitten im Dschungel entdeckt. Die Franzosen haben den Ort leider in eine Touristenattraktion verwandelt. Die Ruinen sind das, was von der Khmer-Zivilisation übrig geblieben ist, die gegen Ende des 1400 Jahrhunderts verschwand. Der gigantische zentrale Tempel mit seinen reich verzierten Gebäuden, die mit Zinnen und Türmen geschmückt sind, ist von einem Graben umgeben, der mit Wasser gefüllt ist, auf dem malvenfarbene Lotusblumen eine dicke Decke bilden. Die Lotosblumen werden zur Fütterung der Elefanten verwendet. Eine mit Steinen gepflasterte Brücke führt über den Wassergraben und führt durch das Kloster, das einen äußeren Platz bildet. Als nächstes kommt ein kleiner Park vor der Treppe, die zum riesigen Tempel hinaufführt.

Als Gerald an dieser uralten Stätte ankam, sah er die vier seltsam geformten Türme in bewegungsloser Wachsamkeit über diesem kolossalen Monument zur Ehre Brahmas wachen, und es fühlte sich seltsam an, zu wissen, dass all das vor über tausend Jahren von einem bereits vergessenen Volk erbaut wurde. Schwere Wolken zogen mit hoher Geschwindigkeit über den schwarzen Nachthimmel. Unberechenbare Brisen mit heißem Wind kamen aus dem Südwesten. Die Monsunzeit stand kurz bevor. Von den fernen Bergen war ein leises, drohendes Donnergrollen zu hören. Alles andere war still; es war, als stünde die Nacht still, regungslos und wartend auf einen heißen, drängenden Vorboten, der sich näherte.

Gerald begann langsam, eine der Terrassen hinaufzuklettern. Er war erstaunt über die eigentümliche, geisterhafte Schönheit, die ihn umgab, als seine Aufmerksamkeit von einem Geräusch erregt wurde, als ob sich jemand in seiner Nähe bewegte. Als er sich umdrehte, sah er einen alten Priester in einem gelben Mantel. Er sah eher aus wie ein Mischling als wie ein Einheimischer. Er tauchte plötzlich auf, wie aus dem Nichts. Gerald war zuvor ganz allein auf der Treppe gewesen. Gerald sprach mit ihm in zwei indischen Dialekten und dann auf Malaiisch, aber der Priester schien ihn nicht zu verstehen. Er schaute Gerald fragend an und schließlich antwortete er in einer seltsamen Sprache, die dem Hindustani ähnelte. Gerald verstand reines Hindustani, aber der Dialekt des alten Mannes war knifflig. Schließlich gelang es Gerald jedoch, etwas von dem zu verstehen, worüber der alte Mann sprach.

Der Priester sagte, er habe gewusst, dass Gerald eines Tages ankommen würde. Der alte Mann hatte eine Nachricht für ihn und bat ihn, ganz genau zuzuhören. Er sagte, dass Gerald sehr bald in große Gefahr geraten würde, aber die Dunkelheit würde ihm zu Hilfe kommen. Nach einer Reihe von Jahren würde eine

Frau aus einem fremden Land Gerald besuchen und er würde sie sofort erkennen. Bei der Begegnung mit ihr würde er ihr den Gegenstand geben, den der Priester ihm nun übergab. Er reichte Gerald etwas, das in ein Stück schmutziges Tuch eingewickelt war. Er sagte, dass er nichts mehr zu sagen hätte, aber dass alles zu gegebener Zeit enthüllt werden würde. Er drehte sich um und verschwand in den Schatten, ohne auch nur seine Bettelschale ausgestreckt zu haben, was etwas sehr Ungewöhnliches war.

Als Gerald in sein Hotel zurückkehrte, fragte er den Besitzer, wer der alte Priester gewesen sein könnte. Der Besitzer war sehr überrascht und erklärte Gerald, dass er sich sicherlich geirrt hatte. Kein Einheimischer wollte nach Einbruch der Dunkelheit das Ruinengebiet betreten. Außerdem passte die Beschreibung des Priesters auf keinen Typ von Einheimischen, den es dort gab. Der Dialekt, den Gerald beschrieb, war ein sehr alter, der schon seit mehreren hundert Jahren absolut nicht mehr in Gebrauch war.

Ein paar Tage später begegnete Gerald dem Chinesen, den er verfolgte. Es war in einer schrecklichen, dreckigen und überfüllten Taverne unten am Hafen. Es wurde ein unangenehmes Treffen, bei dem Messer um ihn herumschwirrten und harte Augen mörderische Pläne verrieten. Gerald warf einen Tisch um und versteckte sich dahinter, während er die Lampe an der Decke in Stücke schoss. Danach stürzte er sich in der Dunkelheit auf den Verbrecher. Draußen warteten Geralds Polizisten, und als sie den Schuss hörten, stürzten sie herein und erledigten den Schmuggler kurzerhand. So kam ihm die Dunkelheit zu Hilfe, wie es der alte Priester vorhergesagt hatte.

Seit diesem Tag trug Gerald ständig die kleine Kugel. Als ich im Gästehaus übernachtete, hatte er sie mir geben wollen, aber er hatte sich nicht getraut. Nun fühlte er, dass er sie weggeben musste, und dass ich es war, der sie erhalten sollte. Seitdem trage ich sie.

Ich schrieb mit Gerald den ganzen Januar 1949 über, als seine Briefe plötzlich aufhörten. Nach einiger Zeit kam ein Brief von einem alten Mann, der ein enger Freund von Gerald war. Er teilte mir mit, dass Gerald plötzlich an blutenden Geschwüren gestorben war. Seine Mission war erfüllt, da ich die Kugel bekommen hatte - zumindest fühlte es sich so an. Es dauerte mehr als 50 Jahre, bis ich begann, die Erklärung der Kugel zu verstehen. Ich habe sie sowohl von Juwelieren in Stockholm als auch von einem Paar Medien untersuchen lassen. Das Material ist völlig unbekannt. Es wurde analysiert, und es existiert einfach nicht auf der Erde! Ein Medium behauptete, die Kugel stamme aus Atlantis, das andere Medium sagte, sie sei außerirdischen Ursprungs. Es war die letztere Behauptung, die sich als richtig herausstellte. Aber das ist eine andere Geschichte, die zu gegebener Zeit in diesem Buch erzählt werden wird.

Jan Fridegård wird uns, wie schon in *Auf Engelsflügeln*, auf seine eigene Art und Weise weiter erzählen. Deshalb erteile ich ihm das Wort.

Mariana Stjerna

Jan Fridegård's Einleitung

Am Ende des Buches *Auf Engelsflügeln* sagte ich "Au revoir!" zu meinen Lesern. Eine Fortsetzung meiner Geschichten aus einer Welt über, um und in einer Welt ist bis jetzt nicht in den Vordergrund getreten. Seit dem letzten Mal - damals war das Jahr 1998 - ist viel passiert und ich denke, dass die Welt nun bereit ist, nicht nur eine, sondern mehrere Botschaften über all die Möglichkeiten, die den Menschen zur Verfügung stehen, zu empfangen. Ich habe hier unter den goldumrandeten Wolken, wo ich mit meiner Harfe herumklimpere, viel mehr erlebt...

Nein, das war nur ein Scherz. Ich hoffe, ihr habt in meinem letzten Buch eine Vorstellung von etwas ganz anderem bekommen. Aber eine meiner Aufgaben in dieser Realität ist es, zu reisen und zu lernen. Das habe ich wirklich getan. Mit der Geschwindigkeit der Gedanken zu reisen, gibt es kein Hindernis, um Dinge zu erleben, große Abenteuer und Tiefensondierungen in den dunkelgrünen, kristallklaren Gewässern der Philosophie, wo alle Steine Edelsteine sind. Der Bauernjunge aus Sörmland ist begraben und vergessen. Hier gibt es nur Leben, Wiedergeburt und Schöpfungsprozesse verschiedener Art. Von den Schöpfungsprozessen werde ich euch erzählen, da sie für euch Wunder sind. Für mich sind sie Werke aus einer einzigen Quelle, aber ich werde darauf zurückkommen.

Wir beginnen mit einem Rückblick auf die Wesen, die in diesem Leben zu meinen Freunden, Lehrern und Begleitern geworden sind. Ich nenne sie Engel, Meister und Führer, um es für euch einfacher zu machen, sie zu verstehen. Es mag feierlich klingen, aber ihr wisst, dass ich auch hier eine gute Zeit habe!

Humor ist eine Gabe, die die meisten der höheren Wesen wirklich in höchstem Maße besitzen. Schön für mich, der ich dem Lachen so nahe bin!

Zuerst traf ich meinen Schutzengel Jolith. Sie brachte mich zu zwei Wesen, die meine Lehrer und Begleiter in diesem fantastischen Paradiesdschungel werden sollten. Es sind Shala und Zar. Mit ihrer Hilfe durfte ich mein neues, ewiges Leben wie einen Strauß der verschiedensten, wundervollen, üppigen Blumen erleben. Jeder Tag ist nicht nur ein Tag, sondern er prägt sein wunderschönes Muster in meine Seele ein. Jeder Tag ist ein Tag ohne Zeitzählung, ohne Anfang und Ende. Das bedeutet, dass jeder Tag der Tag ist und dass der Tag jetzt ist. Die Zeit breitet ihren prächtigen Teppich ohne ausgefranste Enden aus, denn sie hat keine Enden.

Man könnte meinen, dass, wenn es keine Zeit gibt, es auch keine Notwendigkeit gibt, etwas zu lernen. Die Zeit ist für die Erdenmenschen ein Wettlauf gegen sich selbst - auf keinen Fall gegen uns. Shala und Zar lehrten mich, dass es selbst hier, in den Bergen und Tälern der Ewigkeit, ungeahnte Möglichkeiten gibt. Es gibt so viel zu lernen, zu studieren, zu erfahren und sich mit und zu entwickeln. *Auf Engelsflügeln* beweist dies, und das Gleiche gilt für dieses Buch, *Zeitreise zum Ursprung und in die Zukunft*. Den Titel werdet ihr irgendwann verstehen.

Shala und Zar sind immer noch an meiner Seite. Sie gehen ihre eigenen Wege, wenn sie es wünschen, aber sie sind immer bereit, mir zu helfen, wenn es nötig ist. Sie sind meine Lehrer und Freunde und bleiben es auch. Sie werden mich in diesem Buch voranbringen, sowohl mit Bomben und Granaten, mit leisem Grübeln, als auch mit einem Seufzer des Südwindes.

Ich habe euch in *Auf Engelsflügeln* von den Neun Ältesten des Sirius und von der Göttin Helia erzählt. Schon damals begann die Erde in schlechte Gesellschaft zu geraten, da ein paar andere Globen mit bösartigen Herrschern böse Energien nach Tellus (Erde) schickten. Seitdem ging es bergab, erst eine Achterbahnfahrt, aber heutzutage nur noch bergab. Seit wir *Auf Engelsflügeln* geschrieben haben, gibt es nur noch Elend. Zumindest im Großen und Ganzen. Vor sieben Jahren war die EU noch nicht ganz so verrückt, wie sie es jetzt ist. Die Macht sickert durch, so ist das nun mal. Wir können nichts dagegen tun und die Frage ist, was kannst du tun? Die kleinen Länder haben alle Hände voll zu tun, sich in den Schaum aus den Champagnerflaschen der EU zu legen, mit tropfenden Knien kriechend, die Hände zum Gebet ausgestreckt und die Mundwinkel vom lebensrettenden Wasser benetzt, immer näher zum Big Brother, der ihnen Manna aus seinem reichhaltigen Horn geben wird.

Die EU ist ein Koloss auf Plastikfüßen, der in seiner eigenen Größe herumtaumelt. In der Vergangenheit sprach man von Füßen aus Ton, aber die würden heute nicht mehr halten. Die Plastikfüße sind flexibler, stark und scharf, bis sie von all den Unregelmäßigkeiten da oben im brodelnden Koloss abgenutzt werden. Das Ziel, nämlich ein einziger Herrscher für ganz Europa, wird dann zu einem neuen christlichen Tyrannen. Europa wird mit Sklaven gefüllt.

Wenn die Erde so aussieht, muss man das einfach akzeptieren und dankbar sein, dass man auf der richtigen Seite steht. Aber da ihr Erdlinge nicht versteht, wie ihr vorankommt, müssen wir auf die eine oder andere Weise eingreifen. So wie es jetzt aussieht, wird es in der Tat auf eine andere Weise sein, aber zuerst müssen wir versuchen, euch durch das geschriebene Wort zu erreichen. Der nächste Schritt wird das schreiende Wort sein, und danach wird es still werden.

Ich beabsichtige, euch mit einem spielerischen Engelteig in euren Gesichtern aufzumuntern. Damit meine ich nicht, dass ich euch mit Kuchen bewerfen werde - wir finden das nicht lustig - aber ihr offenbar schon. Euer Humor hat auch seinen

Höhepunkt erreicht, wenn die Gewalt in Richtung des Lachens zurückspielt. Die Engel sind ziemlich verzweifelt. Glücklich und vernünftig denkend wie sie sind, tanzen sie umher und versuchen nicht zu sehen, was die Erdlinge so treiben. Doch es ist ihre Aufgabe, also müssen sie schließlich sowohl zusehen als auch eingreifen. Wenn ihr nur verstehen könntet, dass, wenn etwas Weiches euer Bein streichelt, wenn etwas klickt, wo es nicht klicken sollte, wenn ein Ton von einem Ort erklingt, wo er nicht klingen sollte, dann ist ein Engel unterwegs. Ihr habt sie überall um euch herum, aber selbst wenn sie euch ein Dutzend Torten ins Gesicht werfen würden, würdet ihr es nicht bemerken. Allerdings nimmt ihr die Gewalt wahr, egal ob sie sich als Clown oder als toter Mann in einer Mülltonne bemerkbar macht.

Die Gewalt scheint in den Fernsehern der Familienhäuser Einzug gehalten zu haben, um zu bleiben. Kleine Kinder ducken sich, wenn die Messer wie Funken über die entsetzten Köpfe fliegen, wenn das Blut in Rinnsalen an Wänden und auf den ausgestreckten Körpern der Schauspieler fließt. Für die Kinder ist das Blut echt, auch wenn die Erwachsenen sie beruhigen, dass es Ketchup ist. Begreift ihr nicht, dass ihr uns die Aufgabe erschwert, den Frieden wiederherzustellen, die Kinder zu retten, wenn ihr eure Kinoleinwände und Fernsehsendungen so furchtbar versaut? Wenn Sex, Gewalt, Obszönität, Macht und das pure Böse sogar für Kinderaugen erlaubt sind, dann geht es mit den Erdenbürgern wirklich bergab. Zu kämpfen ist für euch seit Anbeginn der Zeit eine natürliche Sache ... aber was ist mit dem ganzen Rest?

Dies ist ein Warnruf in Moll, der wiederum durch einen Blick in unser irdisches Fernglas ausgelöst wird.

Nun verlassen wir die Erde, und ich werde euch von Reisen in andere Sphären erzählen, die zumindest teilweise ihre Noten in Dur spielen.

1. Der Verlassene Planet

Ich saß in meinem gemütlichen Haus und grübelte. Ich grübelte sicherlich nicht über die Erde, eher über die Sterne. In *Auf Engelsflügeln* konnte ich viel über sie erzählen, dass viele Planeten bewohnt sind und dass es viele Humanoide im Weltall gibt. Das ist auf dem Planeten Erde schwer zu glauben, oder? Zu denken, dass die Menschen es nicht in ihre trägen Gehirne bekommen, dass die Erde einer von Millionen bewohnter Planeten ist. Nicht alle von ihnen beherbergen Humanoide. Es gibt viele Variationen von Leben. Star Trek und Star Wars sind ganz passabel, auch wenn die Romantik zu sehr aufflammt - ich glaube, das habe ich schon mal erwähnt.

Gegenüber von dem Ort, an dem ich grübelnd saß, ist eine Wand, an der alle Nachrichten empfangen werden. Es ist unser Handy, unser Radio, unser Fernseher - kurzum: unser Alles-in-Einem. Wir müssen nicht immer vor dieser Wand sitzen und sie anstarren. Wenn es etwas Wichtiges ist, wird die Nachricht sofort als mentale Projektion in unserem Gehirn ankommen. Bei dieser Gelegenheit erschien das Bild von Zar und er rief mir zu: "Kannst du sofort kommen? Du wirst in die Engelsschule gerufen."

Es gab nichts anderes zu tun, als zu gehorchen. Ich ging sofort zu meiner geliebten Schule, wo ich eine zeitlose Zeit freudiger, spannender und bereichernder Studien verbracht hatte. Zar erwartete mich in der Halle. Sein schneeweißes Haar flackerte ein wenig, als ich die Tür öffnete. Sein junges Gesicht war so offen und fröhlich wie immer; er sah aus wie eine wandelnde Statue von Apollo. Der Kontrast zwischen seinen weißen Haaren und seinem ganzen jugendlichen, kräftigen

Charakter verlieh seiner Erscheinung einen eigentümlichen Reiz.

"Wir gehen zur Sternwarte!", sagte er und nahm meine Hand. Kaum waren seine Worte gesprochen, fanden wir uns inmitten der gigantischen Sternwartenhalle wieder, in der raffinierte Instrumente um das riesige Teleskop aufgereiht waren. Es gab keine Decke; es war völlig offen. Über uns war der Himmel pechschwarz und sternenfunkelnd. Ich hatte viele Sterne und Planeten kennengelernt, aber es gab noch viel, viel mehr. Vor allem die bewohnten Himmelskörper waren wichtig, um den Überblick zu behalten. Ich seufzte. Diese Myriade, diese ewige, schwindelerregende Sternenwelt, wie sollte ich mehr darüber erfahren können? Wie immer las Zar meine Gedanken.

"Niemand kann das", sagte er und lächelte sanft. "Ich glaube, nicht einmal der Große Geist kennt den Namen und die Umstände davon. Aber du bist hier, weil es Zeit ist, zu einer Mission aufzubrechen. Ich werde dich begleiten, denn es ist nicht ungefährlich. Wir gehen zu den Plejaden, aber nicht der Teil, von dem man normalerweise spricht. Die Plejaden sind als sieben Sterne bekannt, aber es sind viel mehr, und es gibt kleine Planeten dahinter, die noch kein Astronom gefunden hat. Zu einem solchen Planeten wollen wir gehen."

"Zu welchem?" fragte ich, natürlich. Es fühlte sich gut an, sich wieder in ein Abenteuer zu stürzen; das letzte war schon lange her.

"Wir nennen ihn Cesteion", antwortete Zar.

"Ist er bewohnt?" fragte ich, obwohl ich die Antwort schon kannte.

"Ja, das könnte man so sagen; auf jeden Fall wird er bald bewohnt sein", antwortete Zar kryptisch. Er wickelte seinen gelben Mantel um uns beide und dann ging es ab nach oben.

"Cestius war plebejisch!", rief ich in den tosenden Wind, während ich festen Boden unter meinen Füßen spürte.

"Bravo!" Zar erwiderte amüsiert. "Daher stammt auch der Name. Cesteion ist ein ausgestoßener Planet, ein sehr kleiner Ball im großen Spiel. Trotz seiner Ausgrenzung und seiner Position außerhalb der Plejaden, so weit draußen, dass der nächste plejadische Stern kaum zu erkennen ist, kämpft dieser kleine Planet um seinen Wert im Kosmos. Also ein echter Plebejer."

"Ich glaube mich zu erinnern", fuhr ich fort, als der gelehrte Mann, für den ich mich hielt, "dass die Plebejer in Rom um die Gleichstellung mit den Patriziern kämpften. Schließlich gewannen sie sie, aber sie wurden von vielen unterschätzt, die nur ihre Armut und ihren niedrigen Status sahen. Die dunkle Masse, wie sie genannt wurden, durfte keine weißen Togas tragen wie die Patrizier. Wir nennen sie arm und ungebildet, aber das war eigentlich nicht der Fall."

"Ganz recht", nickte Zar. "Genau so ist es hier auch. Und jetzt sieh dich um."

Ich lugte aus seiner Mantelklappe hervor und sah mich genau um. Wie interessant bei einem plebejischen Planeten!

Doch was ich sah, konnte man kaum als plebejisch bezeichnen. Wir standen hoch oben auf einer Klippe und hatten einen unvergleichlichen Blick auf die Nachbarschaft. Ich konnte nicht anders, als es mit der Erde zu vergleichen. Die Klippe war nicht ganz grau, an manchen Stellen war sie glänzend schwarz und glitzernd rot und hier und da war sie mit dem smaragdgrünsten Moos bedeckt, das ich je gesehen habe. Die Klippe fiel auf unserer Seite ziemlich abrupt ab und darunter war ein großer Wasserfall, aber als ich mich umdrehte und ein paar Schritte in die entgegengesetzte Richtung machte, entdeckte ich, dass der Fluss, aus dem der Wasserfall kam, eine Biegung in eine andere Richtung machte, sodass er ein U bildete. Auf beiden Seiten des U gab es Siedlungen. Dächer an Dächer bildeten von hier oben ein Muster, und es war ein wunderschönes, grün und kupfer schimmerndes Muster. Ich erkannte, dass die rote Farbe auf der Klippe mit Kupfer zu tun hatte. Zar stand die ganze Zeit lächelnd da, und dann gab er mir ein Zeichen, ihm zu folgen.

"Es wird Zeit, dass wir uns das Dorf dort unten genauer ansehen", sagte er. "Wenn du genau hinsiehst, verläuft dort drüben ein schmaler Pfad. Willst du sehen, ob er nach unten führt?"

Das tat er. Er war eng und hatte dünne Stufen, die zwischen kleine Vorsprünge gemeißelt waren. Ansonsten wäre es für einen Menschen unmöglich gewesen, lebendig von der Klippe herunterzukommen. Wir schwebten natürlich, wie immer, aber nach unten zu schweben fühlt sich nicht so angenehm an, wie nach oben zu schweben. Ich konzentrierte mich darauf, in meinem langen blauen Gewand nicht zu stolpern, und Zar lachte mich an.

"Wie viel Zeit brauchst du wirklich, um ein Engel zu werden?", neckte er. Endlich standen wir im oberen Teil des Dorfes. Die Treppe führte bis hinunter zum Wasser und der obere Teil der Häuser war mit dem unteren durch eine sehr primitive Brücke aus Baumstämmen verbunden, die von den Wellen des Flusses halb überflutet wurde. "Wo sind die Menschen?" fragte ich Zar lautstark.

"Wir sind hierher gekommen, um das herauszufinden", antwortete er, "für den Fall, dass es Menschen sind. Das wissen wir auch nicht."

"Die Häuser müssen von Menschen gebaut sein", beteuerte ich. "Sie sind einfach, scheinen aber voll bewohnbar zu sein."

Es gab einen schmalen Durchgang zwischen den Häusern, die so dicht beieinander standen, dass sich ihre Dachkanten trafen. Zar suchte sich wahllos ein Haus aus - sie sahen alle gleich aus, aber dieses hier hatte ein grünes Schild an seiner niedrigen Tür. Niemand öffnete. Zar erlaubte sich, die Tür zu öffnen und wir schauten hinein. Der einzige Raum war leer. Es gab vier lange, hölzerne Kojen, die vermutlich Betten waren, einen niedrigen Tisch, aber keine Stühle. Die Bewohner saßen wahrscheinlich auf dem Boden. In der Mitte des Bodens war eine Feuerstelle und in der Decke befand sich ein Rauchabzug, den wir vorher nicht bemerkt hatten.

"Glaubst du, dass hier Menschen leben?" fragte ich.

"Ich sehe Essensreste auf dem Tisch, das Holz glüht am Boden der Feuerstelle, und es riecht irgendwie warm", antwortete Zar wie der schlechteste Sherlock Holmes.

Wir schauten in weitere Hütten, aber überall war es leer. An vielen Stellen gab es Anzeichen dafür, dass es vor kurzem noch Leben gegeben hatte. Wo konnten nur alle sein?

"Wir sind hierher gekommen, um den Grundstein für eine neue Rasse zu legen", erklärte Zar. "Schließlich muss es doch irgendwo jemanden oder etwas geben..." Wir waren bis zum Fluss gekommen, ungefähr in der Mitte des U. Zar hob seinen Mantel und ging auf Zehenspitzen vorsichtig über die nassen, glitschigen Baumstämme. Ich folgte ihm, während ich ein kleines Gebet sprach, dass ich nicht ins Wasser stolpern würde. Ich hatte völlig vergessen, dass ich ein Engel war, und fühlte nur noch menschliche Grenzen, bis Zar mich ziemlich grob am Arm packte.

"Wir gehen da rein!", flüsterte er und deutete auf eine der Hütten am anderen Flussufer. Eine schmale Rauchfahne stieg vom Dach auf, und ein winziges bisschen Licht war durch die offene Tür zu sehen. Fenster gab es nicht; die Hütten waren völlig glatt, aus Lehm und Zweigen gebaut. Wir wagten uns bis an die Tür und steckten unsere Köpfe hinein. Aber wir zogen sie genauso schnell wieder zurück.

Dort drinnen fand gerade eine Geburt statt. Ein Wesen lag auf dem Boden, ganz allein. Ihr Bauch war geschwollen und ihre Beine waren gespreizt. Das Wesen wimmerte und heulte. Die

Frau (falls es eine Frau war) hatte einen menschlichen Körper, aber ihre Hautfarbe war gräulich und ihr Kopf ziemlich groß. Ihre Augen waren groß und schwarz und gerade jetzt mit Angst gefüllt. Keine Menschenseele war in ihrer Nähe; sie schien völlig verlassen zu sein. Ein langgezogener Schrei war zu hören und wir schauten wieder hinein. Die Geburt war in vollem Gange. Zar betrat die Hütte und stellte sich an das Fußende der Frau. Er gab mir ein Zeichen, dass ich zu ihrem Kopfende gehen sollte. Die Schmerzen müssen unerträglich gewesen sein, denn die arme Mutter schrie und brüllte, während das Kind in kleinen, vorsichtigen Zuckungen herausgeschoben wurde. Ich packte die Arme der Frau, während Zar dem Kind half, den sicheren Schoß der Mutter zu verlassen. Dann war alles vorbei.

Die Mutter lag mit geschlossenen Augen da; es schien, als ob sie schliefe. Zar wickelte das Kind in ein Tuch, das auf dem Tisch lag. Er rieb es und machte dann ein Zeichen, dass ich kommen solle. Ich wollte den Kopf der Frau nicht ablegen, sie sah so schrecklich tot aus. Aber als ich den kleinen Jungen sah, war ich erstaunt.

Es war ein ganz menschliches, höchst entzückendes Baby, das die Welt mit einem Heulen begrüßte, wie es die meisten Kinder tun. Zar schnitt die Nabelschnur mit einem Messer durch und verließ dann den Raum, während ich mit dem Kleinen in meinen Armen zurückblieb und absolut nicht wusste, was ich tun sollte. Die Mutter war eine Art Humanoid, ganz anders als ein Mensch. Ihre Nase und ihr Mund waren zu einer Nase zusammengepresst, und ihr Kinn war nicht vorhanden. Das Baby in meinen Armen war rosig und hellhäutig, und als es seinen kleinen Mund öffnete, um einen wütenden Schrei auszustoßen, sah ich, wie sich darin eine höchst menschliche kleine Zunge bewegte, die einem Rosenblatt ähnelte.

"Wir sind hierher gekommen, um eine neue Generation zu

gründen", hörte ich Zars Stimme hinter mir. "Ich habe überall gesucht, aber es gibt nirgendwo Leben. Der Planet könnte an anderen Stellen bewohnt sein; das müssen wir herausfinden."

"Die Mutter scheint tot zu sein; wie soll ein einsames Baby hier überleben?" fragte ich erschrocken. "Glaubst du, sie war... mit einem normalen Menschen zusammen, einem Erdling? Das Kind sieht aus wie ein ganz gewöhnliches Menschenbaby, vielleicht aus einem südlichen Land, da sein Haar so schwarz ist."

"Jetzt wacht sie auf!" bemerkte Zar ruhig. "Wir sollten uns ein bisschen besser materialisieren, damit sie uns sehen kann." Das taten wir, und das führte zu einem erneuten heftigen Schrei.

Zar lächelte freundlich und legte das Baby neben sie. Sie starrte uns mit ihren großen dunklen Augen an. Ihr Mund/Nase war halb geöffnet und sie atmete schwer. Zar versuchte, mit ihr in verschiedenen Sprachen zu sprechen, die ich nicht verstand. Ich hatte andere Dinge zu tun, als mich mit Sprachstudien zu beschäftigen. Die Frau starrte Zar verständnislos an. Dann, nach einer langen Weile, kam ein gurrender Laut, der vielleicht ein Lachen war.

"Endlich versteht sie, was ich sage", sagte Zar. "Es war die elfte oder zwölfte Sprache, die ich versucht habe, damit sie zuhört. Ich glaube nicht, dass es genau ihre Sprache ist, aber sie ähnelt ihr zumindest. Jetzt müssen wir herausfinden, was passiert ist."

Ich beobachtete Zars Gesicht, während er sich mit der Frau unterhielt. Der Ton war kehlig und wurde die ganze Zeit von Gesten begleitet. Das Kind lag an der Brust der Mutter und saugte seine erste Mahlzeit auf. Jetzt war alles in Ordnung und ich fragte mich, warum um Himmels willen wir hier sein würden? Was war das für eine Aufgabe? Doch Zar drehte sich um und sah mich an. Seine Miene zeigte, dass meine Gedanken falsch waren.

"Jan", rief er plötzlich, "jetzt muss ich wissen, warum es hier so menschenleer ist und warum die Frau mitten in den Außenbezirken der Plejaden ein Kind irdischer Abstammung zur Welt gebracht hat."

"Es könnte interessant sein", erwiderte ich etwas sarkastisch, "in einer Lehmhütte in einem verlassenen Dorf zu wohnen, ohne das Warum und Wie zu verstehen. Was ist meine Rolle in all dem? Du schnüffelst hier und da herum, du kannst sogar ihre Sprache sprechen."

"Diese Frau und das Baby sind die einzigen lebenden Humanoiden auf diesem Planeten", erklärte er mir. "Alle Menschen - denn das sind sie - sind von den Dinosauriern aufgefressen worden. Zumindest klingt es so, als ob sie von diesen uralten Riesentieren gesprochen hat. Sie hat es geschafft, in diese Hütte zu fliehen und hat hier den letzten Monat ihrer Schwangerschaft in Angst gelebt. Vor ein paar Tagen hörte sie eine Reihe von schrecklichen Krachen und nahm an, dass es eine herannahende Naturkatastrophe war. Sie hat sich nicht aus der Hütte herausgewagt."

"Wir hatten Glück, dass wir den Dinosauriern entkommen sind", murmelte ich. "Aber wie kann das Kind so anders sein als die Mutter?"

"Sie behauptet, dass vor neun Monaten, bevor die Dinosaurier diese Seite des Planeten gefunden hatten, ein Fremder in dieses Dorf kam. Er sah aus wie wir, sagt sie. Er war groß, braunhaarig und gutaussehend, und er versammelte die Bewohner des Dorfes um sich und warnte sie vor dem kommenden Unheil. Er sprach ihre Sprache. Alle waren sich einig, dass er ein Gott war, besonders als sie seinen Abgang miterlebten. Er wählte genau diese Frau und warf seinen Samen in sie. Danach rief er ein Schiff, das ihn abholte. Ich weiß, wer er war, aber das ist eine andere Geschichte. Jetzt müssen wir den Rest des Planeten erkunden."

"Bist du verrückt?" rief ich erschrocken aus. "Sollen wir uns freiwillig menschenfressenden Dinosauriern aussetzen?"

"Wir sind nicht aus Fleisch und Blut", antwortete Zar geduldig. "Hör auf, dich als Erdling zu sehen. Jetzt bist du tatsächlich eine Art Außerirdischer! Die Dinosaurier können uns nichts anhaben. Ich werde ein Raumschiff für uns herbeirufen. Ich glaube, dass auf diesem Planeten etwas passiert ist, das ihn so leer von organischem Leben macht, aber ich könnte mich irren. Das werden wir herausfinden."

"Und diese arme Frau mit ihrem Kind dem Hungertod überlassen?" Fragte ich wütend.

"Auf keinen Fall!", lachte Zar und machte einige Gesten auf der Tischplatte. Dort standen nun eine große Schüssel mit Obst und Gemüse, eine Käseplatte und ein Krug mit Milch. Neben der Frau stand ein Eimer mit Wasser, und auf dem Boden lagen saubere Stoffstücke, in die man das Baby wickeln konnte. Zar zwinkerte mir zu und dann eilten wir aus der Hütte.

Unser Gefährt fegte in niedriger Höhe über die schöne, aber etwas düstere Landschaft hinweg. Es gab Berge, Wälder, Seen, Flüsse und kleinere Wüsten, aber keine Ozeane. Überall waren die Spuren der Dinosaurier zu sehen, in Form von umgestürzten Bäumen, riesigen Fußabdrücken an den Ufern und gelegentlichem gigantischem Aas.

Je weiter wir uns von der Frau mit dem neugeborenen Kind entfernten, desto trostloser wurde es. Es schien, als ob ihre spezielle Seite des Planeten die bewohnbarste war und als ob es ein Erdbeben oder eine andere große Katastrophe gegeben hatte, die große Risse in den Bergen geöffnet hatte. An mehreren Stellen stürzten immer noch Felsen von den Klippen und der Fluss, dem wir vom ursprünglichen U aus folgen konnten, war an einigen Stellen ziemlich überschwemmt. Wasserfälle stürzten in einem wütenden Rauschen herab, und hier und da sahen wir Spuren von halb verschütteten oder umgestürzten Siedlungen. Je weiter wir uns entfernten, desto mehr tote Dinosaurier entdeckten wir. Es sah nicht so aus, als hätten sie überlebt, nicht ein einziger von ihnen. "Vielleicht ist ein Meteor vorbeigerauscht und brauchte diesen Planeten nur zu streifen, um diese Katastrophen zu verursachen", seufzte Zar. "Es wird Tausende von Jahren brauchen, um es richtig zu reparieren!"

"Wer wird es reparieren?" fragte ich schnippisch, denn das Zählen in Tausenden von Jahren war nicht wirklich meine Sache. Aber Zar reagierte nicht. Er hatte etwas entdeckt. Hoch oben auf einem Berg, am Rande einer tiefen Felsspalte, bewegte sich eine kleine Gestalt. Wir verringerten unsere Geschwindigkeit und stiegen auf eine so geringe Höhe ab, dass wir landen konnten. Hinter der Gestalt befand sich ein kleines Plateau, und bald standen wir auf festem Boden und konnten aus dem Fahrzeug steigen. Die Landschaft war hier nicht schön. Kaputte Berge, Erdrutsche und Überschwemmungen waren das Einzige, was wir sahen. Die Gestalt auf dem Berg war ein Mann. Er hielt einen Säugling in seinen Armen.

"Hier wimmelt es von Kindern", zischte ich Zar zu, der ungeduldig meine dumme Bemerkung abwinkte. Vielleicht war sie ja doch nicht so unberechtigt.

Als der Mann uns erblickte, wäre ihm vor Staunen fast das Kind entglitten. Dann traten ihm Tränen in die Augen, und als Zar anfing, mit ihm zu sprechen, antwortete er eifrig und fröhlich. Natürlich verstand ich nichts. Der Mann gab uns ein Zeichen, ihm zu folgen, und er führte uns zu einer Höhle in einem nahen Berg. Zwischen zehn und fünfzehn Kinder saßen dort zusammengekauert. Der Mann war ihr Lehrer, und er hatte sie und sich selbst versteckt, als das große Beben kam.

Der Mann wurde Porrn genannt (die R's wurden mit einem zischenden Laut ausgesprochen). Sein Aussehen unterschied sich nur wenig von dem der Frau, die wir zuerst getroffen hatten. Die Kinder hatten ähnlich zusammengedrückte Nasen und Münder; sie schienen sowohl Jungen als auch Mädchen unterschiedlichen Alters zu sein. Erwachsene waren nicht mehr zu sehen. Porrn hatte alles abgesucht, wo es möglich war, sich zu bewegen. Keine Hilferufe waren zu hören gewesen. Sie hatten geglaubt, dass sie allein waren, hinausgeworfen in eine neue und erschreckende Welt. Die Kinder saßen seit mindestens einer Woche in der Höhle, und die Älteren hatten sich um die Jüngeren gekümmert als Porrn sie verlassen hatte, um nach Überlebenden zu suchen. Gab es irgendeine Hilfe?

Zar schickte nach Verstärkung durch die Raumflotte. Als die Schiffe nach ein paar Minuten des Wartens eintrafen, traute Porrn seinen Augen nicht. Bald wurden er und die Kinder in die Schiffe geladen, um in den Teil des Planeten gebracht zu werden, in dem die Frau mit dem neugeborenen Kind lebte. Dort gab es viele gut erhaltene Häuser, und die Natur war von der Katastrophe nicht beschädigt worden.

"Lass uns einen Ausflug machen, um zu sehen, ob wir noch mehr Leben finden", entschied Zar, und so waren wir bald wieder in der Luft. Wir hielten Ausschau nach Dinosauriern, denn die waren genauso gefährlich wie Naturkatastrophen, aber wir konnten keine sehen. Wir kamen an einem Dschungelgebiet vorbei, das ebenfalls von allzu großen Schäden verschont geblieben war. Dort sahen wir mehrere Vögel und einige kleine Säugetiere, die Affen ähnelten. Zu meiner großen Überraschung sprach Zar auch mit ihnen. Was er ihnen sagte, weiß ich nicht, aber es führte dazu, dass die Vögel in die Richtung abflogen, die Zar ihnen zeigte, und in der Kabine unseres Bootes herrschte ein fürchterliches Treiben. Wir kümmerten uns um fünf Affen - zwei erwachsene Paare und ein Kind. Sie schnatterten und wuselten herum, da sie sicherlich noch nie mit einem Raumschiff gereist waren.

Wir trafen auf eine trostlose Landschaft, die unheimlich

wirkte. Sie war an manchen Stellen in Schnee gehüllt, an anderen Stellen nur Sand. Es gab überhaupt keine Vegetation. Ich fand es sehr bedrückend.

“Fahren wir nicht bald nach Hause?” fragte ich, aber Zar lachte nur und schüttelte den Kopf.

“Wir müssen zu dem Neugeborenen zurück”, sagte er. “Du und ich sind hier, um eine neue Rasse zu gründen und einen ganzen Planeten neu entstehen zu lassen; das habe ich dir schon gesagt.”

“Wir können doch sicher nicht zaubern”, wandte ich etwas säuerlich ein. “Was hast du denn in all den Jahren gelernt?” fragte Zar streng. “Erinnerst du dich, als du und Henry das Herbeiführen gelernt hattet und eine furchtbare Kuchenburg hergestellt habt? Das war beim Spielen, nicht wahr?”

Ich lachte. Henry war ein Freund aus der Engelsschule, und wir hatten uns einen dummen Streich erlaubt, obwohl wir Engel waren. Sicherlich erinnerte ich mich an seinen abscheulichen Palast, der ein verbotenes Spielzeug für wissensdurstige Engelsschüler war.

“Du weißt sicher, dass ich herbeiführen kann”, fuhr Zar fort. “Deshalb wurde ich mit dir geschickt, für den Fall, dass sich dein Wunsch nach Schöpfung in allzu extravaganten Ausdrücken manifestieren würde! Hier müssen wir uns strikt an die ursprüngliche Methode halten: Wir können eine interessante Entwicklung vorhersehen, die sich aber noch im Anfangsstadium befindet. Das neugeborene Kind, gezeugt von einem Engel, ist der Helfer und der Führer, den dieses Volk braucht, um seinen Planeten wieder auf die Beine zu bringen. Es war ein Segen, dass wir alle Kinder gefunden haben; damit hatte ich nicht gerechnet. Jetzt wird alles schneller gehen.”

Wir hatten das kleine Dorf am Berghang und im Tal erreicht. Der Lehrer und seine Schulklasse waren schon da.

“Du hast doch keine Angst vor weiteren Dinosauriern,

oder?" fragte ich. "Wir glauben, dass sie alle gestorben sind."
übersetzte Zar für mich.

"Die Angst vor Dinosauriern ist ziemlich übertrieben",
erklärte Porrn. "Sicherlich gab es sie und sicher haben sie
Menschen gefressen, wenn sie die Möglichkeit dazu hatten,
aber es waren nicht so viele, wie die Menschen glaubten. Es war
möglich, sich vor ihnen zu schützen. Es gab nur eine Sorte, und
sie hielten sich an einem bestimmten Ort auf dem Planeten
zusammen. Gelegentlich passierte es, dass einer oder mehrere
von ihnen auf die Jagd gingen. Dann war es gefährlich, sich
nachts draußen aufzuhalten, denn sie griffen nur in der Nacht
an. Ich sah vom Raumschiff aus, dass an dem Ort, an dem sie
gelebt hatten, ein großes Loch zurückgeblieben war. Alle von
ihnen sind sicherlich weg. Aber wir hatten auch Feinde. Es gab
oft Kämpfe zwischen den dunklen Menschen und uns. Wir
verstehen nicht wirklich, warum und es waren immer wir, die
angegriffen wurden. Dann mussten wir uns natürlich
verteidigen. Sicherlich sind auch sie verschwunden; sie lebten
in den unzugänglichen Bergregionen, wo das Unglück
geschah."

Drinnen, bei der frischgebackenen Mutter, war es recht
heimelig. Sie hatte sich offensichtlich erholt und saß umgeben
von anbetenden Kindern und fütterte ihren Sohn. Der Tisch
war reichlich gedeckt, sodass alle Neuankömmlinge eine gute
Mahlzeit bekamen. Natürlich hatte Zar es arrangiert. Das Feuer
in der Mitte des Lehmbodens knisterte und funkelte und
schickte sein schönes Licht auf all die glücklichen Gesichter.

Zar sprach zu ihnen. Später erfuhr ich, was er sagte. Er
befahl Porrn, die Mutter des Babys zur Frau zu nehmen und
gemeinsam mit ihr dafür zu sorgen, dass das Dorf wieder
bevölkert wurde, wenn die Kinder das entsprechende Alter
erreicht hatten. Das Baby würde ein guter Anführer sein, und
einer seiner Nachkommen würde in zukünftigen Generationen

seine Fähigkeiten erben. Daraufhin nannte Zar den Kleinen Cestius, nach dem irdischen plebejischen Anführer. Es war an der Zeit, dass sich Cesteion zu einem blühenden Planeten entwickelte, mit einer Bevölkerung, die in Symbiose mit der Natur lebte.

Während Zar redete, schlich ich mich raus zu unserem Raumschiff. Ich erinnerte mich an die kleinen Affen. Als ich sie aus der Kabine ließ, schnatterten sie fröhlich, und einer von ihnen kam auf mich zu und schmatzte mit den Lippen. Ich erkannte, dass sie hungrig waren. Nun musste ich mich auch beeilen. Was essen die Affen? Bananen, Äpfel, Birnen, Trauben und andere Früchte, flüsterte eine nicht ganz unbekannte Stimme in mein Ohr. Es war die Stimme von Shala. Sie war nicht hier, aber offenbar hatte sie unsere Reise von der Sternwarte in der Engelsschule aus verfolgt. Ich grübelte einen Moment, dann fand ich heraus, wie es geht.

Als die Affen zu sehen bekamen, wie sich all die Früchte vor ihren Füßen materialisierten, nahmen sie so viel sie konnten in ihre Arme und beeilten sich, auf die Dächer zu klettern. Es war ein amüsanter Anblick, besonders für die Kinder, die aus verschiedenen Richtungen herbeieilten und mit großen Augen die mampfenden Tierchen bewunderten. Sie würden sicherlich gute Freunde sein, dachte ich. Dann kam Zar.

"Jetzt lass uns nach Hause gehen", sagte er. Noch vor ein paar Stunden hätten diese Worte wie Musik in meinen Ohren geklungen, aber jetzt begann ich diesen Planeten zu genießen. Zar sah sicherlich, was in meinem Kopf vor sich ging. Er nahm meinen Arm und gab mir einen freundlichen Schubs in Richtung des Raumschiffs.

"Wir haben einen neuen Menschenstamm gegründet, der diesen Planeten bevölkern wird", sagte er und lächelte sanft. "Unsere Mission hier ist vollendet."

"Ich verstehe das nicht; was sollte ich hier tun?" zischte ich mürrisch, als wir das Raumschiff betraten. "Du hast auf jeden Fall alles getan."

"Jan, du musst verstehen, dass du noch lernst, und dies war eine Lektion darin, wie man eine Gesellschaft gründet, die auf Liebe und Zusammenarbeit basiert. Porrn ist ein guter Kerl; er kommt mit dieser Aufgabe zurecht. Du warst sicherlich hauptsächlich Zuschauer, aber manchmal ist das vorteilhafter als ein Teilnehmer zu sein. Es gibt immer Möglichkeiten für einen Neuanfang für alle Planeten, aber nicht alle bekommen die Hilfe, die sie brauchen."

"Ich habe das Gefühl, dass an der ganzen Sache etwas faul ist." murmelte ich und schaute auf Zars schönes Profil, während er an den Steuerpulten saß. "Hat es etwas mit der Erde zu tun?"

"Das hoffen wir nicht", antwortete Zar. "Aber wenn das Schlimmste eintreten sollte, kannst du dank deiner neu erworbenen Erfahrungen aushelfen. Die Erde ist nicht größer als Cesteion, aber sie birgt mehr Böses, als dieser Planet je erlebt hat. Sicherlich gab es auch auf Cesteion das Böse, aber nicht in der gleichen Weise, nicht so hoch entwickelt. Glücklicherweise wurden die Bösen auf Cesteion ausgerottet, und wir hoffen, dass das Gute dort nun triumphiert und gedeiht. Wir kennen die Kinder nicht, aber wir wissen, dass Kinder die Erwachsenen nachahmen. Es gibt nur noch zwei Erwachsene, und sie sind beide gute Menschen. Schon in zehn Erdenjahren werden wir wieder hierher reisen und herausfinden, was geschehen ist."

Wir hatten uns über dem Dorf erhoben, und Zar ließ das Raumschiff ein wenig kreisen, bevor wir abhoben. Es war nicht mehr weit bis zum Boden. Plötzlich sahen wir, wie etwa ein Dutzend Wesen aus dem Wald stürmten, der hinter dem unteren Dorf lag. Sie waren mit Pfeil und Bogen ausgerüstet und stürmten auf das Dorf zu. Zar flog zurück zum Landeplatz und landete. Wir hatten gedacht, dass wir ein friedliches Dorf ohne Feinde verlassen hatten, ohne anderes Leben als das, was jetzt dort existierte.

Die Kinder, die mit den Affen spielten, waren die ersten, die die Eindringlinge entdeckten. Sie rannten schreiend ins Haus. Die unbekannten Wesen entdeckten uns und kamen mit erhobenen Bögen auf uns zugerannt. Sie wussten nicht, dass wir ein bisschen schwierig zu fangen waren, dachte ich zufrieden. Ich fragte mich, was Zar wohl tun würde. Er stand vollkommen still an meiner Seite und die Pfeile, die auf uns zuhagelten, konnten uns nichts anhaben. Zar hob seine Hand und rief den Wesen etwas zu. Sie waren nicht wirklich von der gleichen Art wie die anderen. Diese Wesen waren in Wirklichkeit eher menschenähnlich, nur dass ihre Gesichter breit waren, ihre Stirn sehr hoch und ihre Augen tief eingesunken, unter buschigen Augenbrauen. Ihre Hautfarbe war sehr dunkel. Offensichtlich gab es noch andere Stämme auf dem Planeten, auch wenn wir kein Fitzelchen Leben gesehen hatten, als wir über ihm kreisten.

Als sie bemerkten, dass die Pfeile uns keinen Schaden zufügten, fielen sie auf die Knie und begannen zu singen. Ich fand das eine seltsame Reaktion. "Es war interessant, dass es mehrere Stämme gibt", flüsterte Zar.

"Wahrscheinlich denken sie, dass wir Götter sind, und das ist auch besser so."

Der Anführer des unbekannten Stammes kam vorsichtig auf uns zu, als Zar ihm winkte. Die Krieger hatten aufgehört zu singen und standen still und beobachteten uns. Zar erzählte mir anschließend von ihrem Gespräch. Seit Urzeiten waren das schwarze Volk und die anderen verfeindet gewesen. Die Ursache lag weit in der Vergangenheit, als eine schwarze Frau einen der anderen heiratete. Die Schwarzen waren als benachteiligt angesehen worden, zumindest hatten sie sich so gefühlt. Die schwarze Frau war nämlich sehr bald nach der

Hochzeit bei der Geburt gestorben, und auch das Baby starb. Die Schwarzen betrachteten dies als ein zufälliges Zeichen. Danach kamen die Verdächtigungen, die von Feindseligkeit begleitet wurden. Die Frau in der Gefangenschaft, genannt Baila, und Porrn nannten sich Cesteianer, aber die andere Gruppe hatte keinen anderen Namen als das Schwarze Volk.

Zar hatte mit dem schwarzen Anführer über die Liebe gesprochen. Er hatte erklärt, dass es, so wie die Situation im Moment aussah, keine anderen Menschen auf Cesteion gab. Wenn es noch einer geschafft hätte, sich in irgendeiner Felsspalte zu verstecken, würde er sicher irgendwann bemerkt werden. Sicherlich möchte niemand verhungern. Die Liebe zwischen den beiden Stämmen war notwendig für den Aufbau des Planeten. Zar versicherte, dass Porrn und Baila freundlich gestimmt seien und mit dem Schwarzen Volk zusammenleben wollten.

Das Ergebnis des Gesprächs war, dass die zehn Krieger kurz miteinander diskutierten und danach fünf Frauen geholt wurden, die mit ihnen zusammen überlebt hatten und sich im Wald versteckt hatten. Es gab genügend Behausungen für sie alle. Porrn und Baila, mit dem Baby im Arm, wagten sich aus ihrem Haus, und Zar und ich bekamen eine bewegende Szene der Versöhnung zu sehen. Die Schwarzen Menschen sangen wieder. Offenbar war das ihre Art, Gefühle auszudrücken - nicht das Schlechteste, oder?

Nun konnten wir endlich den Planeten Cesteion verlassen und hofften, dass sich Licht und Dunkelheit vermischt hatten, nicht nur auf der Oberfläche, sondern auch in den Herzen der Menschen.

Ich ahnte, warum wir dort gewesen waren. Ich nahm es als ein Warnsignal an die Erde.

2. Neue Zeitreise auf Engelsflügeln

Ich wollte zunächst von der Reise nach Cesteion erzählen, weil sie in gewisser Weise die Einleitung zu einer ganzen Reihe anderer Ereignisse war. Ich muss ein paar Worte über die Zeit sagen, damit ihr mich besser verstehen könnt. Das Konzept der Zeit wurde von den Menschen erfunden, denn in Wirklichkeit existiert alles gleichzeitig. Das habt ihr sicher schon einmal gehört, oder? Es dringt nicht in allzu enge Köpfe ein, denn es ist so verzwickt, dass sich Falten auf der Stirn bilden. Zeit existiert nicht, man kann Zeitreisen machen, und es ist technisch möglich, die Zeit so zu verbiegen, dass Veränderungen im kosmischen System erreicht werden können. Das hättet ihr nicht vermutet, oder? Es ist eine Kanonade von Widersprüchen, nicht wahr?

Ihr seid daran gewöhnt, auf die Uhr zu schauen und euch ihr völlig anzupassen. Genau so habe ich auch reagiert, als ich hier ankam. Ich starrte ständig auf meine Uhr, die ich nicht hatte, und ich suchte überall nach Wanduhren. Aber als ich alles von Zar und Shala erklärt bekam, war es nicht mehr so schwer zu verstehen. Ich musste mir die Zeit abgewöhnen.

Wir sind hier viel mit Zeitreisen beschäftigt; es läuft wie am Schnürchen. Auf der Erde schaut man anders auf Zeitreisen, aber nehmen wir an, diese würden jetzt von euren Wissenschaftlern entdeckt werden. Wie würde die Welt darüber denken? Natürlich wäre die erste Frage: Wie werden wir uns solche Reisen zu Nutze machen? Nicht auf die beste Art und Weise, aber wie werden wir sie ausnutzen? Kann man mit Zeitreisen Geld verdienen?

Von hier aus machen wir Zeitreisen, sowohl mit als auch

ohne Raumschiffe. Eine einzelne Person braucht kein Raumschiff, sie nutzt nur die Kraft der Gedanken, aber wenn es mehrere Personen sind, ist es am bequemsten, die Reise in einem Raumschiff zu machen. Es gibt einen Hangar neben dem Observatorium in der Engelsschule. Von dort aus starten viele Reisen. Ich habe euch von vielen meiner Ausflüge in *Auf Engelsflügeln* erzählt. Doch bevor ich mich auf die nächste Reise begebe, möchte ich noch eine weitere Erklärung liefern.

Die Zeit hier und auf der Erde muss auf ganz unterschiedliche Weise berechnet werden. Bei euch können zehn Jahre vergehen, während hier eine Sekunde vergeht - oder warum nicht zehn Sekunden? Wenn wir einen Planeten wie die Erde besuchen, müssen wir mit eurer Zeitrechnung vertraut sein. Das gilt auch für Cesteion, das ein ähnliches Zeitsystem wie die Erde hat. Ich sagte, dass die Zeit für uns nicht existiert, aber für euch ist es anders. Wir haben spezielle Zähler - Uhren, wenn man so will - die die Zeitunterschiede auf verschiedenen Planeten anzeigen. Sie sind auf mehr oder weniger jede beliebige Zeit einstellbar und sie berechnen astronomische Zahlen, um auf die Art und Weise des jeweiligen Planeten oder Sterns zur Zeitberechnung zu kommen. Es gibt große Unterschiede, abhängig von der Anzahl der Sonnen, den Positionen der Sterne, etc. Von solchen Berechnungen müssen wir ausgehen, wenn ihr, liebe Leser, mir auf meinen Reisen und Besuchen in den unterschiedlichsten Umgebungen und Zeitaltern folgt - teilweise in völlig anderen Welten, weit außerhalb unseres eigenen Universums.

Wieder wurde ich zu einem Treffen in der Engelsschule gerufen. Auf dem Weg dorthin spürte ich plötzlich eine Präsenz neben mir... Klar, es war Shala. Sie kicherte, als sie sah, dass ich überrascht wurde, dann legte sie wie immer ihre kleine Hand in meine.

"Jetzt bin ich an der Reihe, mit dir auf eine Mission zu

gehen." Sie lächelte, sodass die tiefen Grübchen in ihren Wangen sichtbar wurden.

"Zur Erde?" Fragte ich neugierig und hoffnungsvoll. Sie schüttelte den Kopf. "Jan, du musst zum Teil die Erinnerung an dein letztes irdisches Leben bewahren", erklärte sie. "Zum einen hast du ständigen Kontakt zu deinem Schreibmedium und musst über ihre Arbeit und die Ereignisse und Nachrichten in der Welt Bescheid wissen. Zum anderen musst du dich auch an bestimmte Dinge erinnern, um andere darstellen zu können. Aber unsere Mission hat nichts mit der Erde zu tun."

Es war klar, dass ich nichts mehr erfahren würde. In der Engelsschule gab es mehrere Versammlungsräume, und man wurde immer dorthin gerufen, wenn ein neues Programm vorbereitet werden sollte. Shala brachte mich in einen Versammlungsraum, in dem ich noch nie zuvor gewesen war. Es war ein geräumiger, schöner Raum, der in Grün und Gold dekoriert war. Ein niedriger runder Tisch war in der Mitte platziert und dort herum standen niedrige Sofas im Kreis, die mit einem gold-glitzernden grünen Stoff gepolstert waren. Ich wurde gebeten, mich zu setzen und zu warten. Zar war da, aber nach einer kurzen Weile kam der, den ich am allerwenigsten erwartet hatte: Der Meister Melchizedek. Er kam lächelnd auf mich zu und ergriff meine beiden Hände.

"Mein lieber Jan!", rief er aus, und ich zitterte innerlich vor Freude bei dem Wort "lieb". Was für eine Ehre! Natürlich war es falsch, so zu denken, aber Melchizedek stand ganz oben auf meiner Verehrungsliste.

"Es ist Zeit für dich, nicht nur unbekannte Planeten oder Teile unseres unendlichen Seins zu besuchen. Du wirst in das reisen, was man die Zukunft nennen könnte. Du hast dort viel zu lernen. Shala wird deine Reisebegleiterin sein, aber ich selbst werde an dieser Reise nicht teilnehmen. Es wird eine mystische Reise über alle Grenzen hinweg sein - ich meine technisch machbare Grenzen, aus menschlicher Sicht gesehen. Du musst jetzt alle deine Vorurteile abwerfen und ein schimmerndes Gewand anziehen, das dich in etwas hineinbringt, was du dir in deinen kühnsten Träumen nie hättest vorstellen können.”

Meine Güte, dachte ich, wie immer der nachdenkliche Janne. Würde ich in neue Welten und Zustände entführt werden, die die Menschen auf der Erde nicht verstehen würden? Ich erzähle das ja einer irdischen Frau, muss das dann nicht begrenzt sein? Diejenigen, die da unten auf ihren mehr oder weniger kräftigen Beinen herumlaufen, sehnen sich doch sicher nicht nach einer völlig unphysischen Weltumsegelung, oder? Würde ich ein neuer Kapitän Nemo oder Fliegender Holländer werden? Der Kosmos ist so unendlich groß, dass allein der Gedanke an seine Größe einen armen Menschen erschrecken kann.

“Zum Teil bist du kein Mensch mehr, zum Teil ist es nicht zum Zweck des Erschreckens, dass du und Shala auf diese Tour loszieht. Es ist eine Lektion darüber, was der Kosmos wirklich ist”, versicherte Melchizedek, “oder die ursprüngliche Kosmologie, wenn du meinst, dass das besser klingt. Wir sind nur Soldaten in einer Armee von Wesen, die mit nichts zu vergleichen ist, was man sich vorstellen kann. Wir fühlen uns ihnen genauso untergeordnet wie die Menschen sich uns oder Christus oder Gott unterordnen.”

“Was sagst du da!” rief ich erschrocken aus. “Jetzt hast du es wirklich auf den Punkt gebracht. Wir lehren unsere Kinder Ehrfurcht vor dem Höchsten. Was kannst du uns Engeln noch beibringen?”

“Ehrfurcht vor der Schöpfung, wie sie wirklich ist. Ehrfurcht vor der genialen Macht, die ihr kennenlernen werdet. Mehr kann ich nicht sagen. Wir werden uns am Ende eurer Reise wiedersehen.”

“Werden wir mit einem Raumschiff fliegen?” fragte ich

mich.

"Ich kenne ein besseres Transportmittel!" Melchizedek lächelte sanft, und im selben Moment erschien Jolith. Die Wiedersehensfreude war groß. Eine Reise ohne Gepäck kann man nicht besser machen als auf einem Paar Engelsflügeln. Shala und ich krabbelten auf Joliths ausgebreiteten, flaumigen, lieblichen Flügeln hinauf. Wenn man nicht aus Fleisch und Blut ist, rutscht man nicht so leicht, also folgte ich Shalas Beispiel, legte mich auf den Rücken und streckte meine Beine in den Federbetten aus. Es war ein königliches Gefühl.

Ich hatte keine Ahnung, dass dies das größte Abenteuer von allen werden würde: eine schwindelerregende Reise durch die Welten der Welten, den Stein der Weisen, das Absolute des Absoluten. Ich ahnte nicht, dass die Lösung aller Rätsel dort draußen im Kosmos lag und sich uns in ihrer unglaublichen, wunderbaren Schönheit offenbaren würde. Die Zukunft der Erde lag in meinen Händen, um sie den Menschen der Gegenwart zu vermitteln - und ich hatte sie noch nicht begriffen.

Wo wir mit den Händen unter dem Kopf und den Füßen in den Federn lagen, sahen wir nur das Firmament. Wir sahen Sterne und Planeten in verschiedenen Stärken leuchten, wir sahen Kometen und Sternschnuppen, und eine Kakophonie von Geräuschen war die ganze Zeit zu hören. Das hatten wir schon einmal gesehen. Wir fühlten uns richtig blasiert. In der Milchstraße - oder wo auch immer wir uns befanden - zu reisen, war nichts Neues. Doch Jolith drehte ihren Kopf und lächelte:

"Das ist erst der Anfang", sagte sie. "Wir werden bald in andere Universen eindringen."

"Wie viele Universen gibt es denn?" fragte ich ängstlich. Es schien, als hätten wir uns in ein endloses Unterfangen gewagt.

"Das kann ich beantworten", zwitscherte Shala. "Sehr viele! So viele! Aber wir haben ein bestimmtes Ziel: Es ist das

Zentraluniversum, das in der Mitte liegt, umgeben von sieben sogenannten Superuniversen, das viele Galaxien und Planeten enthält (*siehe Bild auf Seite 52*). Es ist der Anfang von allem und das Ende von allem."

Ich gähnte. All diese astronomischen Informationen waren ermüdend. Man wurde auch nicht klüger dadurch. Ich sollte lieber ein Nickerchen machen, während ich so bequem liege, dachte ich, und das Nickerchen setzte augenblicklich ein.

Ich wachte mit einem Schreck auf. Es war ein furchtbarer Schreck; ich sprang hoch, überschlug mich und fiel hart hin. Jolith half mir auf und verwirrt öffnete ich meine Augen. Meine langen Beine zitterten nach dem Aufprall und ich schaute mich erstaunt um. Wir befanden uns nicht mehr im Weltraum. Wir standen auf festem Boden in einer saftig grünen Wiese, die mich tatsächlich an irdischen Boden erinnerte. Eine leicht kühle Brise streichelte meine Wangen, der Himmel war wunderschön blau ohne jegliche Wolken, aber einige seltsame Himmelskörper bewegten sich dort oben. Sie leuchteten und glitzerten und sie schienen ziemlich nah zu sein.

"Was für eine Enttäuschung!" rief ich aus. "Einen Purzelbaum auf der guten alten Erde zu schlagen! Jetzt habt ihr mich wirklich auf den Arm genommen, Mädels! Zugegeben, ich erkenne diese Objekte am Himmel dort drüben nicht, aber es sind natürlich UFOs! Dem grünen Gras und den kleinen Blumen in verschiedenen Farben nach zu urteilen, sind wir irgendwo im Norden und es ist Sommer."

Shala lachte, bis sie sich verschluckte. Jolith legte ihren Arm um meine Schulter. Sie war auf normale Engelsgröße geschrumpft und schaute mir tief in die Augen.

"Ich habe dich schon einmal auf eine Wiese gebracht, Janne!" Dabei lächelte sie sanft. "Aber noch keine Wiese war wie diese, das verspreche ich dir!"

Ich drehte mich um und schaute in alle Richtungen. Ich sah

nur die Wiese; sie war ohne Anfang und ohne Ende. Nicht ein Baum war zu sehen, keine Berge, kein Wasser, nur die grüne, grüne Wiese. Doch plötzlich gab es einen schnellen Lichtblitz und ich hörte Musik. Shala nahm eine meiner Hände, Jolith die andere. Es war wie in der königlichen Oper in Stockholm, als eine Kulisse von der Maschinerie oben herabgelassen wurde. Ich dachte an den "Pilgerchor" aus Tannhäuser. Das war eines meiner absoluten Lieblingsstücke. Als die Töne begannen, über uns zu schwappen, versuchte ich, ihnen Namen zu geben, aber sie waren namenlos und unbeschreiblich. Sie nahmen an Intensität zu, und gleichzeitig wurde die strahlende Erscheinung herabgelassen. Es war ein Portal, ein goldenes Portal, ein Portal aus goldenen Strahlen, aus Licht, aus Lichtstrahlen... Ich kniete in demütiger Ehrfurcht nieder.

"Wir gehen durch das Portal", flüsterte mir Shala ins Ohr. "Steh auf und komm mit mir."

"Du wirst mich erst auf der Rückreise wiedersehen", sagte Jolith und umarmte uns beide. "Dann treffen wir uns hier wieder, am Strahlenportal."

Und schwupps, war sie verschwunden: Sie erhob sich in die Luft und dann war sie einfach weg. Ich strich mir über die Stirn. Die Zeit der Wunder existierte offenbar auch hier, und wir würden in sie eintreten! Doch Shala zog ungeduldig an meiner Hand, und so glitten wir durch das erstaunliche Licht des Portals. Es war wie noch einmal zu sterben, dachte ich.

Im Inneren des Portals im Super Universum

Als sich meine Augen an das helle Licht gewöhnt hatten, konnte ich sowohl Shala als auch die Landschaft um mich herum wahrnehmen. Wir befanden uns nicht mehr auf einer grünen Wiese. Wir standen auf einem Platz - aber was für einem Platz! Die Gebäude um den Platz herum leuchteten in reinen, klaren, hellen Farben und sie ähnelten keinem Gebäude, das ich zuvor gesehen hatte. Überall um uns herum waren Menschen - ja, ich konnte nichts sehen, außer dass es ganz normale, anständige Menschen waren. Sie waren anders gekleidet als das, was ich von meiner letzten Erdenreise in Erinnerung hatte.

"Menschen?" hauchte ich in Shalas rosiges Ohr.

"Was dachtest du denn sonst? Hast du mit Monstern gerechnet?", flüsterte sie neckisch zurück.

Die Menschen waren sehr leger gekleidet. Manche trugen lange Gewänder, manche kurze. Die Farben waren hell und fröhlich und mit vielen schönen Mustern. Ihre Hautfarbe und Haarfarbe variierten, aber alle waren, zumindest auf den ersten flüchtigen Blick, schön. Sie schienen glücklich und freundlich. Sie nickten und lächelten uns die ganze Zeit zu.

"Willkommen in der Zukunft!", sagte eine Stimme hinter uns. Ich drehte mich um. Ein Mann in einem blassblaugrünen Mantel stand hinter uns. Seine Haare und sein Bart reichten bis zum Boden und waren schneeweiß. Sein Gesicht war jünger, als man meinen könnte, und seine tiefblauen Augen schienen in jede Entfernung sehen zu können. Er umarmte Shala, als wären sie alte Freunde und streckte mir die Hand entgegen.

"Ich habe schon viel von dir gehört, Jan", sagte er. "Jetzt ist es an der Zeit, dass wir uns kennenlernen und dass du die Gelegenheit bekommst, im Königreich der Zentralen Rasse zu wandern und zu studieren. Es gibt hier viel zu sehen und zum Nachdenken. Die Zentrale Rasse gibt es schon länger als die Menschen, und außerdem haben wir die Menschen erschaffen."

"Ich dachte, dass Gott den Menschen erschaffen hat", wagte ich zu widersprechen. Der Mann nickte und lächelte.

"Sicher, Jan, sicher hatte er seine Finger im Spiel. Aber wir werden nicht so sehr über die Schöpfung sprechen, sondern über das Reich, in dem du dich gerade befindest - das Reich der zentralen Rasse."

"Noch nie davon gehört", murmelte ich, folgte aber brav dem Mann und Shala, die im eifrigen Gespräch einen Schritt vorausging. Ich verstand nicht, wo ich war und auch nicht, was wir in einem Land taten, das der Erde so sehr ähnelte. Aber ich sollte bald sehen, wo die Ähnlichkeit endete.

Bis jetzt liefen wir auf Straßen. Nicht auf Kopfsteinpflaster, sondern glatt wie Asphalt, und viel heller in der Farbe. Wir konnten genauso gut mitten auf der Straße gehen; es gab keine Bürgersteige, aber auch keinen Verkehr. So sehr ich mich auch bemühte, Shala und den weißhaarigen Mann einzuholen, es gelang mir nicht. Die ganze Zeit über waren sie mir mehrere Schritte voraus. Ich rief und schrie, aber sie schienen mich nicht zu hören. Ich habe immer noch lange Beine, also begann ich zu rennen. Trotzdem schaffte ich es nicht, sie einzuholen. Ich unterdrückte meinen Wunsch, ein hässliches Wort zu sagen - Engel tun das nicht - und wurde stattdessen langsamer. Sicherlich konnte ich aus eigener Kraft auf Erkundungstour gehen? Aber nein, auch das war nicht möglich. Die beiden vor mir wurden sofort langsamer und so kam es, dass der Abstand zwischen uns die ganze Zeit gleich blieb. Dann begann sich alles zu drehen. Plötzlich spürte ich wieder Shalas Hand in meiner, und auf der anderen Seite eine größere Hand. Wir drehten uns in einer Spirale und wurden in etwas hineingesaugt ... Ich weiß nicht wie oder was, denn als ich wieder zu Sinnen kam, waren wir nicht mehr in der Stadt. Ich stützte mich auf den Arm des weißhaarigen Mannes und Shalas strahlendes Lachen war das Signal zum Erwachen. Was für ein Erwachen!

Die Luft um uns herum war dicht und gleichzeitig durchsichtig. Sie leuchtete in verschiedenen Schattierungen von Gelb, Rosa, Rot und weiteren Farben, die mit menschlichen Worten nur schwer zu beschreiben sind. Es war eine Bewegung in der Luft, die Energiewellen glich, schimmernd, leuchtend, ständig in einem bestimmten, gleichmäßigen Rhythmus. Es schien, als ob diese Energiewellen Klang erzeugten, denn mächtige Töne erklangen wie aus dem Innersten einer Kuppel. Die Töne füllten unsere Brüste, sodass sich unser Atem vertiefte und dem lieblichen, ungewohnten Rhythmus folgte. Unser Begleiter legte einen Arm um Shalas Schultern und den anderen um meine. Eine wundersame Hitze breitete sich in mir aus und die ganze Zeit spürte ich, wie ich wuchs - nicht körperlich, aber es war mein Bewusstsein, das wuchs.

"Es ist notwendig, dass du hier drinnen wächst", flüsterte der Mann wortlos. "Ich, Oshio, empfinde das Gleiche wie du, obwohl ich schon mehrmals hier war. Sieh dich noch ein wenig um!"

Ich zögerte nicht, seiner Ermahnung zu folgen. Mein Kopf war klar wie Kristall und ich spürte, wie ich mich öffnete, so wie sich eine Blumenknospe im Sonnenschein öffnet, nach der feuchten Liebkosung des Taus. Ich wurde auf etwas aufmerksam das ich vorher nicht erkannt hatte. Ein enorm großes Objekt ruhte wie in einem Schoß aus weichen, blassrosa gefärbten wolkenartigen Schwaden. Das Objekt war tiefrot, und es wurde von Strömen durchflossen, die zum Rhythmus der Musik zu passen schienen. Ein Zittern durchfuhr mich und ich spürte, dass Shala genauso reagierte. Oshios Hände drückten beruhigend auf unsere Schultern.

"Ihr seid im Herzen Gottes", flüsterte er, kaum hörbar. "Das Herz des Großen Geistes singt für euch. Nur wenige Wesen haben Zugang zu diesem heiligen Ort. Lass dich umarmen von den heilenden Tönen aus dem Zentrum allen Lebens."

So standen wir, bewegungslos und mit zur Decke erhobenen Köpfen in einer lebendigen Kathedrale. Das heißt, es gab keine Decke. Über dem Herzpunkt, wo wir standen, waren nur fließende Energien zu sehen, die in der nicht enden wollenden Atemmusik herumwirbelten und hin und her. Ich weiß nicht, wie lange wir standen, gefangen in den herrlichen Turbulenzen der Nicht-Zeit. Schließlich wurden wir wieder in eine sich drehende Spirale versetzt.

Als ich wieder zu Sinnen kam, befanden wir uns in einem Tunnel mit Stufen, die nach oben führten, und Oshio kletterte zuerst, danach kam Shala, und ich war wie immer hinten.

"Sind wir noch in...in... Ihm?" keuchte ich. Shala drehte sich um und lächelte nachsichtig.

"Das war ein einmaliges Erlebnis, Jan", antwortete sie. "Es war der Beweis für eine Existenz, die Welten nach ihrem eigenen Bild erschafft. Wenn du jemals gezweifelt hast, dann tust du es jetzt nicht mehr."

"Ist es dir erlaubt, den Schöpfer als Ganzes zu sehen?" wagte ich zu fragen. Diesmal antwortete Oshio.

"In der Ganzheit, meinst du? Es ist die Ganzheit, die sich dir durch Millionen von Schöpfungen offenbart. Bisher waren es für dich nur Worte, vielleicht göttliche Weisheit - jetzt sollst du die Wirklichkeit verstehen, jene Wirklichkeit, die die Teile liebevoll aufbaut."

Wir kamen auf einer riesigen Plattform an und konnten nach den anstrengenden Treppen eine Verschnaufpause einlegen. In der Mitte stand ein riesiger Tisch, und auf diesem Tisch lag etwas, von dem ich erkannte, dass es eine Landkarte darstellte. Der Tisch war ungefähr 25 Fuß (8 Meter) lang und genauso breit, also ein gigantisches Quadrat. Jede Ecke wurde von einer riesigen Säule gestützt, von der der oberste Teil eine Skulptur war. Ein Teil war ein menschlicher Kopf, ein anderer Teil war ein Löwenkopf, der dritte Teil eine große Lotusblume und der vierte ein riesiger, schön geformter Kristall. So herrschten auch hier die vier Reiche, dachte ich. Die Karte, die eine ovale Form hatte, war in leuchtenden Farben gehalten und schien lebendig zu sein - oder machte einen lebendigen Eindruck. Die Farben pulsierten, aber jede Linie war so klar, als ob sie geätzt wäre.

"Hier habt ihr eine Karte unserer acht Universen", erklärte Oshio (*siehe Bild auf Seite 52*). "Im Moment befindet ihr euch im Zentraluniversum, und um dieses herum schweben sieben weitere sogenannte Superuniversen. Das Zentraluniversum ist stationär und ewig, während die anderen sieben durch die Zeit geschaffen werden und gegen den Uhrzeigersinn um das Zentraluniversum rotieren. Um diese sieben Superuniversen herum existiert ein äußerer Raum, der unphysikalisch ist und der die Möglichkeit für sie darstellt, sich auszudehnen. Es ist ein Raum, der eine Leere ist. Du wirst mit einem meiner Freunde eines der Superuniversen besuchen, und ich verspreche dir, Jan, es wird ein fantastisches Abenteuer."

"Die Eckpfeiler dieses Tisches", fuhr er fort, "repräsentieren die vier Reiche, die es auch hier gibt: das Mineralreich, das Pflanzenreich, das Tierreich und das Menschenreich. Sie sind die Grundlagen der Schöpfung. Überall begegnen dir diese Reiche und die vier Elemente - Erde, Feuer, Wasser und Luft. Letztere sind noch erweiterbar, da es verschiedene Formen von ätherischen und festen Elementen gibt, die auf der Erde noch unbekannt sind."

"Physik war noch nie mein Ding", murmelte ich. "Das klingt kompliziert."

"Genau deshalb wirst du es erleben", sagte eine tiefe Stimme hinter mir. Ich drehte mich um. Ein Mann in einem violetten Umhang lächelte mich freundlich an. Er hatte schwarzes, leicht zerzaustes Haar und klare, dunkelblaue Augen. Sein Gesicht war recht breit, mit hohen Wangenknochen, einer geraden, breiten Nase und einem schön geformten Mund.

"Mein Name ist Maorion", fuhr er fort, "und ich bin es, der dein Führer auf den verschiedenen Planeten sein wird..."

"Entschuldigung", unterbrach ich, "dein Name erinnert an eine alte Kultur auf der Erde: die Maori."

"Das ist korrekt", antwortete Maorion. "Diese Kultur, zusammen mit einigen anderen, ist uralt. Wir, die wir vor Tausenden von Jahren an ihrer Einführung beteiligt waren, haben auch die Namen unserer Schöpfungen beibehalten. Einige von ihnen sind in einige der Universen gezogen, die du hier auf der Karte sehen kannst. So sind sie auf der Erde immer noch unbekannt oder vergessen. Kulturen kommen und gehen, aber einige sind zu gut, um sie komplett verschwinden zu lassen. Diese machen wir uns zunutze, mit der Hilfe des Schöpfers. Hier ist immer irgendwo Platz für gute und entwicklungsfähige Energien."

"Wie wir wissen, gibt es die Maori noch auf der Erde", wandte ich ein. "Werden sie hierher kommen, wenn sie auf der Erde ausgestorben sind?"

"Sicher", antwortete Maorion. "Ich dachte, du solltest mal einige der Kulturschaffenden treffen; sie können dir interessante Dinge erzählen. Jetzt setzt ihr eure Reise fort."

Er breitete seinen Mantel um Shala und mich, und mit einem Schlag war der schöne Raum mit dem Kartentisch verschwunden. Auch Oshio war verschwunden, und ich bedauerte, dass ich nicht die Gelegenheit bekommen hatte, mich von ihm zu verabschieden. Die Luft war wieder leer - die Leere war voll, dachte ich kryptisch. Aber wenn man im Zeichen des Geheimnisses reist, beginnt man, seltsame Dinge zu denken. Das winzige Sandkorn im Universum, das ich bin, wehte zum nächsten Abenteuer davon.

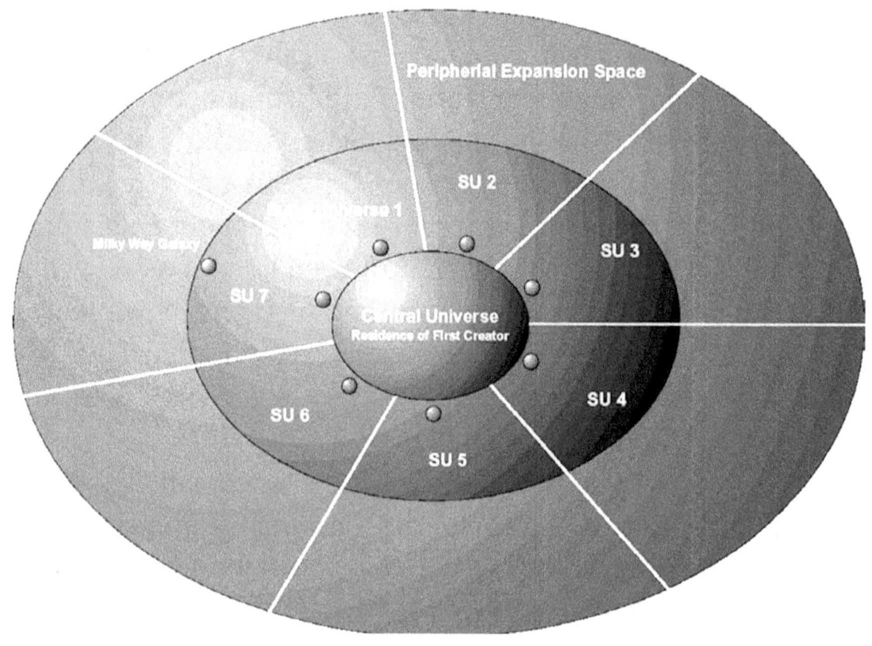

Struktur des großen physikalischen Universums

Das Große Physikalische Universum ist in sieben Superuniversen unterteilt, die jeweils um das Zentraluniversum, d.h. den Wohnsitz des Schöpfers, der stationär und ewig ist, kreisen. Das bekannte Universum, das unsere Astronomen sehen, ist meist ein kleines Fragment des Siebten Superuniversums (SU7) und seines peripheren Expansionsraumes.

Quelle: www.wingmakers.com

3. Der Planet der Mayas

Ich weiß nicht, in welcher Reihenfolge unser neuer Freund Maorion unsere Besuche auf den Planeten in irgendeinem der sieben Universen gewählt hat. Vermutlich sind sie gleichwertig, dachte ich, und nur das Zentraluniversum, in dem der Schöpfer residiert, steht im Rang über den anderen. Wenn es nun in diesem Konstrukt eine Hierarchie gäbe, dachte ich weiter, in der leeren Luft, die bald nicht mehr leer war.

Wir "flogen" im Gleitflug in Maorions Mantel und der Dunst, der uns ständig die Sicht verdeckte, wurde von einem unsichtbaren Wind zerrissen, der eine Landschaft unter uns freilegte. Langsam glitten wir hinunter zu den hohen Bergen und den herrlich grünen Hochebenen, die tatsächlich fast irdisch aussahen. Kleine blaue und grüne Seen leuchteten wie Juwelen in der Landschaft unterhalb der Berge. Es gab viele Seen, und sie schienen sehr klein zu sein. Ich würde sie eher als Teiche bezeichnen. Einige von ihnen dampften, und ich verstand, dass es sich um heiße Quellen handelte, wie in Island und Neuseeland.

Wir landeten auf der grünen Samtdecke auf einem Plateau. Als sich der Nebel noch mehr auflöste, entdeckte ich, dass sich unter uns eine Stadt befand. Stadt oder Dorf - das ist egal, dachte ich, denn es ähnelte keinem von beiden. Die Siedlung wurde an mehreren Stellen von Bächen durchzogen, die wie silbern schimmernde Streifen in einem scheinbar ungeplanten Muster flossen. Es schien, als wären die Häuser zwischen den Wasserläufen gebaut worden, und spinnendünne Brücken hingen überall wie ein eigenartiger Schmuck. Ich hatte noch nie so viele Brücken gesehen. Man könnte das Ganze mit einem riesigen Spinnennetz vergleichen, wobei die Gebäude die Opfer waren und die Brücken und Wasserläufe das eigentliche Netz darstellten.

"Du kannst all die Brücken als ein Muster dafür deuten, wie das Ganze zusammengebunden ist", sagte Maorion, der wohl meine Gedanken mitgehört hatte. "Nichts, was du in einem dieser sieben Universen findest, ist ohne Bedeutung. Alles ist miteinander verbunden, um die Verbundenheit aller lebenden Dinge zu beweisen."

"Brücken sind nicht lebendig, und diese sehen so zerbrechlich aus, dass sie jederzeit brechen können", wagte ich einzuwenden. Maorion schaute mich mit leicht geneigtem Kopf und einem humorvollen Glitzern in seinen tiefblauen Augen an.

"Wie lange lebst du schon im Engelsreich?", fragte er. "Alles hier ist lebendig. Erinnerst du dich an die vier Beine, die den Kartentisch stützten? Die kleineren Teile bilden oder verbinden die größeren Teile. Hat dir niemand gesagt, dass Mineralien Seelen haben wie Pflanzen, Tiere und Menschen? Die silbernen Brücken, die du überall dort unten siehst, leben genauso vollständig wie die Menschen, die auf ihnen gehen. Die Brücken dienen den Menschen, aber die Menschen, wem dienen sie?"

"Gott", schlug ich vor. "Der große Geist oder Schöpfer, den wir gerade besucht haben. Er herrscht über alle Dinge in den Welten ohne Grenzen, richtig?"

"Herrschen!" rief Maorion aus und warf die Arme herum. "Du benutzt die falschen Worte, Worte, die mit Macht und Regierungen zu tun haben. Der Schöpfer ist kein Herrscher, er ist ein Schöpfer. Das ist eine ganz andere Sache. Die silbernen Brücken dienen den Menschen in der Weise, dass sie ihnen helfen, das Wasser zu überqueren. Mit Brücken ist es einfacher als mit Booten, obwohl auch hier an manchen Stellen Boote benutzt werden."

"Lebende Boote?" Fragte ich sarkastisch. Aber die Ironie

wirkte nicht auf Maorion.

"Genau das sind sie", antwortete er ernst. "Boote, die mit Einsicht gebaut werden, werden zu einer Art Lebewesen. Einsicht fließt durch alles auf diesem Planeten. Eine tiefere Einsicht, als die Menschen der Erde sich vorstellen können, denn niemand hat euch gelehrt, dass es sie gibt. Einsicht ist Weisheit aus dem eigenen inneren Raum des Individuums. Es ist eine angeborene Weisheit, die in jedem DNA-Muster existiert, die aber ignoriert und selten genutzt wird."

"Vielleicht, weil niemand davon weiß", warf ich ein. "Aufklärung wird auf der Erde gebraucht."

"Man muss wissen, wie man sie öffnet; man muss einen Schlüssel haben", erklärte Maorion und begann, den Berg hinunterzuklettern. "Die Chromosomen haben ihre eigene Stimme. Folge mir und du wirst die Ältesten treffen, die jung sind!" Er begann zu pfeifen, und ich konnte keine weiteren Fragen stellen. Plaudernde Chromosomen, nehme ich an! Ich verbarg ein schwaches Lächeln in meiner Hand. Es war wahrscheinlich unangebracht zu lachen und es war schwierig genug, auf der rauen Oberfläche des Berges zu gehen, die ziemlich abrupt abfiel, ohne Löcher oder Unebenheiten, auf denen man Halt finden konnte.

"Du musst nicht wie ein Erdling laufen!", kicherte Shala. "Du kannst genauso gut schweben wie wir, aber du scheinst in deinen eigenen Gedanken herumzustolpern! Warte nur, und du wirst den Beweis bekommen, dass Maorion nicht durch dummes Zeug redet!"

Tatsache war, dass ich mich hier überhaupt nicht außerirdisch fühlte. Ich war tatsächlich in die Rolle des irdischen Janne zurückgefallen. Vielleicht lag das daran, dass alles hier so anders war, so unirdisch schön und bemerkenswert, und doch erinnerte es mich auf eine Weise an unsere geliebte Erde, die ich in Wirklichkeit nicht verstand. Es war, als würde alles vibrieren. Die Häuser vibrierend, die Straßen vibrierend, die Brücken vibrierend... Es war eine Vibration, die in der Luft existierte, die aber nicht störend war, nur beruhigend und angenehm. Irgendwie fiel die Vibration in den eigenen Rhythmus. Ich fühlte mich so, wie sich ein physischer Mensch fühlt, wenn er gerade so unglaublich glücklich ist. Wenn man etwas Positives sehr stark erlebt, ergreift es einen irgendwie und man beginnt zu schwingen, nicht wahr, liebe Leser? Die ganze Zeit in dieser Euphorie herumlaufen zu können, war wirklich ein Geschenk Gottes.

"Es ist kein Gottesgeschenk, es ist deine DNA und deine Zellen, die sich mit allen anderen DNAs hier verbinden", sagte Maorion freundlich. "Weißt du, dass du die ganze Zeit deine Augen geschlossen hast? Es ist jetzt an der Zeit, nach oben zu schauen!"

Wir standen auf einer Straße, oder vielleicht könnte man es auch eine Allee nennen. Es gab Gebäude, die die Form von Pyramiden hatten, andere waren quadratisch oder rund. Üppige Vegetation umgab uns, sowohl in der Mitte der Straße als auch an den Seiten. Überall gab es Blumen, Büsche und Bäume. Hier und da machte es den Eindruck eines Dschungels, aber ich sah weder wilde Tiere noch andere Gefahren. Die Straße - oder wie auch immer man sie nennen mag - verlief wie ein breiter silberner Fluss direkt durch die prächtige Vegetation. Man konnte einen Blick auf den Giebel eines Hauses oder einen anderen Teil des Hauses erhaschen, der innerhalb des "Dschungels" aufblitzte. Ich sah Menschen hin und her eilen, alle mit entschlossenem Gesichtsausdruck. Ihre Haut war hellbraun und ihre Haarfarbe variierte, aber sie machten den Eindruck, als wären sie amerikanische Ureinwohner.

"Eine Art von amerikanischen Ureinwohnern?" fragte ich mich.

"Ja, hier hast du den ursprünglichen Planeten der Mayas", sagte Maorion und lächelte sanft. "Von hier stammen sie und hierher sind sie zurückgekehrt, nachdem sie ihr kulturelles Erbe auf der Erde hinterlassen haben. Komm, du wirst es sehen!"

Es dauerte nicht lange und die Straße öffnete sich zu einem kreisrunden Platz. In der Mitte stand eine riesige Stele, voll mit geschnitzten Zeichen und Figuren. Um sie herum verlief ein Zaun, der aus Stein und recht niedrig war. Es war kein gewöhnlicher Zaun, sondern kleine, gemeißelte menschliche Figuren, die wahrscheinlich Personen aus der Geschichte des Maya-Reiches darstellten. Ein hoch aufragender Tempel erhob sich im Hintergrund. Er war pyramidenförmig, in Stufen gebaut und das Material schien aus Silber zu sein. Auf jeden Fall glitzerte es so, dass es in meinen Augen schmerzte. Ich war völlig geblendet.

"Willkommen in der Ursprungskultur der Mayas!", rief eine Stimme in mein Ohr, und als ich mir die Augen rieb, sah ich einen Mann und eine Frau vor mir stehen. Irgendwann in meinem irdischen Leben habe ich wahrscheinlich Bilder von den Mayas gesehen, aber diese Personen ähnelten nichts, woran ich mich erinnern konnte. Es waren zwei strahlende, schöne Wesen. Sicherlich waren sie in ihrer ganzen Erscheinung und in ihrem Verhalten Menschen, aber dennoch kamen sie mir gottgleich vor. Beide lächelten sehr freundlich, und es war der Mann, der gesprochen hatte. Er trug einen hellen, langen Mantel, der locker hing und einen goldenen Strickpullover und einen knielangen Rock - nein, nennen wir es einen Kilt, das trifft es eher. Seine Kopfbedeckung war mit Stickereien aus Goldfäden und Edelsteinen verziert. Die Frau trug ein langes, blassgrünes Kleid mit einem schön bestickten Gürtel. Unten am Saum war eine mehrfarbige Perleneinfassung. Sie war kahlköpfig und hatte lange, schwarze

Haare, die ins Rote übergingen. Das Bemerkenswerteste von allem waren ihre Zähne. Wenn sie lächelte, wurde eine gleichmäßige weiße, mit Edelsteinen besetzte Zahnreihe freigelegt! Jeder Zahn hatte einen Edelstein auf seiner glatten Oberfläche angebracht. In der Tat, ihre Münder funkelten regelrecht!

"Du hast vielleicht gedacht, dass wir mehr wie die irdischen Mayas sind?" lachte der Mann und nahm mich freundschaftlich in den Arm. "Sie degenerierten, als sie sich auf eurer schönen Erde niederließen. Die Erinnerungen an die Mayas sind voll von Horrorgeschichten über Mord, Folter und Menschenopfer. So wurde es schließlich, aber es war keineswegs von Anfang an so. Folge uns in den Tempel und du wirst es sehen."

Außerhalb des silbern schimmernden Tempels verlief eine lange Treppe mit Podesten. Als ich Maorion ansah, zwinkerte er mir zu, und Shala kicherte leicht in ihrer üblichen Art.

Ich war wirklich gespannt, wie der Tempel von innen aussehen würde, und der Weg nach oben war ziemlich lang und mühsam, zumindest für diejenigen, die nicht schweben konnten. Aber ich schwebte, natürlich.

Das Gebäude war wohl der Urtyp der stufenförmigen Pyramidentempel der Mayas. Ich seufzte selig bei dem Gedanken, wie privilegiert ich war, dies zu sehen. Oben gab es zwei Stockwerke. Das unterste hatte ein prächtiges Tor, eingerahmt von exquisiten skulpturalen Ornamenten. Das oberste Eingangstor, ganz oben, sah fast ätherisch aus und war eingebettet in ein üppiges Gerüst aus Schlingpflanzen. Was sich darunter befand, war schwer zu erkennen, aber es glitzerte und funkelte, also war es wohl etwas Ausgefallenes. Unser goldschimmernder Führer drückte an irgendeiner Stelle auf das unterste Tor, sodass es nach oben fuhr. Wir folgten ihm hinein.

Das sieht wirklich nicht wie eine Kirche aus, dachte ich und schaute mich erstaunt um. Ich hatte erwartet, dass es Altäre und Bänke geben würde, aber ich sah nur die schönsten Gemälde vom Boden bis zur Decke, und an den Wänden entlang zog sich eine lange Reihe von bequemen Sofas. In der Mitte, auf einem kleinen Podest, stand ein geschnitzter Stuhl mit sehr schönen Polstern.

"Hier versammeln sich die Priester, um über die Probleme zu diskutieren, die es gibt", erklärte unser Führer. "Ich bin einer von ihnen, und mein Name ist Zalanki. Meine Frau hier heißt Miyra. Sie wird euch später eine gemeinsame Behausung zeigen, wie zum Beispiel unser Haus. Die Öffentlichkeit hat keinen Zutritt zu diesen beiden Etagen. Sie haben ihren eigenen Versammlungsraum im unteren Teil der Pyramide. Es gibt auch mehrere kleine Räume für kranke und notleidende Menschen. Wir haben Priester, die Mediziner für Körper und Seele sind. Wir haben Behandlungsräume im hinteren Teil der Pyramide und ein Gerät, das die meisten Krankheiten heilen kann."

"Röntgenstrahlen, zum Beispiel?" Sagte ich so beiläufig wie möglich, denn ich war sehr beeindruckt.

"Meinst du Strahlung?", fragte Zalanki. "Wir haben dafür ein sehr fortschrittliches System entwickelt, das die Menschen auf der Erde noch nicht haben."

"Wie kann das möglich sein?" fragte ich. "Die Mayas waren ziemlich primitiv, wenn man mal von ihrem Kalender absieht. Haben sie denn kein Wissen von hier mitgebracht?"

"Ja, sie brachten ein umfangreiches Gepäck mit, aber sie zogen es vor, ihre frühere Existenz in diesem Universum zu vergessen, sodass das Wissen ziemlich schnell ausgelöscht wurde, anstatt sich zu entwickeln. Lediglich ihre Schriftkunst und ihre Architektur sind geblieben und haben Teile ihrer Kultur bewahrt.

"Schriftzeichen und mathematische Zeichen und Formeln blieben in den Köpfen einiger Mayas erhalten. Ebenso besaßen sie eine herausragende prophetische Fähigkeit, die vom Vater auf den Sohn weitergegeben wurde und nie ausstarb wie alle anderen. Den Blutdurst, der in der falschen Religion und der Gewalt existierte, haben sie selbst erfunden. Zu dieser Zeit gab es andere Stämme, die ihnen feindlich gesinnt waren und die Krieg gegen sie führten. Auf diese Weise kamen das Kämpfen und das Töten in ihre Kultur. Diese gibt es hier nicht. Sie haben sich selbst Götter und Götzen geschaffen, von denen ihre Vorfahren, also wir, nichts wussten."

"Du musst auch verstehen", unterbrach Maorion, "dass nicht alle Menschen gut ausgebildet waren, auch wenn sie von hier kamen. Wir zeigen hier die Hauptstadt oder den Hauptort der ursprünglichen Maya-Kultur, aber es gibt auf diesem Planeten, wie auch auf anderen Planeten, eine Rückseite."

"Wo?" fragte ich mich und schaute mich im Raum um. Alle lachten.

"Nicht hier", sagte Shala. "Du musst wissen, dass ein Universum groß ist. Wir besuchen hier nur einen der Planeten."

"Was existiert denn hier oben?", war meine nächste Frage.

"Es ist der heilige Raum des Hohepriesters", antwortete Zalanki. "Niemand außer ihm hat dort Zutritt. Es ist ein Raum, der auf der Erde zum Opfern benutzt wurde. Das Einzige, was wir hier opfern, sind Blumen. Lasst uns stattdessen zu den öffentlichen Hallen hinuntergehen."

Auch dort unten war es fantastisch, dachte ich. Ich war erstaunt über die ausgestellten Techniken der Naturmedizin und der Psychologie. Die Räume hätten nicht komfortabler eingerichtet sein können, wenn sie in der heutigen Erdenzeit existiert hätten; die Geräte in der medizinischen Abteilung erschienen mir so fortschrittlich, dass ich mich nicht traute, danach zu fragen.

"Alles scheint hier so ruhig und fließend zu sein", bemerkte ich stattdessen, als wir aus der Pyramide hinausgingen.

"Wir haben keine Kriege, keine Feindseligkeiten, aber

natürlich bleiben wir von Problemen nicht verschont", sagte Zalanki und lächelte. "Die irdischen Mayas wurden hierher versetzt, als ihre Kultur auf der Erde zu Ende ging. Einige inkarnierten, einige kamen auf anderem Wege hierher. Wir kümmerten uns um unser Volk und empfanden große Trauer darüber, dass sie versagt hatten. Doch ihre zurückgelassenen Schriften und Gravuren zeugen von einer weit fortgeschrittenen Kultur, wie zum Beispiel ihr berühmter Kalender. Als sie hierher zurückkehrten, wünschten wir uns, dass sie sich in die ursprüngliche Kultur, die wir hier haben, einfügen würden. Das klappte aber überhaupt nicht. Sie waren nach ihrem irdischen Leben starrsinnig und engstirnig geworden. Sie wollten Autonomie, und so wurde es auch. Krieg, Gewalt und andere Schäden sind auf diesem Planeten verboten, aber wir können nicht für alle unsere Bewohner einstehen. Die Samen, die auf der Erde gesät werden, müssen vollständig heilen, anstatt stärker zu werden. Wir senden Lehrer in jede Ecke des Planeten aus und die Dinge beginnen sich jetzt zu verbessern. Streitereien und Kämpfe werden seltener."

Während unseres Gesprächs hatten wir die Pyramide verlassen und waren in die dschungelartige Vegetation dahinter gewandert. Zalanki war für einen Moment weg und seine Frau, Miyra, führte uns zu einem der versteckten Häuser. Es war rund, eine Kuppel aus Silber und Glas, in der sich die Pflanzen spiegelten und wie ein Muster auf den Wänden und dem Dach durchschimmerten. Innen war es einfach, aber die Einfachheit strahlte vor Schönheit.

"Wir versuchen immer, die Ganzheit zu betrachten", erklärte Miyra, als sie mein Erstaunen sah, als ich mich umschaute. "Alle Dinge gehören zusammen, deshalb teilen wir das Haus nicht in kleine Einheiten auf, sondern lassen die verschiedenen Teile miteinander verschmelzen."

Jetzt verstand ich, dass der "Dschungel" Sinn und Zweck

hatte. Im Inneren des Hauses bildeten blühende Bäume und Äste eine Art Raum-Laube. Das Ganze war außerordentlich klug geplant. In der Mitte befand sich der Versammlungsraum für die Familie, und von dort aus gingen die verschiedenen lebenden, florierenden Schirme weiter. In einer Nische schliefen die dreijährigen Zwillinge der Familie, in einer anderen spielte ein fünfjähriger Junge mit einem entzückenden Tier, das einem kleinen Hund ähnelte, abgesehen von seiner sehr spitzen Nase und den großen Augen.

Ich dachte, dass all dies wie das Paradies erschien.

"Du denkst an das Paradies", flüsterte mir Shala ins Ohr. "Das hier ist eine ganz normale Familienidylle in der Herkunftswelt der Mayas."

Eine lächelnde, anmutige Miyra servierte uns ein wunderbares Getränk und dazu gab es kleine, zarte, luftige Gebäckstücke. Zuerst glaubte ich nicht, dass ich essen konnte, da mein ätherischer Körper keine Nahrung braucht, aber es funktionierte perfekt, und Shala sah wohl, dass ich überrascht war, denn sie lachte.

"Janne, du bist jetzt nicht mehr ätherisch! Du hast die gleiche Beschaffenheit wie die Menschen hier, sonst könnten sie uns nicht sehen oder sich mit uns verbinden. So wird es auch von nun an sein. Sobald wir unsere Füße auf diesen Planeten gesetzt hatten, wurden unsere Körper fester. Aber schweben können wir natürlich trotzdem."

"Schön!" sagte ich und meinte es auch so. Vielleicht sollte ich darum bitten, eine Weile hier bleiben zu dürfen. Ich mochte diese Vielfalt im Gegensatz zu den ätherischen Sphären wirklich.

"Warum zeigst du mir nur das Beste von deinem Planeten?" fragte ich die schöne Maya-Frau.

"Wenn du uns die Erde zeigen würdest, würdest du uns dann zu den Orten bringen, wo Leid und Zerstörung herrschen?", war ihre sanfte Gegenfrage. "Ich bin sicher, dass mein Mann euch andere, weniger schöne Teile des Reiches der Mayas zeigen wird, wenn ihr sie wirklich sehen wollt. Ansonsten kannst du dich damit begnügen, Bilder von ihnen anzuschauen."

Ganz richtig; die Mayas hatten auch eine Art Fernsehen! Aber ich lernte bald, dass es einen unendlichen Unterschied zwischen dem terrestrischen Fernsehen und diesem gab. Bei den Mayas diente es als holografisches Lehrmittel. Außerdem ähnelte es nichts, was ich bisher gesehen hatte, sondern es war eine Art Bildgerät.

"Kann eine uralte Ausgangskultur so enorm gut entwickelt sein?" fragte ich, und es war Maorion, der antwortete:

"Die Bevölkerungen einiger der sieben Universen mussten von Anfang an primitiv leben, denn es lag an ihnen, eine Kultur zu entwickeln. Im Falle der Mayas ging das überraschend leicht - hier. Ganz anders war es auf der Erde, wo es bereits andere Völker gab, die einander feindlich gesinnt waren. Hier waren alle Voraussetzungen vorhanden, um eine Welt des Lichts und der Liebe zu errichten, wie es von Anfang an in die DNA dieses Volkes eingeprägt war. Der Vater, der Große Geist, hat niemals Böses, Hass und andere negative Veranlagungen in seine Schöpfung heruntergeladen. Die Menschen waren gut darin, diese selbst zu erschaffen, durch die Kraft der Gedanken, die sich bei ihnen entwickelt hat und die sich leicht ins Negative wenden kann."

"Und was ist mit den Tieren?" beharrte ich. "Ich habe hier einen Hund gesehen. Es gibt hier Bauern, sagtest du, also muss es wohl Tiere geben?"

"Ja, aber bei weitem nicht alle Arten, die es auf der Erde gibt", antwortete Maorion. "Wir haben Spezies behalten, die sich freiwillig in unseren Dienst stellen oder in Symbiose mit dem Rest unseres Planeten leben wollen. Daher gibt es bei uns kaum Feindseligkeiten zwischen den Tieren.”

“Was ist dann mit der Seele?” flüsterte ich meine Frage, da ich nicht wusste, ob ich mich auf dünnem Eis befand. Ein schallendes Gelächter ertönte, und Zalanki stand plötzlich wieder da, wie vom Erdboden katapultiert.

“Lieber Freund”, rief er aus, “meinst du, wir sind seelenlos? Es gibt durchaus seelenlose Schöpfungen und Wesen in anderen Universen, aber wir gehören definitiv nicht dazu. Der Schöpfer hat uns Seelen gegeben, so wie er es auch mit allen anderen Menschen getan hat.”

“Nicht mit den Tieren?” fragte ich schnell.

“Sicher.” lächelte er. “Wir lieben unsere Tiere und behandeln sie gut. Alle Spezies haben ihre Gruppenseele, genau wie auf der Erde. Einige Spezies sind in ihrer Intelligenz so weit fortgeschritten, dass wir in Erwägung ziehen, individuelle Seelen für sie zu erbitten. Wir haben eine Art von Pferden, von denen wir wissen, dass die Menschen manchmal davon träumen. Für sie sind sie legendäre Wesen. Für uns sind sie völlig real und ganz alltäglich. Ich bin übrigens schon auf einem solchen Tier hierher geritten.”

Draußen vor dem Kuppelhaus stand ein Einhorn. Es war nicht weiß, wie die Märcheneinhörner, sondern tiefschwarz. Das einzelne Horn auf seiner Stirn war weiß wie Elfenbein. Es hatte eine weiße Socke an seinem linken Hinterfuß. Es war schlanker als ein Pferd und war mit einem weichen, eleganten weißen Sattel und silbernen Zügeln ausgestattet. Ich ging auf es zu und streichelte es, und es rieb seine schwarze Samtschnauze an meiner Schulter. Es war ein bezauberndes Tier.

“Es wäre nicht möglich, Einhörner auf eurer Erde einzusetzen”, sagte Zalanki. “Sie sind viel zu zerbrechlich und sehr scheu, bevor man sich mit ihnen angefreundet hat.”

“Ich habe keine Schüchternheit bemerkt, es hat mit mir gekuschelt”, bemerkte ich.

"Das darfst du als Kompliment auffassen", sagte Miyra und lächelte. "Es hat einige Wochen gedauert, bis ich mich mit meinem angefreundet habe. Einhörner sind hier das gängigste Transportmittel, und ein sehr umweltfreundliches."

"Auch auf längeren Strecken?" fragte ich erstaunt. "Gibt es weder Flüge noch Zugverkehr? Wie kommt ihr dann an andere Orte auf dem Planeten?"

"Es gibt Boote", antwortete Zalanki. "Wir haben auch fliegende Boote, die von einer sehr sauberen Energie angetrieben werden. Für uns reicht es mit Booten und Einhörnern. Alle Kinder lernen das Fahren, wenn sie klein sind, und sie lieben es! Es ist für sie so natürlich wie das Laufen lernen."

Solchen Motiven konnte man nicht widersprechen. Es war seltsam, dachte ich, dass diese Menschen gleichzeitig in ihrer Kultur entwickelt und rückschrittlich zu sein scheinen. Wahrscheinlich konnten sie auch Gedanken lesen, denn Zalanki sah sehr amüsiert aus, als er mir ein Zeichen gab, dass ich ihm folgen sollte. Ich schaute zu Maorion und Shala, aber sie schüttelten den Kopf und gaben mir ein Zeichen, unserem Gastgeber zu folgen. Wir machten uns wieder auf den Weg ins Gebüsch.

Seltsames Intermezzo

Zalanki führte mich zu einem gigantischen, röhrenförmigen Haus, das sich hoch über die Baumkronen erhob. Wieder standen wir vor einem wunderschön verschnörkelten Tor. Offenbar gab es hier viele talentierte Schreiner.

"Das ist unser Gefängnis", erklärte er. Ich spähte nach oben, aber ich sah keine Fenster.

"Braucht man so etwas in dieser idealen Gesellschaft?" Fragte ich, ein wenig sarkastisch.

"Ich kann dir sagen", sagte Zalanki mit einem Lächeln, "dass die ideale Gesellschaft eine Utopie ist. So etwas gibt es nirgendwo. Wir sind ihr so nahe wie möglich gekommen, aber auch hier gibt es sicherlich Verbrecher."

"Ich erinnere mich", sagte ich nachdenklich, "dass schon zu meiner Zeit jemand davon sprach, dass die Erde ein Paradies werden würde. Jemand glaubte, dass wir irgendwann in der Zukunft ganz ohne Probleme sein würden, dass alle glücklich leben und sich wohlfühlen würden."

"Ohne das Böse gibt es kein Gutes", erwiderte Zalanki und stieß die schwere Tür auf. "Man muss nur das Böse so weit wie möglich reduzieren. Vermutlich sieht unser Gefängnis nicht so aus wie seine irdischen Gegenstücke, und es gibt hier nicht so viele Kriminelle. Bei uns gibt es keine Drogen, keine Gewalt oder Vergewaltigung, keine größeren Diebstähle oder Betrügereien, keinen Mord..."

"Was gibt es dann bei euch?" fragte ich erstaunt. "Gibt es mehr Böses als das, was du aufgezählt hast?"

"Ja, böse Gedanken", war die Antwort. "Wir lesen hier Gedanken. Deshalb können wir Verbrechen so leicht abwenden. Aber die Träger der bösen Gedanken müssen eine Zeit lang zur Besinnung kommen. Dann kommen sie hierher, wo Erziehung und Therapie angeboten werden."

Wir betraten einen kreisrunden Raum, in dessen Mitte eine Wendeltreppe in die nächste Etage führte. Ein Wachmann begrüßte Zalanki und zeigte auf die Treppe.

"Hier unten gibt es verschiedene Behandlungsräume, einen Speisesaal und eine Küche", erklärte Zalanki, und so gingen wir die Wendeltreppe hinauf. "Der Rest des Hauses wird von den Gefangenen bewohnt."

Ich schauderte ein wenig, als wir die Treppe hinaufkamen. Es ähnelte einem Gefängnis, mit einem Zaun um die Mitte, wo sich die Treppe befand, dann nummerierte Türen. Ich taumelte, und mein Kopf war wirr...

Ich saß in einer grauen Zelle, und ich war grau gekleidet. Die Pritsche, auf der ich saß, war hart und schmal, und es gab nur eine kleine Öffnung ganz oben, einen Nachttopf in einer Nische und ein Waschbecken mit einem Krug Wasser. Ein abgenutzter Emaillekrug stand daneben. Eine Bibel, ein Gesangbuch und eine weitere kleine, moralisch stärkende Schrift waren die einzige lesbare Literatur, die es dort gab. Ich wusste, dass ich zu Unrecht behandelt wurde. Ich hatte gestanden, um meinen Gefährten zu helfen, und da ich gesehen hatte, was sie taten - was an und für sich nur eine Lappalie war - fühlte ich mich beteiligt. Ich war der Einzige, der bestraft wurde. Johan From nannte ich mich in einer Geschichte, Lars Hård in einer anderen.

Ich grübelte über ein ungerechtes Schicksal. Doch vielleicht war es der Auftakt zu meiner Berühmtheit als Schriftsteller. Ich schrieb meine Gefühle auf, meine Ängste; ja, die Angst und die Scham, die ich glaubte, mein ganzes Leben mit mir tragen zu müssen. Wie lange würde es dauern, bis ich meine geliebten Pfarrwiesen wiedersehen würde, mein Vieh, meine Baumhaine, all die Blumen und Vögel und Kleintiere, mit denen ich täglich zu Hause Zeit verbrachte? Sie waren ich - ich war nicht die traurige, graue Gestalt, die halb verhungert da saß und die nackten Zellenwände mit obszönen Sätzen anstarrte, die von früheren Besuchern hingekritzelt worden waren.

Ich begann in unkontrollierbarer Verzweiflung über mein Schicksal und mein selbst auferlegtes Martyrium zu weinen. Die Ratten kreischten und kämpften zu meinen Füßen, sie huschten über meine Beine, sie quietschten und kratzten, und vor allem stanken sie. Die Bettwanzen waren ebenso widerwärtig. Ich pflegte sie in der Dunkelheit der Zelle zu entfernen, eine nach der anderen, und sie im Nachttopf zu ertränken. Ich empfand nicht einmal Bedauern für diesen makabren Akt, nur Erleichterung.

"Jan, Jan, wach auf!" Jemand rüttelte mich leicht am Arm und ich blickte in Zalankis besorgtes Gesicht auf. "Du bist hier oben auf der Treppe auf die Knie gefallen und in einer Erinnerung oder einem schrecklichen Traum verschwunden. Ich wollte dir nur zeigen, wie bequem es unsere Gefangenen haben."

Ich stand auf und schämte mich. Eine alte, schmerzhafte Erinnerung hatte sich an mich geklammert und war in dieser Umgebung aufgewacht. Ich bat Zalanki um Verzeihung und gab als Entschuldigung an, dass es zu viele neue Eindrücke gegeben hatte. Er lachte nur und gab mir ein Zeichen, ihm zu folgen. Als die Tür zu einer der "Zellen" geöffnet wurde, war ich erstaunt über den Komfort, den dieses Gefängnis bot. Ein bequemes Bett, ein eigener Toilettenraum mit Dusche, ein Schreibtisch, ein gemütlicher Stuhl, ein Bücherregal und andere Annehmlichkeiten.

"Bedenke, dass diese Gefangenen keine schweren Verbrechen begangen haben", betonte Zalanki. "Es ist einfacher, mit ihnen umzugehen, wenn sie sauber und gesund sind - ja, und eigentlich auch zufrieden, zumindest die meisten von ihnen. Sie erkennen ihre Fehltritte meist recht schnell und versprechen, sich zu bessern. Wir wissen, welchen wir vertrauen können und welche unzuverlässig sind."

Es ließ sich nicht vermeiden, dass ich aufatmete, als wir das Gefängnis verließen. Nicht einmal in meinem jetzigen Lichtkörper kann ich mit Bestrafung und Gefangenschaft völlig einverstanden sein. Ich nutzte die Gelegenheit, um zu fragen:

"Waren es Verbrechen und Gewalt, die die Kultur der Mayas auf der Erde beendet haben?"

"Nein, Jan", war die Antwort. "Sie starb wegen einer

schrecklichen Dürre aus.”

Shala begrüßte mich mit ihrem üblichen fröhlichen Lachen. Ich erzählte ihr von meinem schändlichen Ohnmachtsanfall.

“Wie du weißt, haben wir dir erlaubt, etwas von der Erinnerung an dein letztes irdisches Leben zu behalten”, erklärte sie, “weil es von Nutzen sein kann, um dein Medium auf der Erde zu inspirieren. Manchmal kommt die Erinnerung zur falschen Zeit an die Oberfläche, wie jetzt, und wir haben vergessen, dir beizubringen, wie du mit einer solchen Erfahrung umgehst. Du warst schockiert von einer Erinnerung, die du nicht behalten wolltest, aber vielleicht hat dein Medium davon profitiert. Nun werden wir uns wieder bewegen, Janne! Wir werden bei Maorion zu Besuch sein.”

“Auf einem neuen Planeten?” fragte ich mich.

“Nein, an einem anderen Ort auf diesem. Die Erde ist ein Planet. Gibt es dort nur Schweden? Dieser Planet ist ungefähr so groß wie die Erde.”

“Da habe ich wohl falsch gedacht”, entschuldigte ich mich. “Wir gehen also zu den ursprünglichen Maori?” Sie nickte. Nun erschien Maorion wieder mit seinem Mantel. Wir verabschiedeten uns von unseren neu gewonnenen Freunden Zalanki und Miyra und luden sie ein, uns in unseren ätherischen Breitengraden zu besuchen.

Danach machten wir uns auf den Weg.

4. Die Herkunftskultur der Maori

Was für eine bequeme Art zu reisen, dachte ich, aber ich hatte keine Zeit, meinen Gedanken zu Ende zu führen und schon waren wir da... aber wo?

Wieder eine üppige Landschaft, die von oben Wälder, Berge und heiße Quellen zeigte, die ihr dampfendes Wasser in die Luft spritzten. Wie in Neuseeland, dachte ich und fragte mich, warum ich während meiner Erdenzeit nie Zeit hatte, dorthin zu reisen. Wir landeten sanft und dann standen wir inmitten einer Landschaft, die genauso gut auf der Erde hätte existieren können - eine Landschaft, die so alt ist wie das Leben selbst. Auch dies war eine Erde - nicht unsere, aber doch eine Art Schwester von Mutter Erde.

Sie ähnelte überhaupt nicht den dschungelartigen Anpflanzungen der Mayas. Diese Szenerie war weicher, einladender, trotz ihrer Wildheit. Das Wilde passt gut zum Sanften, dachte ich mit einem Lächeln, denn es gibt keinen sanften und bescheidenen Menschen, der nicht irgendwo tief im Inneren eine Wildheit hat, die er oder sie nicht zugeben will. Es gibt auch keine wilde und widerspenstige Seele, die nicht die sanfte, zärtliche Liebkosung des Augenblicks spüren kann.

Diese Gedanken wurden durch die Tatsache hervorgerufen, dass wir an einem Wasserfall angekommen waren, der den Niagara bei weitem übertraf. Wir standen unter seinem gewaltigen, ohrenbetäubenden Tosen, genau dort, wo der Schaum am schlimmsten wirbelte, um ein Stück weiter unten seine glitzernden Perlen in einer weichen und ruhigen Lagune zusammenzuführen, wo ich glaubte, Delphine aus dem Schaum auffliegen und wilde Purzelbäume in der lauwarmen, angenehmen Luft schlagen zu sehen. Das Licht war sehr klar, und obwohl ich keine Sonne sehen konnte, glühte es. Irgendetwas leuchtete!

"Ich musste einfach einen Blick auf meinen geliebten Wasserfall werfen", vertraute uns Maorion an. "Als ich jung war, ging ich immer hierher und spürte, dass mein Inneres kurz davor war, der Rebellion nachzugeben, die das Trauma des Teenagers ausmacht. Die Gewalt des Wasserfalls entsprach meiner eigenen Gewalt und beruhigte mich total. Widersprüchlich, nicht wahr?"

Ich nickte nachdenklich im gegenseitigen Verständnis. Für mich war die Gelassenheit auf der Weide zwischen den Kühen und dem feuchten Boden unter meinen nackten Füßen zu Hause. Jeder Mensch hat seinen eigenen Lieblingsplatz.

"Wie du sehen kannst, bildet der Wasserfall einen schönen kleinen See", zeigte Maorion auf. "Aus dem See fließt ein Fluss, der Abzweigungen zum Meer hat. Ich habe schon viele Kanufahrten auf diesem See gemacht, und ich hätte nichts dagegen, eine solche Reise noch einmal zu unternehmen! Doch nun werden wir uns auf den Weg in bewohntere Gebiete machen."

Wir krochen in den Mantel und schwupps, waren wir am nächsten Ort. Ich wusste nur sehr wenig über die Kultur der Maori und ihre Lebensweise, sodass es schwierig sein würde, sie zu vergleichen. Irgendwie assoziierte ich sie immer mit den Aborigines in Australien und stellte mir vor, dass sich die beiden Kulturen ähneln. Es stellte sich heraus, dass ich in diesem Punkt völlig falsch lag.

Wir waren nicht mehr in der Natur. Die Stadt oder das Dorf um uns herum war schwer zu beschreiben. Es gab Paläste aus Marmor und Glas, und Häuser in verschiedenen Formen. Sie standen nicht dicht beieinander, wie die Häuser einer modernen Stadt, sondern eher verstreut. Ich hielt Ausschau nach Hütten, von denen ich angenommen hatte, dass die Maori darin lebten.

"Wo sind die kleinen Hütten?" fragte ich. Maorion lachte herzhaft.

"Du hast die Kulturen der amerikanischen Ureinwohner im Kopf", sagte er. "Dort haben sie Hütten. Die Maori stammen, genau wie die Polynesier und die Filipinos und viele andere, von den Atlantern ab. Atlantis war zu seiner Zeit ein weitläufiges Landgebiet, größer als das, was in den verschiedenen Mythen über diesen Kontinent angedeutet wird. Ihre Kultur war weiter entwickelt, als du dir vorstellen kannst. Es gibt Beweise dafür, dass Atlantis existiert hat; es ist einfach zu mühsam für die Wissenschaftler der Erde, ihre Karten neu zu zeichnen. Es ist einfacher, Atlantis eine Utopie zu nennen. Aber in Wirklichkeit gab es eine große Anzahl von Menschen auf Atlantis, und als der Kontinent unterging, retteten sich viele von ihnen und gründeten neue Stämme auf den Teilen der Erde, die noch übrig waren. Sie konnten ihre einzigartige Kultur nicht wieder aufbauen; viele hatten nach der Katastrophe ihr Gedächtnis verloren. Sie waren auf einem fremden Kontinent gestrandet und mussten ganz von vorne anfangen."

"Seltsam", dachte ich. "Sicherlich müssen sie etwas behalten haben?"

"Wenn Erdbewohner auf einer einsamen Insel gestrandet wären, glaubst du, dass sie als erstes ein Handy oder einen Fernseher oder ein Radio erfinden würden? In erster Linie geht es dann darum, zu überleben, eine Unterkunft zu bekommen und Nahrung in den Magen zu bekommen. Die Entwicklung zu einer hochentwickelten Zivilisation dauert sehr lange, vielleicht Hunderte von Jahren."

"Aber auf der Stufe der Ureinwohner zu bleiben", protestierte ich.

"Was ist falsch daran, ein Eingeborener zu sein?", fragte

Maorion streng. "Du weißt nicht, was im Gehirn eines Eingeborenen vor sich geht, nicht wahr? Viele von denen, die du Eingeborene nennst und die jetzt in Neuseeland leben, sind Anwälte, Ärzte und Politiker in führenden Positionen. Die laufen nicht in Lendenschuhen herum und schlagen Trommeln."

Ich schwieg. Der Snob in mir hatte sich auf einen dummen kleinen Ausflug begeben. Ich würde meine Einwände wohl lieber vergessen. Maorion sah mich an und lächelte.

"Es ist gut, dass du nicht alles für selbstverständlich hältst", sagte er. "Jetzt lass uns erst einmal richtig umsehen. Die ganze Stadt ist von Obst- und Weingärten umgeben, und überall sieht man Menschen, die sich diesen Reichtum zunutze machen."

Menschen, ja. Ich bin vor Maorion noch nie einem Maori begegnet, daher weiß ich gar nicht so recht, was für ihr Aussehen typisch ist. Klein, mollig, braun und kraushaarig, so hatte ich mir das vorgestellt. Hier trafen meine Blicke auf große, schlanke, muskulöse Männer mit hellbrauner Haut und einer Haarfarbe, die von schwarz bis mittelbraun reichte. Die Locken kamen spärlich vor! Die Frauen waren wunderschön, und sie hatten die eigenartigsten Frisuren. So etwas habe ich noch nie gesehen. Shala sah, wie ich eine junge Frau anstarrte, die ihr rötliches Haar direkt auf dem Kopf zu einem Knoten gebunden hatte. Aus dem Knoten baumelten Locken rund um ihren Kopf. Glänzende Metallfäden waren überall eingestreut, zusammen mit Blumen in verschiedenen Farben. Oben auf dem Knoten ruhte eine Krone, die ebenfalls aus Haar gemacht war.

"Die Krone ist sicher aus Haarteilen gemacht", flüsterte Shala. "Ist sie nicht wunderschön?" Sie kicherte laut über meine erschrockenen Blicke. Die Frau trug nämlich ein sehr tief ausgeschnittenes Oberteil, mit einem langen und einem kurzen Ärmel. Außerdem war sie weit unten an der Hüfte entblößt, während ihr Rock lang und weit war und eine kleine Schleppe hatte.

“Sie ist wahrscheinlich auch reich und adlig”, fuhr Shala fort, doch Maorion unterbrach sie.

“Hier gibt es keine Klassenunterschiede”, sagte er. “Ungewöhnliche Kleidung ist nur ein Zeichen von Fantasie. Das wissen wir hier zu schätzen. Wir mögen auch ungewöhnliche Gedanken. Wenn wir uns nachts um die Feuer versammeln, und hier ist es ziemlich kalt, ist es unser liebster Zeitvertreib, ungewöhnlichen Ideen und spannenden Geschichten zu lauschen. Dann führen wir Diskussionen. Manchmal haben wir Pantomimen und Ratespiele. Wir haben viele wunderschöne Zeremonien und heute Abend werden du und Shala an einer teilnehmen dürfen. Wir werden den Höchsten Geist preisen. Zu Gast sind die Angst, das Böse und die Lust an der Macht.”

“Wie steht es denn mit dem Sport?” fragte ich.

“Wir haben viele Sportarten, an denen sowohl Männer als auch Frauen teilnehmen”, antwortete Maorion. “Auch wenn wir im Wettkampf stehen, gibt es nie Kämpfe, und es geht nie um Geld, wie auf der Erde. Sicherlich wird Geld für die Notwendigkeiten des Lebens verwendet, aber niemals für einen Wettbewerbszweck. Boxen gibt es hier nicht. Wrestling kann in einer abgeschwächten Version vorkommen, wenn man es mit den rohen Leistungen auf der Erde vergleicht. Schwimmen ist ein Muss; es gibt hier so viel Wasser. Laufen ist ein beliebter Sport. Wir haben verschiedene Spiele, die du auf der Erde nicht kennst.”

“Ich bin nicht mehr auf der Erde”, informierte ich ihn geduldig. “Du redest die ganze Zeit so, als wäre ich ein dummer Erdling.” Maorion brach in schallendes Gelächter aus.

“Entschuldigung!”, rief er aus. “Das war nicht böse gemeint. Aber ich finde, dass es unter den Sportarten, die heutzutage auf der Erde betrieben werden, viele gibt, die überhaupt nicht gut für den menschlichen Körper sind. Es ist oft nur ein Wettkampf, um durchzuhalten, den Körper in abnorme Funktionen zu dehnen und zu versuchen, seine Mitmenschen zu täuschen und zu übertrumpfen. Dabei ist der Sport etwas Schönes und Nützliches. Einige sind gute und einige schlechte Sportler, aber alle helfen sich gegenseitig. Es ist die Gemeinschaft und der gegenseitige Respekt, der hier zählt. Keiner schaut auf den anderen herab."

"Dann gibt es bei euch sicher auch kein Mobbing in den Schulen?" fragte ich. Maorion runzelte die Stirn und Shala kicherte.

"Was ist Mobbing?", fragte er. Unglaublich, dass dieser hohe Geist dieses Wort nicht kannte. Obwohl Geist... war er ein Geist oder eine physische Person? Ich beschloss, ihn zu fragen. Sonst kann man ja nichts herausfinden.

"Mobbing ist zum Beispiel, dass Schulkinder gemein zueinander sind - sehr gemein, dass ein Kind den Schimpf- worten der anderen Kinder ausgesetzt ist, dass ein Kind aus der Gemeinschaft ausgegrenzt wird. Das Kind kann sogar von seinen Kameraden misshandelt werden. Entschuldigung, aber bist du physisch oder psychisch, da du das nicht kennst?"

"So etwas gibt es weder in unseren Schulen noch sonst irgendwo auf diesem Planeten", antwortete Maorion ernst. "Die Kinder lernen von Anfang an, sich gegenseitig als die Seelen zu respektieren, die sie alle sind - und haben. Auf deine zweite Frage antworte ich, dass ich weder das eine noch das andere bin, in irdischen Begriffen gerechnet. Ich kann mich frei in unseren Universen bewegen und ich materialisiere mich ohne Schwierigkeiten, wenn es nötig ist. Mein Übergang von den Maori fand vor Tausenden von Jahren statt. Ich zähle mich nicht als Geist, aber in irdischen Augen bin ich vielleicht genau das. Eigentlich gehöre ich zu einer Gruppe im Universum der Zentralen Rasse, aber davon werden wir irgendwann mehr sprechen. Ich wurde als dein Führer hierher berufen, weil du etwas lernen musst.”

“Gibt es hier wissenschaftliche Einrichtungen und Labore?” wunderte ich mich.

“Ja, viele”, antwortete unser Führer. “Sie sind hier, dort und überall in unseren Landgebieten verstreut.”

“Landgebiete”, wiederholte ich. “Meinst du Länder, oder die Grenzen der Maori?”

“Hier gibt es keine sichtbaren Grenzen”, erklärte uns Maorion. “Zwar bevölkern verschiedene Kulturen diesen Planeten, aber wir wissen, wo unsere Grenzen sind, und es käme niemandem in den Sinn, daran zu zweifeln oder zu misstrauen. Ihr nennt sie Länder - wir sagen Landgebiete - und ihre Größe ist völlig abhängig von ihrer Fauna und Flora. Die Landschaft auf diesem Planeten variiert enorm, und die verschiedenen Bewohner haben sich an unterschiedliche Arten von Natur angepasst. Dann wird es für uns natürlich, von Gebieten zu sprechen. Grenzen sind eine Form von Barriere und Einschränkung, die keiner von uns mag.”

“Wenn die Menschen auf der Erde das nur erkennen würden!” seufzte ich. “Grenzen jeglicher Art verhindern Gemeinschaft und schaffen Gewalt. Die Gewalt breitet sich sowieso über die Grenzen aus. Gibt es denn hier keine Gewalt oder Polizei?”

“Es gibt Präfekten, die vom Volk gewählt werden. Natürlich kann es zu Gewalt kommen, die Maori sind auch nicht vorbildlich. Wir haben bestimmte Personen innerhalb der Präfekten, die sich um solche Fälle kümmern. Du hast das Gefängnis der Mayas gesehen, richtig? Hier gibt es ähnliche Orte für die Rehabilitation und psychologische Behandlung. Wir haben Heilmittel für solche Dinge, die auf der Erde noch nicht erfunden worden sind.”

Im Laufe unseres Gesprächs waren wir an einem schönen Gebäude angekommen. An mehreren Stellen hatte ich gesehen, dass die Dächer der Maori-Häuser wie Gärten aussahen, mit üppiger Vegetation, die sich manchmal an den Wänden entlang nach unten zog.

"Hier drin sind diejenigen versammelt, die Meditation und Hingabe suchen", erklärte Maorion. "Das gibt dir nun einen Vorgeschmack auf die uralte Kultur! Wir werden der Zeremonie beiwohnen, die ich vorhin erwähnt habe."

Er legte seine Arme um Shala und mich und führte uns durch das, wie immer, schön gestaltete Tor. Drinnen herrschte reges Treiben. Zuerst verstand ich nicht, wie eine Zeremonie in dem Gedränge von Menschen, Gerüchen und Stimmen untergebracht werden konnte. Es schien, als würden alle gleichzeitig sprechen, und irgendeine Art von Weihrauch hing von der hohen Decke in langen Ketten mit Behältern, die jemand gelegentlich schwenkte. Ströme von lieblichem Duft glitten wie ein dünner Rauch durch die gesamten Räumlichkeiten. Es war ein großer, riesiger Raum. Sicherlich war er auch sehr schön, aber es war kaum etwas anderes zu sehen als Menschen, die sich hin und her bewegten - nein, sich zwischen einander vorwärts drängten. Auch wir drängten uns, und ich hielt mich sowohl an Shala als auch an Maorion fest, denn hier drin konnte jeder von uns leicht verloren gehen und nur schwer wieder zu finden sein. Plötzlich ertönte ein Ton, und alles war still. Alle blieben stehen, als hätte eine unsichtbare Kraft alle Bewegungen zum Stillstand gebracht.

Jetzt konnte ich ein wenig mehr von der Halle sehen, in der wir uns befanden. Auf bemerkenswerte Weise hatte sich die Menschenmenge in kleinen Gruppen am Rande des Raumes, in dem wir standen, organisiert, mit einem engen Ring in der Mitte. Diejenigen, die sich in dem Ring befanden, hatten Masken für ihre Gesichter erhalten. Die Masken waren ungewöhnlich; sie schienen aus Edelsteinen geschnitzt zu sein. Maorion nickte, als er meine Gedanken las.

"Jade, Kristall, Rubin, Türkis; viele Edelsteine gibt es hier in den Bergen in Hülle und Fülle", flüsterte er. "Auch hier gibt es Steine, die auf der Erde unbekannt sind und die unglaublich schön sind." Er deutete auf eine Maske, die an uns vorbeizog. Sie erinnerte an einen Opal, aber genau diese Farbkombinationen hatte ich noch nie gesehen; sie war atemberaubend schön.

Nun öffnete sich der innere Ring und ließ eine Reihe von Figuren passieren, die offenbar die Götter oder irgendwelche Phantome darstellten. Ihre Kopfbedeckungen waren fantastisch, außerdem waren sie in kurze oder lange Gewänder in verschiedenen Farben gekleidet. Diejenigen, die kurze Kilts trugen, hatten ihre Beine in erstaunlichen Mustern bemalt. Während ich diese bemerkenswerten Phänomene beobachtete, begannen Töne zu erklingen. Es war keine gewöhnliche Musik; es war unmöglich, sie zu beschreiben. Es waren heilige Töne, die direkt in die Knochenstruktur gingen (die ich anscheinend jetzt hatte!), sodass der ganze Körper zu zittern begann. Dann geschah etwas noch Bemerkenswerteres.

Kleine Figuren - es müssen Kinder gewesen sein - schwebten in der Luft. Sie waren verkleidet, manche als Tiere, die ich wiedererkannte, manche als leuchtende Wesen, die ich noch nie gesehen hatte. Sie segelten in der Luft, schwammen irgendwie und machten weiche, schwebende Bewegungen. Gelegentlich tauchten Funken auf, und bei diesen Gelegenheiten jubelten die Menschen. Ansonsten war es vollkommen still: Nur die Töne waren zu hören, und die waren so eigenartig, dass ich es nicht schaffte, auf dem Boden zu stehen, also setzte ich mich hin und zog Shala mit mir. Wie immer fiel es der kleinen Dame schwer, sich das Lachen zu verkneifen. Sie schlug die Hände vor den Mund und ich beobachtete, wie ihre Schultern zitterten und ich hörte ihren Schluckauf. Ihre Augen, die mich ansahen, leuchteten vor

Heiterkeit. Ich fand das überhaupt nicht angemessen, also stand ich auf und zog sie hoch. Die Umstehenden hatten begonnen, sich zu bewegen, und ein älterer Mann nickte uns zu, um Platz zu machen. Maorion war komplett verschwunden.

Ich drückte Shala eng an mich und zog sie mit mir direkt hinter den Mann, da sich das ganze Publikum in einem bestimmten Muster in eine bestimmte Richtung zu bewegen schien. Der Mann drehte sich um und gab uns ein Zeichen, ihm zu folgen. Er machte einige Bewegungen, wie sich verbeugen, knien, Arme heben, etc. Natürlich taten wir das Gleiche, wobei ich darauf achtete, dass Shala hinter mir war. Dann streckte sie mir ihre Zunge entgegen. Sie war wirklich ein kleiner Schlingel-Engel. Manchmal fragte ich mich, ob sie in einem sehr frühen Alter, dreizehn, vierzehn Jahre vielleicht, hinübergegangen war und ihre Kindlichkeit nicht ausleben durfte.

Nun geschah etwas. Die schwebenden Kinder bildeten einen Ring in der Luft über den Menschen, die in einem Ring auf dem Boden standen. Die Götterfiguren - wenn es denn Götter waren, die sie darstellten - begannen sich zu drehen, und weitere Funken bildeten sich. Es war heiß dort drinnen und der Geruch von all den Weihrauchbehältern begann zu ersticken, zusammen mit der starken Ausdünstung der Menschen. Mir wurde übel, und Shala hielt sich ihren Schal über Nase und Mund. Der Mann vor uns deutete nach vorne, doch dann beschloss ich, ein schnelles Manöver zu machen. Ich zielte auf die Tür, und mit einer schnellen Bewegung hob ich Shala vom Boden auf und trug sie mit mir zwischen kompakten menschlichen Körpern zur Tür und hinaus an die frische Luft. Dort ließ ich sie, nicht ganz sanft, herunter und holte tief Luft.

"Sicherlich war die Zeremonie wunderbar", keuchte ich, "aber ich konnte es nicht mehr aushalten. Man musste schon ein Kind sein, um so ein Gedränge zu ertragen. Und du lachst nur noch..."

"Für Uneingeweihte ist das fast verständlich." ertönte eine Stimme, und als ich mich umdrehte, stand Maorion da. "Schade, dass du nicht die ganze Zeremonie miterleben konntest; sie ist sehenswert. Aber ich werde versuchen, die Bedeutung der verschiedenen Figuren, die erschienen sind, zu erklären."

"Diese schwebenden Kinder", begann ich, doch Maorion unterbrach mich.

"Es waren keine echten Kinder", sagte er und lächelte. "Es waren Hologramme. Die Herstellung von Hologrammen ist ziemlich verbreitet, sowohl auf diesem Planeten als auch auf anderen. Es ist praktisch, denn sie brauchen keinen festen Boden unter den Füßen, wie wir es tun; sie schweben ganz ausgezeichnet in ziemlich großen Höhen."

"Aber die Luft war so dicht", warf Shala ein. "Man konnte kaum atmen."

"Die Maori sind daran gewöhnt", antwortete Maorion. "Für sie bedeuten sowohl die Töne als auch der Weihrauch eine Anhebung ihres Bewusstseins, und dann werden ihre Körperfunktionen auf ein neues Verhaltensmuster umgestellt. Sie sind sich ihres Körpers einfach nicht bewusst."

"Haben sie diese Fähigkeit auf die Erde gebracht?" fragte ich mich.

"Vielleicht bis zu einem gewissen Grad, ganz am Anfang", antwortete er. "Aber sie vermischten sich so schnell mit den Polynesiern und dann mit anderen Menschen, die Neuseeland besuchten, dass die alten Lektionen vergessen wurden und neue entstanden. Daher ist die Religion, die ihre heutige Tradition auf der Erde ist, nicht ihre ursprüngliche Kultur, obwohl auch sie sehr alt ist. Die Kinder, die du gesehen hast, die in der Luft segelten und Funken auslösten, beziehen sich auf einen Ritus von hier. Sie repräsentieren ungeborene Kinder, die auf der Suche nach ihren Eltern sind, und die Funken entstehen, wenn sie ihre Familie finden.

"Auf der Erde glauben die Maori, dass wenn ein Baby bei der Geburt niest, dies ein Beweis für seine Lebenskraft ist. Sie nennen diese Lebenskraft 'mauri' und dieses Wort stammt tatsächlich von hier. Wenn die Menschen dort erst Gruppen und dann Ringe bildeten, bedeutete das, dass die Gemeinschaft der Gruppen schließlich in die Gemeinschaft und Zusammenarbeit des engen Kreises übergeht, und dort mischt sich auch die Lebenskraft ein und wird zu einer gemeinsamen Manifestation der Kraft. Sie ist so stark, dass sie Berge versetzen kann - und es ist tatsächlich geschehen."

"Ich habe gehört, dass die Maori Rituale im Wasser haben", sagte Shala. "Wofür stehen sie?"

"Wie ich schon sagte, betrachten wir hier das Wasser als einen Teil des Lebens", antwortete Maorion. "Es ist hier kein Ritual, nur ein wesentlicher Teil unserer Abläufe, wie Schwimmen, Wasserspiele, Waschen und Reinigen. Die Maori-Priester auf der Erde stehen bis zu den Hüften im Wasser, um sich vor den Kräften zu schützen, die sie beschwören. Das haben sie nicht von hier erhalten. Wir rufen keine Kräfte an, vor denen wir Angst haben, und außerdem haben wir keine Priester. Wozu brauchen wir sie?"

"Priester hat es zu allen Zeiten in verschiedenen Formen auf der Erde gegeben. Selbst in den heidnischen Zeiten gab es Priester, die ihre dunklen Riten vollzogen", wandte ich ein. "Die Menschen brauchen etwas, an das sie glauben können, aber sie können nicht selbst in dieser Richtung denken, deshalb holen sie sich Hilfe von Priestern. Ist das hier nicht auch der Fall?"

"Nirgendwo auf diesem Planeten wirst du Priester finden." Maorion lächelte. "Es gibt geistliche Führer, verschiedene Arten von Helfern, an die man sich wenden kann, wenn es nötig ist, aber wir sind nicht in verschiedene Religionen aufgeteilt. Der gesamte Planet ist von einem einzigen Glauben durchdrungen - nämlich dem Glauben an den Schöpfer. Jeder weiß um die Zentrale Rasse und den Schöpfergott. Niemand würde es je über sich bringen, dies anzuzweifeln. Dieser Gedanke wird dem Baby mit der Muttermilch eingeimpft, er ist also fast angeboren.”

“Indoktrination auf hohem Niveau”, murmelte ich. “Warum kann nicht jeder, wie auf der Erde, entscheiden, woran er glauben will? Habt ihr hier ein Gruppendenken, genauso wie einen Gruppenzwang?”

“Gute Frage”, nickte Maorion. “In diesem Fall wären wir ein Team von Marionetten in den geschickten Händen des Schöpfers. Doch das ist nicht der Fall. Wer hier aufwächst und anfängt, sich zu wundern, zu zweifeln und zu hinterfragen, den verstehen wir vollkommen. Dieses Individuum kann sich einer Einweihung unterziehen, die alle seine Fragen so zufrieden-stellend beantwortet, dass es selbst für den geschicktesten Haarspalter unmöglich ist, sie in Frage zu stellen.”

“Was ist mit dem individuellen Gefühl?” fragte ich in einem festen Ton. “Behält er sein Gefühl bei dieser Einweihung, oder ist es völlig ausgeschaltet, sodass er nur das versteht, was die anderen ihm zu verstehen geben wollen?”

“Jetzt hast du etwas Wichtiges gesagt”, antwortete Maorion zufrieden. “Gefühle steuern den Menschen. Darüber bin ich mir völlig im Klaren. Gefühle können verarbeitet, in verschiedene Richtungen gesteuert und auf ein enormes Niveau gehoben werden - wenn man es will. Jeder weiß, dass es schief gehen kann, wenn man gegen seine Gefühle handelt. Das ist das erste, was einem Kind hier vor der Einschulung beigebracht wird. Gehorche deinen Gefühlen, höre auf dein Unterbewusstsein, höre auf deine Gefühle und finde heraus, woher sie kommen; das müssen alle Eltern ihren Kindern beibringen, und es wird überprüft, sei dir dessen sicher.”

“Das klingt, als gäbe es hier doch einen Big Brother”, konnte ich mir nicht verkneifen zu sagen. Wieder schaute Maorion verständnislos.

"Ich weiß nicht, was du meinst. Was ich dir sage, sind die Säulen der alten Kultur. Ohne die Beteiligung des Einzelnen daran wäre unsere Kultur untergegangen, so wie es alle Kulturen mehr oder weniger taten, als sie auf die Erde kamen. Wir haben Freiheit, Jan - eine hervorragende, wunderbare Freiheit. Jeder ist frei. Es gibt nirgendwo einen Zwang. Die verschiedenen Erscheinungsformen der Kultur sind von freien Individuen entstanden und wurden von freien Individuen angenommen. Unsere Schöpfung fand früher statt als die des irdischen Menschen. Wir sind keine Anfänger, aber die meisten von uns sind Lehrer. Lehrer, die sich gegenseitig unterrichten."

Ich konnte ihm nicht widersprechen. Während wir uns unterhielten, hatten wir uns von der Stadt entfernt und waren auf das Land hinausgegangen. Maorion ging zielstrebig einen Weg, der uns über einen grünen Hügel brachte, der hinunter in ein Tal führte, in dem ein Fluss floss. Dort unten gab es einen kleinen Hafen mit einer Vielzahl von Booten. Ein älterer Mann kam aus einem kleinen Schuppen und grüßte Maorion herzlich.

"Jetzt werden wir wohl mit dem Boot fahren", flüsterte Shala. Sie hatte recht. Der Mann zeigte uns ein großes Segelboot, das wirklich prächtig war. Es war rosa, mit ovalen Landschaftsmalereien in schönen Farben entlang der Längsseiten des Bootes. Am Bug erhob sich eine außergewöhnlich schöne Galionsfigur, die einen Delphin mit einem liebenswerten, goldenen Kind auf dem Rücken darstellte. Die Segel waren gelb und rosa. Das Boot war ein wenig breiter als unsere durchschnittlichen Segelboote und schien stabil zu sein. Ich habe immer stabile Boote bevorzugt und ich sah an Shala, dass sie das Gleiche dachte. Wir gingen an Bord.

Gespräch auf einer Reise

"Ich bin froh, weiterhin über das Leben auf diesem Planeten berichten zu können", sagte Maorion, als er sich am Ruder niedergelassen hatte. "Nach dem, was ich berechnen kann, sind wir euch in der Zeit um einige hundert Jahre voraus. Wie du sehen kannst, hat sich das äußere Erscheinungsbild der Menschen nicht so sehr verändert. Haut und Haare variieren; was den Rest angeht, sind wir Maori geblieben, mit den besonderen Merkmalen dieser Kultur. So war es auch bei den Mayas, wie du bemerkt hast. Und nun schau dir die Landschaft an, die hier vorbeizieht; es ist die schönste Landschaft, die ich kenne."

Das konnte ich gut nachvollziehen. Shala und ich stießen abwechselnd bewundernde Ausrufe aus. Es war eine Mischung aus der Fahrt in einem norwegischen Fjord mit hohen, bewaldeten Bergen auf beiden Seiten und dem Herauskommen auf einem silbern glänzenden See mit umliegender üppiger, tropischer Vegetation und dann wieder inmitten der Berge. Die Landschaft schwankte zwischen verführerischer Sanftheit und heiligem, feierlichem Gefühl, aber überall war eine solche Freude zu spüren. Ich weiß nicht, ob es an dem Licht lag, das sich manchmal als schiere, pastellfarbene Schleier über das Wasser legte und manchmal in heftigen Farbkaskaden am Himmel über uns spielte. Es war fast eine Schande zu sprechen.

Maorion saß mit der Hand am Ruder, und die Liebe zu dem, was er sah, leuchtete um ihn herum. Seine ganze Gestalt war von einem besonderen Licht umgeben, schwach, aber dennoch voll sichtbar. Ich fragte mich in meinem Geist, ob sich das Liebeslicht auf diese Weise manifestierte. Shala und ich leuchteten nicht, das stellte ich kühl fest, indem ich meine süße Begleiterin ansah und meinen Arm über das Wasser streckte.

"Du leuchtest, Maorion", betonte ich.

"Das liegt daran, dass ich mich zu Hause fühle", lachte er, "zusammen mit zwei guten Freunden draußen auf den Wellen. Das ist mein Boot, ich habe es schon lange, lange Zeit. Ich mache immer eine Fahrt damit, wenn ich zu Hause bin, aber dieses Mal wird es keine kleine Fahrt sein. Mein Boot bekommt die Gelegenheit, seine Flügel auszuprobieren - oder sollten wir sagen Segel? Willst du etwas fragen, Jan?"

"Ich denke über den Tod nach", antwortete ich und schämte mich fast, in dieser lebendigen Landschaft von erlesener Schönheit über den Tod zu sprechen. "Wie alt werden die Menschen hier? Was passiert, wenn sie sterben?"

"Wieder gute Fragen, Jan!" erwiderte Maorion lächelnd. "Wir haben noch viele Besuche auf diesem Planeten vor uns, und danach kehren wir an den Ort zurück, an dem wir zuerst angekommen sind. Dann wirst du sehr viel erfahren, aber ich werde versuchen, deine Frage so gründlich wie möglich zu beantworten.

"Die Maori hier werden meist sehr alt. Mehrere hundert Jahre sind nichts Ungewöhnliches. Für einen Ex-Erdling ist das sicher schwer zu verstehen. Aber sie leben auf die richtige Art und Weise und haben wenige oder keine Feinde. Wenn einer von uns stirbt, wird eine ziemlich langwierige Zeremonie abgehalten. Der Verstorbene wird in einen offenen Sarg gelegt, umgeben von einem Meer von Blumen. Nur der Kopf ist frei von der Blumenpracht. Wir balsamieren unsere Toten so ein, dass sie aussehen, als ob sie schlafen würden. Noch zu Lebzeiten wurde eine Vereinbarung getroffen, ob sie eingeäschert werden wollen oder nicht. Gemeinsam singen wir für den Verstorbenen, kleine Kinder tanzen einen rituellen Tanz, und danach stoßen wir mit einem Kelch der Trauer an. Wir machen alles gemeinsam. Niemand darf einzeln nach vorne gehen und weinen. Wenn du weinen möchtest, tust du es während der Zeremonie, zusammen mit den anderen. Kerzen und

Weihrauch stehen in Hülle und Fülle zur Verfügung. Auch die Töne sind dabei.”

“Meinst du die Töne, die wir bei der Zeremonie gehört haben, wo es so erstickend war?” unterbrach ich.

“Ja, genau. Es ist eine Art von Musik, die wir seit Ewigkeiten bei uns haben. Die Töne existieren und sind ihre eigene Musik.”

“Ihre eigene Musik?” Jetzt war es Shala, die sich einmischte. “Musik muss doch von jemandem oder etwas gespielt werden, oder?”

“Nicht diese Musik”, erwiderte Maorion leise, und sein Gesicht war wie verzückt. “Sie sorgt für sich selbst. Sie ist lebendig, und sie erscheint, wenn wir darum bitten. Sie kann auch kommen, wenn wir es am wenigsten erwarten und wenn wir sie am meisten brauchen.”

“Musik, die lebendig ist und sich um sich selbst kümmert”, wiederholte ich. “Du machst wohl Witze! Das gibt es nicht.”

“Doch, hier und dort im Zentraluniversum”, antwortete Maorion. “Man sucht es sich nicht aus. Es kommt einfach, und es ist immer die richtige Musik.” Ich verzichtete darauf, weiter zu fragen. Wahrscheinlich würde ich die Antwort sowieso nicht verstehen. Die Töne waren schön; das reichte.

“Ich werde dich nicht alle Landstriche des Planeten besuchen lassen, oder alle Kulturen”, fuhr Maorion fort. “Ein paar werden genügen. Wir wollen, dass Jan den wahren Ursprung sieht und erfährt, damit er ihn durch sein Medium weitergeben kann.”

“Wer begreift das?” rief ich erschrocken aus. “Die Leser werden nur glauben, dass ich mir das alles ausgedacht habe, um sie zu unterhalten.”

“Es gibt gewisse Verbindungen zwischen den Kulturen der Erdenmenschen und unserer”, erwiderte Maorion geduldig. “Mehr ist nicht nötig, um sich den Ursprung vorstellen zu können. Es ist bald an der Zeit, dass wir eine andere Kultur besuchen. Mein Boot hat die gleichen Eigenschaften wie viele andere Dinge in diesen Breitengraden: Es bringt uns zu einem neuen Ziel.”

“Mir schwirrt der Kopf”, sagte ich ein wenig mürrisch. “Das wird mir zu viel. Wann werden wir zur Engelsbasis zurückkehren?”

“Wenn du gelernt hast, was notwendig ist”, lautete die Antwort.

Der Fluss wurde breiter, und ich nahm an, dass wir an einem neuen See ankommen würden. Das taten wir aber nicht. Wir kamen am Meer an. Auf der einen Seite waren plötzlich Sandstrände mit hohen Dünen, und etwas weiter weg sah ich eine Walflosse aus dem Wasser ragen, wo der Ozean seine endlosen Wellenkämme ausbreitete. Einige Delfine spielten ihr silbern glitzerndes Spiel in der Gischt von unserem Boot.

“Delfine sind fast wie Menschen”, flüsterte mir Shala ins Ohr, während Maorion mit dem Ruder eine scharfe Wendung machte. Der Wind hatte zugenommen und war ziemlich stark.

“Es gab viele Delfine in Atlantis”, erzählte uns Maorion. “Sie wurden zu Hunderten ausgesandt, kurz bevor das Land unterging. Die Delfine warnten die Menschen, aber die Menschen kümmerten sich nicht darum. Sie hatten die Delfinsprache gelernt, denn die wunderbaren Tiere spielten oft in den Buchten und waren gar nicht scheu vor den Menschen. Die Kinder liebten sie besonders - und sie liebten die Kinder. Boote wie dieses waren in Atlantis weit verbreitet. Die Maori hatten sich dort zuerst angesiedelt, als sie auf die Erde geschickt wurden, aber sie trugen nicht allzu viel zur Rettung des Landes bei. Sie hatten ihre Kultur von hier mitgebracht, aber sie war bei den anderen Bewohnern von Atlantis nicht sehr beliebt. Da sie immer noch Wissen von hier behielten und in der Lage waren, die Katastrophen, die passieren würden, vorherzusagen, gingen sie von dort weg, bevor der Ozean seinen Tribut von dem schönen Land forderte.

"Da ihr Herkunftsland so viele Seen und Ozeane und andere Wasserwege hatte, waren sie geschickte Seeleute. Einige von ihnen landeten in Neuseeland, andere in Polynesien."

"Das war eine neue Sicht auf die Geschichte", unterbrach ich. "Die Kinder in unseren Schulen dürfen solche Dinge nicht lernen."

"Eure Schulen lehren vieles, was falsch ist", bestätigte Maorion lächelnd. "Wenn der wahre Verlauf der Geschichte bekannt wäre, dann wäre eure Welt ganz anders, mit der Kraft des Denkens im Fokus für alle Arten des Lernens. Leider ist das nicht geschehen, und deshalb müssen auf der Erde wieder schwierige Dinge geschehen, damit die Menschen lernen zu verstehen."

"Wohin gehen wir jetzt?" fragte sich Shala, doch sie bekam nur ein Lächeln als Antwort. Der Ozean umarmte uns mit seinen tiefblaugrünen Armen und am Himmel waren die Farben der Sonne verblasst und hatten sich zu etwas vertieft, das einem Saphir ähnelte, mit einem schimmernden weißen Glanz in der Mitte, einem Licht, das im Innersten des Edelsteins verborgen lag. Es gab keine anderen Sterne, nur diesen tief liegenden Saphir.

"Nur ein Stern am Himmel", bemerkte ich. "Aber er ist in der Tat ungewöhnlich schön!"

"Es ist deine Erde, von hier aus gesehen." lächelte Maorion. "Das hättest du nicht gedacht, oder? Ist sie nicht wunderschön? Ich hoffe nur, dass es so bleibt. Es gibt einen Wettlauf um die Zerstörung deines schönen Erdballs, und das muss verhindert werden."

"Von wem?" Fragte ich düster.

"Das wird sich zeigen, wenn die äußerste Grenze erreicht ist", lautete die kryptische Antwort. Mir blieb keine Zeit für weitere Kommentare, denn ein plötzlicher Dunst umgab das

Boot. Es fühlte sich feucht und kalt an, so wie man einen Nebel auf dem Meer empfindet. Wir sahen uns nicht, saßen also ganz still, aber ich spürte Shalas Hand in meiner. Ob es mir oder ihr Sicherheit gab, weiß ich nicht. Aber ich weiß, dass der Nebel wie ein Stück Papier zerrissen wurde und wir immer noch im Boot saßen. Nun befanden wir uns in einem Kanal. Er war eng und gewunden und die Natur auf beiden Seiten vermittelte mir einen Eindruck von Peru. Ich war noch nie dort; ich wusste nur, dass Peru so aussehen musste, mit hohen bewaldeten Bergen, so weit man sehen konnte.

"Nein, du bist nicht in Peru, Jan", versicherte der Gedankenleser Maorion. "Diese Landschaft ist gebirgig, aber es gibt hier auch Wälder und Ebenen. Wir werden die Inkas und die Azteken besuchen, die ebenfalls hier lebten, bevor sie auf der Erde inkarnierten. Die Stämme wurden etwa zur gleichen Zeit dorthin geschickt. Aber sie veränderten sich auf die furchtbarste Weise, als sie sich in Mexiko und Peru niederließen. Der Reichtum und die Schönheit, die sie von hier mitbrachten, wurden zu einem religiösen Prunk, der bei ihren schrecklichen Opferzeremonien eingesetzt wurde. Zur Strafe mussten sie auf der Erde aussterben. Sie hätten Kulturträger von hohem Rang werden können, so wie die Mayas, aber keiner von ihnen wurde das. In der Gegenwart auf der Erde ist so ziemlich das Gleiche im Begriff zu geschehen. Unschuldige Menschen werden in einem nicht enden wollenden Terror geopfert."

Etwas weiter entfernt ragte ein aus Steinen gebauter Steg aus dem Ufer. Maorion steuerte sofort den Steg an und machte das Boot fest. Nun gingen wir in einem neuen, unbekannten Land von Bord.

5. Die Inkas und die Azteken

Es waren keine anderen Boote am Steg, und das Ufer war leer. Nicht ein einziger Mensch war zu sehen.

"Sie haben ihr jährliches Sonnenfest", erklärte Maorion. "Es ist jeden Monat Mondfest, aber das Sonnenfest findet nur einmal im Jahr statt: heute. Aus diesem Grund habe ich uns hierher gebracht."

Kaum hatte er das gesagt, strömten aus allen Richtungen Menschen herbei. Es waren Ureinwohner, dachte ich, wenn auch keine gewöhnlichen Ureinwohner. Sie waren wunderschön gekleidet in bunter, farbenfroher Kleidung und mit fabelhaftem Goldschmuck. Offenbar gab es auch hier Gold.

"Hier gibt es viel Gold", sagte Maorion und nickte, "genau wie früher auf der Erde, bevor sie von den meisten ihrer wertvollen Mineralien fast erschöpft war. Hier haben alle Stämme gelernt, Gold zu finden und es zu verarbeiten. Dieses Wissen haben sie auf die Erde gebracht. In den Bergen dort sind immer noch Goldschätze versteckt, und die Frage ist, ob sie jemals gefunden werden können."

Eine Frau kam auf uns zu. Sie war groß und schwarzhaarig. Ihr Gesicht war länglich, mit einer ziemlich großen, gebogenen Nase. Sie war beeindruckend, und es war offensichtlich, dass sie Autorität besaß.

"Willkommen, seltener Gast Maorion", sagte sie mit einem warmen Lächeln, das ihre eher rauen Gesichtszüge in etwas ganz Liebenswertes verwandelte. Zuerst dachte ich, sie sei hässlich, fast abstoßend, aber wenn sie lächelte, war sie wunderschön. "Ich sehe, dass du Gäste mitgebracht hast. Auch sie sind willkommen."

Maorion umarmte sie und erklärte sein Anliegen. Er sagte, dass er einen Gast aus dem Engelsreich mitgebracht hatte, damit er etwas über die Herkunft erfuhr. Auch Shala war eine Vertreterin von dort. Die Frau schien hier die oberste Chefin zu sein, wahrscheinlich eine Königin oder eine Göttin.

"In gewisser Weise regiert Tera die Inkas hier", erklärte Maorion, als er meinen fragenden Blick sah. "Sie ist weise und wird sehr geschätzt, und das Volk selbst will sie als Anführerin. Als die Inkas auf die Erde kamen, beschlossen sie, nur männliche Anführer zu haben, und so wurde es auch. Es war eine kleine abtrünnige Gruppe von hier, die nach Peru geschickt wurde. Abtrünnige Gruppen kommen auch auf diesem Planeten vor, wie du siehst. Sie sind absolut nicht perfekt. Aber die meisten Abtrünnigen hören in der Regel auf die Vernunft, wenn Tera sie streng, aber fair behandelt hat."

"Folter?" flüsterte ich erschrocken. Maorion brach in Gelächter aus.

"Sie lehrt sie, in sich zu gehen", antwortete er. "Ich glaube, man nennt das auch Introspektion. Meditation mit einem bestimmten Ziel. Sie lässt sie nicht eher gehen, bis sie verstanden haben, was sie tun, und erkannt haben, wer sie wirklich sind."

Nun waren wir von all den fröhlichen Menschen umgeben, und wir wurden durch ein Waldgebiet davongetragen. Tera übernahm die Führung, zusammen mit Maorion. Offensichtlich waren sie alte Freunde. Ich hoffte für mich, dass diese Zeremonie nicht so heiß und laut sein würde wie bei den Maori. Die Art von Körper, die ich nun besaß, war offenbar empfindlicher als mein "normaler" Engelskörper. Ich lächelte über meinen seltsamen Gedanken.

Die Inkas und die Azteken waren blutrünstige Zeitgenossen, dachte ich weiter. Ich wusste, dass die Azteken der Sonne Menschen opferten, weil sie glaubten, dass die Sonne sonst nicht über den Himmel reisen konnte. Menschliche Herzen und Blut wurden täglich benötigt, damit die Sonne zufrieden war; es war eine heilige Pflicht. Die Inkas waren etwas freundlicher; sie opferten Menschen nur, wenn sie große Katastrophen befürchteten. Dann wurden Kinder geopfert - auch das war grausam. Mir schauderte es bei dem Gedanken. Waren es diese Vampire der Geschichte, denen ich in Kürze begegnen würde?

Die Ebene, in der wir ankamen, machte nicht den Eindruck, eine Opferstätte zu sein. Ich weiß nicht, wie ich es beschreiben soll, damit der Leser versteht, wie erstaunlich und dramatisch dieser heilige Ort war. Ich war selbst noch nie in Stonehenge, aber ich habe Bilder von dort gesehen. Das ist das Naheliegendste, wenn ich die riesigen weißen Säulen beschreibe, die in einem himmlischen Licht leuchteten, das dem Sonnenuntergangsglühen ähnelte. Die Säulen waren in einem äußeren Kreis angeordnet und bildeten eine Art Gebäude ohne ein anderes Dach als das Firmament. Auf den Säulen, die in der Mitte des Kreises standen, ruhten steinerne Balken, die so ausgelegt waren, dass sie ein seltsames Gittermuster bildeten. Alles war durchleuchtet, schimmernd und blendend schön.

"Das ist verrückt!" rief ich in gutem altmodischen Schwedisch des zwanzigsten Jahrhunderts aus. Shala kicherte, wie sie es zu tun pflegte.

"Es ist wahrscheinlich sehr klug arrangiert", flüsterte sie. "Es scheint auch sehr beliebt zu sein."

Eine ganze Menge Leute waren versammelt. Als wir näher kamen, sah ich, dass in der Mitte des "Säulenhauses" ein steinernes Portal mit einer Kanzel aus purem Gold stand. Tera saß bereits dort. Maorion war bei uns geblieben.

"Willkommen!" hörte ich Tera rufen. "Reicht euch die Hände und beginnt den heiligen Tanz."

Wir hatten keine andere Wahl, als uns anzuschließen.

Diejenigen, die um uns herum standen, nahmen unsere Hände, und bald wurden wir in den Ring der Menschen gezogen, die sich langsam und schweigend im Uhrzeigersinn bewegten, mit nach außen gewandten Gesichtern. Nicht einmal ein Räuspern war zu hören. Jeder, den ich sah, hatte indianische Gesichtszüge und war in sehr prächtige Kostüme gekleidet. Sowohl Erwachsene als auch Kinder nahmen daran teil.

Dann kam der Ton. Die Musik, die sich selbst spielte, dachte ich. Sie ähnelte keiner anderen Musik; es war das kraftvollste Läuten, das ich je gehört habe. Beim ersten Läuten fielen alle auf die Knie, und ich wäre durch den plötzlichen Ruck an meinen Armen fast umgefallen. Aber natürlich ging ich auch schnell auf die Knie. Hier schwebten keine Figuren in der Luft herum, hier führten sie offenbar den Tanz gemeinsam auf. Die Töne gingen weiter und zeigten, dass diese Leute ihren Tanz kannten. Bei Ton Nummer fünf standen wir auf und wirbelten herum. Das taten wir so lange, bis ich völlig erschöpft war und ich wäre gefallen, wenn Maorions starke Hand mich nicht gehalten hätte. Beim siebten Ton begannen wir wieder zu laufen. Die Töne hatten einen langen, anhaltenden, echoartigen Klang, der anhielt, bis die nächste Phase begann. Nach elf Tonklingeln hörten alle auf, und danach begannen sie, gegen den Uhrzeigersinn zu laufen. Die Verbeugungen, das Wirbeln und all die anderen Dinge wiederholten sich, aber dieses Mal drehten wir uns nach innen in Richtung Zentrum.

Tera saß auf ihrem Thron und schien in tiefer Meditation versunken zu sein. Die Menschen um mich herum fuhren fort, verschiedene Bewegungen zu machen, zu gehen, stehen zu bleiben, zu sitzen oder auf dem Boden zu knien. Ich weiß nicht, wie lange dies andauerte. Die Zeit hatte aufgehört, in dieser seltsamen Umgebung zu existieren. Als der Tanz plötzlich zu Ende ging und alle die Hände der anderen losließen, war es fast ein Schock. Dann geschah etwas.

Aus der Luft, ohne sichtbare Verbindung mit irgendetwas, stieg eine Glocke aus Licht herab. Sie sank langsam nach unten, während die Töne tiefer als zuvor zu hören waren. Sie begannen ihr Geläut auf eine fast fröhliche Art und Weise zu verströmen. Die Lichtglocke verdeckte Tera, als sie landete. Sie befand sich direkt unter der Spitze der Glocke. Das seltsame Objekt strahlte wie eine riesige Lampe, mit Strahlen, die in weichen, schimmernden Farben schräg nach außen gingen.

"Aber was war der Sinn von all dem?" flüsterte ich Maorion meine Verwunderung zu.

"Der Tanz ruft nach der Glocke des Lichts", antwortete er. "Das geschieht jedes Jahr. Wenn die Glocke des Lichts nicht herunterkommen würde, würden die Menschen etwas Unangenehmes erwarten. Aber das ist noch nie passiert - bis jetzt."

"Ich hätte nicht erwartet, dass es hier Unangenehmes gibt", murmelte ich.

"Hier ist die Natur", antwortete mein Führer. "Die Natur hier ist unvergleichlich. Aber auch sie kann ihre Ausbrüche haben. Die Azteken und die Inkas haben religiöse Vorstellungen, die nicht ganz übereinstimmen, aber sie werden von Tera und von der Glocke des Lichts, die die Sonne darstellt, in Schach gehalten. Die Bewohner dieses Teils unseres Universums sind gemischt, und nur weil du es bist, nenne ich sie Azteken und Inkas. Das sind sie erst geworden, als sie auf die Erde kamen. Aber jetzt hast du an ihrem wichtigsten Fest teilgenommen, und nach dem Essen, zu dem uns Tera eingeladen hat, müssen wir unsere Reise in meinem Boot fortsetzen."

Die Geschmackserlebnisse bei dieser Mahlzeit waren unglaublich, ganz zu schweigen von der Unterhaltung, die die Bewohner aufführten. Es gab Gesangseinlagen und Tanznummern, die ich ziemlich eintönig fand. Sicherlich war es schön, aber ich schätze, ich wurde ein wenig müde von den vielen neuen Eindrücken. Vielleicht bemerkte Maorion das, denn er machte Shala und mir ein Zeichen, ihn zu Tera zu begleiten, um Abschied zu nehmen. Sie schaute mich scharf an und fragte:

"Bist du ein Meister des geschriebenen Wortes?"

"Ich schreibe, wenn du das meinst", antwortete ich bescheiden. "Ich bin auf einer Reise, die ich an die Menschen auf der Erde weitergeben werde, um ihnen vielleicht etwas beizubringen."

"Dann bekommst du eine Lektion von mir", sagte sie, und ihr strenges Gesicht brach in eines der schönen Lächeln aus, die ich zuvor bemerkt hatte. "Du kannst den Menschen auf der Erde sagen, dass sie sich umeinander kümmern sollen und keine Angst voreinander haben sollen. Ihre Angst schafft große Probleme, nicht nur auf Mutter Erde, sondern auch auf anderen Planeten, die sie umgeben. Sie breitet sich bis hierher aus. Sie haben Angst, nicht genug Macht zu bekommen, also wetteifern sie darum, mehr und mehr davon zu bekommen. Sie haben Angst, einander nicht zu gefallen, also greifen sie zu Sex als Selbstverteidigung und geben vor, dass es Liebe ist."

"Nein", unterbrach ich, "das ist nicht mehr der Fall. Liebe wird gar nicht mehr gebraucht und Sex ist so normal wie..." Shala legte ihre Hand auf meinen Mund. Ihre andere kleine Hand unterdrückte ein Kichern. Tera lächelte immer noch.

"Du wirst mehr mitnehmen können", fuhr sie fort. "Wir wissen, dass Sex auf der Erde zu einer Krankheit wird und dass andere schwere Krankheiten folgen. Hier haben wir keine Krankheiten. Wir haben Heiler, Schamanen oder Medizinmänner - nenne sie wie du willst, aber sie können alles heilen. Krankheiten, die wirklich eine Form der Übertreibung sind - Magerkeit, verschiedene Formen von Sportverletzungen, alle Arten von Süchten, die zu Krankheiten führen und vieles mehr - gibt es hier nicht. Wir brauchen keine Krankenhäuser oder Ärzte. Wir wenden uns an den inneren Arzt, oder in schwereren Fällen an einen unserer Heiler, wenn jemand erkrankt oder einen Unfall erleidet.

"Aber du wirst nicht hier bleiben, also brauchst du nicht so viel mehr über uns zu wissen. Nimm stattdessen einige wichtige Gedanken mit, nach denen wir leben. Alle Probleme können aus uns selbst heraus gelöst werden. Wir meditieren jeden Tag innerlich. Dabei treten wir in Kontakt mit unserem Unterbewusstsein, das wir die Wellen des Ka nennen. Dort finden wir die Antworten und die Leitgedanken für unser Leben. Die Wellen des Ka bleiben nie aus. Es sind diese Wellenkämme, die uns hinaus in die Natur, hinaus ins Leben tragen."

"Was ist Ka?" flüsterte ich zu Shala. Natürlich kam ich mir ein wenig dumm vor. Ich sollte wissen, was Ka ist, aber ich fand, der Name klang ein wenig buddhistisch, und ich wusste sehr wenig über fremde Religionen. Sie gab mir zu verstehen, dass sie erst antworten konnte, wenn wir im Boot saßen. Tera umarmte uns herzlich, bevor wir losfuhren. Wir liefen, oder besser gesagt schwebten schnell, den ganzen Weg durch den Wald zum Boot. Es lag da, trieb einladend auf den Wellen auf und ab, und Maorion sah sehr zufrieden aus, als er das Ruder übernahm.

"Nun lasst uns unser nächstes Ziel ansteuern!", rief er aus, und sofort glitt das Boot vom Steg hinaus.

"Du hast nach Ka gefragt", sagte Shala, als wir uns in den Bug gesetzt hatten, um die vorbeigleitende Landschaft zu genießen. "Für uns Geister ist der menschliche Körper ein Energiefeld. Ka ist auch eine Art Energiefeld, das deinen Körper von oben bis unten durchdringt. Du hast schon von der Kundalini-Kraft gehört, nicht wahr? Sie wird oft mit einer Schlange verglichen, die sich in deinem Becken zusammengerollt hat und nach oben krabbelt, je spiritueller du wirst."

"Ich habe davon gehört", gab ich zu. "Ich habe auch gehört, dass es sehr gefährlich ist, wenn es sich auf die falsche Weise entwickelt."

"Alles, was sich falsch entwickelt, ist gefährlich", sagte Shala und lächelte. "Das Energiesystem, das Ka ausmacht, hat in der Mitte - von den Füßen bis zum Scheitel - eine Art Röhre, die die Lebenskraft durch all deine Chakren bis in die Mitte deines Kopfes trägt. Tera sprach von den Wellen des Ka und bezog sich auf das gesamte Energiesystem, das natürlich immer in Bewegung ist. Das gleiche wird von den Hindus Prana genannt. Aber ich denke, die Wellen des Ka umfassen mehr als Prana. Es ist das Fundament, auf dem das ganze System ruht - das heißt, der innere Körper des Menschen, das Ewige."

"Die Seele?" schlug ich vor.

"Das Grundsystem der Seele - ja, so könnte man es ausdrücken. Denn auch wenn die Seele ein ätherischer Zustand ist, so ist sie doch die ewige Wesenheit des Menschen. Es klingt kompliziert und, mein lieber Jan, es ist kompliziert! Ich kann nicht weiter ins Detail gehen, aber vielleicht bekommst du an unserem Zielort eine bessere Erklärung."

Damit musste ich mich zufrieden geben. Nun begann ich mich zu fragen, wohin wir gehen würden.

6. Die Sumerer

Die Landschaft hatte sich wieder verändert, während Shala und ich eine eingehende Studie über den inneren Menschen machten. Ich erinnerte mich daran, dass es kurzzeitig neblig gewesen war, während wir uns unterhielten. Ich schob den Nebel einfach mit der Hand beiseite, ohne einen Gedanken daran zu verschwenden, dass er eigentlich etwas zu bedeuten hatte. Schließlich ist Nebel auf dem Meer üblich. Die Landschaft war zwar karg geworden, aber immer noch sehr beeindruckend. Von hohen, kahlen Klippen stürzten Wasserfälle. Es gab wieder Klippen und Felsen, in allen möglichen Formationen. Das klare blaue Wasser, auf dem wir glitten, war ein scharfer, schöner Kontrast zu all dem Grau. Auch der Himmel hatte sich in ein sattes Türkis verfärbt. Ich saß noch immer da und dachte über die Wellen des Ka nach, als Maorion nach uns rief. Da war etwas tief in mir, was all das ohne Worte verstand, aber gleichzeitig brauchte ich Worte, um es den anderen vermitteln zu können.

"Wir sind auf einem anderen Planeten gelandet, ohne dass ihr etwas bemerkt habt", erklärte Maorion vergnügt. "Ihr habt so munter geredet und weder nach rechts noch nach links geschaut, deshalb habe ich euch nicht vorgewarnt. Einen Moment lang herrschte Nebel, und dann fanden wir uns in diesen felsigen Bergen wieder."

"Rocky Mountains?" schlug ich vor.

"Nein, eine hochgelegene Landschaft auf einem Planeten namens Sumer, mein Freund. Die Sumerer stammen ursprünglich von hier. Bis heute hat es kein Erdling geschafft zu bestimmen, woher die Sumerer kamen - aber es war von hier!

Sie brachten eine Hochkultur unbekannter Herkunft mit - von hier! Und sie kehrten hierher zurück, als es auf der Erde zu Problemen kam. Aber sie haben ein Kulturpaket auf der Erde hinterlassen, nicht wahr?”

“Ich weiß so wenig über die Sumerer”, murmelte ich ein wenig verlegen.

“Aber ich kenne einige Teile davon”, zwitscherte Shala. “Es war ein interessantes Volk. Natürlich konnten sie den Erdbewohnern nicht erklären, dass sie von einem anderen Planeten kamen. Viele ungenaue Theorien über ihre Herkunft sind im Laufe der Jahre aufgetaucht. Auch über ihre Religion wurden viele Geschichten erfunden - einige wahr, die meisten Fantasien. Die Sumerer, die du hier triffst, sind die ursprünglichen.”

Das Anlegen an einem Steg war mir, der ich nicht wirklich ein Bootsliebhaber bin, langsam vertraut. Ich befolgte sofort Maorions Anweisungen, als wir an dem marmorweißen Steg, der weit ins Wasser hinausragte, festmachen wollten. Ich war bereit, an Land zu springen und das Seil zu befestigen. Ich fiel hinein, ungeschickt wie ich war, und bekam ein gründliches Bad, sodass ich mich wieder wie ein Mensch fühlte - ein sehr nasser Mensch. Ich verwechselte die Entfernung zum Steg und stürzte direkt ins Wasser. Shala lachte so sehr, dass sie weinte, aber ich war so wütend, wie ein Engel nur sein durfte. Noch wütender wurde ich, als ich an Land schwamm, denn das schlanke, geschmeidige Mädchen sprang mit großem Geschick an Land und wickelte das Seil um den Poller. Triefend vor Wasser, stand ich am Ufer auf und wartete auf die anderen beiden. Shala kam gesprungen und blies mir Küsse zu, während Maorion mir ein Bündel Kleidung hinhielt, das er auf dem Arm getragen hatte.

“Zieh dir trockene Sachen an”, sagte er freundlich. “Es macht nichts, dass du hineingefallen bist; das kann jedem passieren. Mir ist es auch passiert, am Anfang meiner Lehrzeit auf See. Keiner außer uns hat dich gesehen. Beeil dich jetzt, wir haben noch ein Stück zu laufen.”

Ich bat Shala, sich in eine andere Richtung umzudrehen, dann zog ich mich schnell um. Ich war froh über Maorions Rücksichtnahme und Freundlichkeit. Sofort fühlte sich alles besser an und ich konnte tatsächlich über mich selbst lachen.

Wieder begann eine Wanderung vom Ufer aus durch viel niedrigwachsenden Wald, meist Nadelbäume. Der Weg führte schräg nach oben und war ziemlich voll mit Steinen und Wurzeln. Es reichte, um ein unfreiwilliges Bad zu nehmen; ich wollte nicht auch noch stolpern. Ich glaube nicht, dass ich mich jemals so spürbar menschlich gefühlt habe, seit ich “hinübergegangen” bin (wie man so schön sagt). Maorion, der die Führung übernahm, drehte sich gelegentlich um und lächelte mich an. Er las meine Gedanken, natürlich. Ich ging eine Weile mit der Nase zum Boden und stimmte mich auf meine Freunde im Engelsreich ein. Ich bat sie um Hilfe, diese aufregende Reise zu beenden, ohne es zu vermasseln. Als ich aufblickte, standen wir vor einer Mauer mit einem wunderschön verzierten Tor. Die Mauer schien aus Stein zu sein, hoch und uneinnehmbar.

“Hier hinter dieser Mauer liegt die größte Stadt der Sumerer”, erklärte Maorion und holte einen kleinen Schlüssel heraus. Er war nicht größer als ein normaler Autoschlüssel, aber er schien aus Gold zu sein. Es gab ein kleines Schlüsselloch ziemlich weit unten am Tor, also war es die kleine Shala, die sich hinunterbeugte und es aufschloss. Knarrend und rasselnd öffnete sich das Tor langsam, so als ob es sich gegen Besuch von außen sträubte. So traten wir in ein geschäftiges Stadtleben, das so zivilisiert zu sein schien wie das Stadtleben, das ich 1968 verlassen hatte, bis auf den Autoverkehr. Den gab es nicht. Ich sah ein Gewimmel von Menschen, die meisten von ihnen mit exotischem Aussehen, in bunten Kleidern. Es gab keine

Transportmittel auf Rädern oder Schienen, aber ein Teil der Straße, die wir betreten hatten, hatte einen Bürgersteig, auf dem Tiere, die Lamas ähnelten, ihre Reiter in einem eher langsamen Tempo vorwärts trugen. Der Bürgersteig war breit genug, um zwei Lamas nebeneinander unterzubringen, und natürlich gab es in jede Richtung eine Fahrspur. Wir schlossen uns einer der Richtungen an und gingen mit dem Strom.

"Wie kommt es, dass du einen Schlüssel für hier hast?" wagte ich zu fragen. Ich war durch das zügige Tempo richtig atemlos geworden.

"Ich komme von Zeit zu Zeit hierher", antwortete Maorion. "Die Sumerer bewachen ihre Stadt sehr sorgfältig. Sie haben sagenhafte Goldschätze und Edelsteine, um die sie ein König beneiden würde. Nur ungern lassen sie Fremde durch das Tor herein. Gelegentlich stehe ich ihnen mit Rat und Tat zur Seite."

Wir waren an einem großen Platz angekommen. Endlich lichteten sich die Menschenreihen, und wir standen vor einem unvergleichlichen Tempel, der so hoch war, dass ich mich zurücklehnen musste, um alles zu sehen.

"Das ist eine Zikkurat", flüsterte Shala. "Es ist ein Tempel, der sowohl dem einen Schöpfer als auch den kleinen Göttern, von denen es viele gibt, geweiht ist. Die Sumerer beten sie nicht an, sie beteuern nur ihre Dankbarkeit gegenüber verschiedenen Arten von Göttern. Sie danken für die Ernte, für die Kinder, für alle möglichen Alltagsphänomene, und dann sind die kleinen Götter praktisch. Es ist schwer für die Menschen, für nichts zu danken - deshalb gibt es die kleinen Götter. Es sind Bilder in verschiedenen Ausführungen, die sowohl in den Tempeln als auch in den Häusern aufgestellt werden. Sie stehen für alle möglichen Dinge."

Ich dachte einen Moment lang nach. Kleine Götter sind nicht mein Ding. Gleichzeitig wurde mir klar, dass es für die Sumerer vielleicht praktisch war, mit jemandem über ihre

Gefühle sprechen zu können, auch wenn es ein hölzernes Bild war. Vielleicht war es ein Weg für sie, ihre Gefühle zu lindern. Ich fragte Maorion, und er nickte ernst.

"Da hast du den Nagel auf den Kopf getroffen", sagte er. "Im Zikkurat lebt eine Art von Priestern und Priesterinnen und sie regieren das Land auf eine sehr durchdachte Weise. Es gibt nicht viele Probleme, aber einige müssen bei so vielen Menschen auftreten."

In diesem Moment rasselte etwas hinter mir, und ich drehte mich um. Zu meiner großen Überraschung erschien eine Karre, die von einem Esel gezogen wurde. Die Karre war mit Gemüse beladen und fuhr auf Rädern. Ein Mann lenkte die Karre, die sehr langsam fuhr. Maorion sah mein Erstaunen.

"Hier wurde das Rad erfunden", erklärte er. "Diese Erfindung brachten die Sumerer mit auf die Erde, aber sie benutzten es vor allem für Kriegswagen. Die Sumerer erfanden auch die Kunst des Schreibens. Es ist so lange her, dass sie sich nicht mehr erinnern können, wie lange es her ist; sie denken, dass sie schon immer schreiben konnten. Überall auf den Planeten in diesen Universen ist die Kunst des Schreibens in verschiedenen Formen verbreitet."

Wir begannen den Aufstieg über die vielen Treppen, einen Aufstieg, den ich noch lange nicht vergessen werde. Auf jedem Vorsprung rasteten wir eine Weile und erfuhren Teile der sumerischen Kultur. Es war sowohl schön als auch schwer zu verstehen. Wenn man von Macht sprechen soll, waren es natürlich die Kleriker, die am Ruder waren, aber mir schien es, als ob sie es auf eine vernünftige Art und Weise taten. Die Menschen müssen etwas haben, an das sie glauben können und an das sie sich anpassen können. Hier konnten sie sich ihre Götterbilder je nach Bedarf schaffen. Das war der Schlüssel für die friedliche Atmosphäre im sumerischen Reich. Es gab diejenigen, die regierten, aber eigentlich regierte sich jeder

Mensch selbst. Manchmal wurden Ratgeber gebraucht, und da half der Klerus aus.

Eine Sache störte mich ein wenig. Wenn ein Mensch wütend auf einen anderen Menschen war oder eine negative Einstellung zu etwas hatte, wurde dies über die Götterbilder verarbeitet. Es kam sogar vor, dass Menschen mit ihren Göttern gegeneinander kämpften. Aber vielleicht war das auch eine Form der Reaktion, die nötig war - und die auf der Erde genutzt werden sollte.

Das Gilgamesch-Epos, das in der Geschichte so bekannt ist, stammt auch von hier. Es handelt davon, wie König Gilgamesch die Unsterblichkeit sucht und bei seiner Suche auf viele Abenteuer stößt. Hier war die Unsterblichkeit eine Selbstverständlichkeit. Man ging davon aus, dass der Körper natürlich ersetzt werden muss, wenn er abgenutzt war, aber er wurde sofort in einen neuen Körper im Schoß einer neuen Mutter verwandelt. Daher gab es keine Beerdigungen. Wenn ein Mensch starb, wurde er in einen bestimmten Raum in einer Höhle in den nahe gelegenen Bergen gelegt. Dort fand die sofortige Verwandlung statt, die nichts von dem toten Körper zurückließ. Er verschwand. Er trat in eine Phase der Unsterblichkeit ein, die Wiedergeburt genannt wird.

Es gibt vieles, was ich auf diesen Planeten verdauen und neu überdenken muss, dachte ich. Immerhin hatte ich meine alten vorbereiteten Meinungen gut in meinem Gehirn - und meinem Herzen - konserviert. Jetzt müssen sie an die Oberfläche kommen, untersucht werden und neue Blickwinkel bekommen.

Wir saßen auf einem Felsvorsprung ziemlich weit oben, und ich schaute mit einem Schauder auf die endlosen Stufen hinunter. Waren wir so hoch hinauf gelaufen? Was war es da oben, was Maorion mir zeigen wollte? Ich war vollgestopft mit neuen Blickwinkeln, die nicht in die Geschichte der Sumerer passten, die auf der Erde erzählt wurde. Ich dachte an Babylon und seinen Untergang. Ich wusste, dass die Babylonier unter anderem Teufelsbilder anfertigten, die in Türrahmen aufgehängt wurden. Hier gab es nur helle, fröhliche Bilder von Göttern und Göttinnen. Ich hatte bei meinem Gang die Treppe hinauf etwa hundert kleine Götter gesehen, alle mit großen Augen und freundlichem Lächeln auf ihre runden Gesichter gemalt. Gab es hier auf diesem neuen Planeten nicht auch das Böse, den Zorn, den Neid, die Eifersucht, die Machtgier und dergleichen? fragte ich Maorion, der gerade aufgestanden war, um uns weiter nach oben zu führen.

"Du hast die kleinen Götter gesehen", antwortete er. "Sie haben Antworten auf alle Fragen, und sie lassen die negativen Aspekte des menschlichen Wesens, oder das, was ihr die 'sieben Todsünden' nennt, einfach nicht zu. Die ursprünglichen Sumerer leben in vollkommenem Frieden mit sich selbst. Böse Vorstellungen oder Wahnvorstellungen haben einfach keinen Zutritt zu ihrer Welt."

"Das wahre Paradies also", sagte ich sarkastisch.

"Dem kann ich nicht ganz zustimmen", erwiderte Maorion. "In den meisten Paradiesen gibt es Schlangen - aber nicht hier. Die Menschen werden von den Klerikern beobachtet. Nicht ein einziger Mensch entkommt ihnen. Allerdings geschieht dies auf eine freundliche und liebevolle Art und Weise. Daher kommt es nicht zu Trotz und Protesten. Für die Sumerer ist es beruhigend zu wissen, dass sie Hilfe haben, wenn sie sie brauchen."

"Nein!" rief Shala mit Nachdruck aus. Als wir sie erstaunt ansahen, brach sie in Gelächter aus. "Ich wollte nur mal spüren, wie ein 'Nein' in diesen Breitengraden wirkt! Man muss doch das Recht haben, 'Nein' zu sagen und bestimmte Dinge abzulehnen, oder? Selbst Engel tun das!"

Maorion schüttelte den Kopf, aber er lächelte recht breit und zwinkerte mir zu.

"Irren ist menschlich", verkündete ich. "Es ist auch

menschlich, eine Meinung zu haben."

"Ja, wenn du ein Mensch bist und auf der Erde wohnst", antwortete er und begann zum letzten Felsvorsprung hinaufzuklettern. Dann blieb er in der Mitte der Treppe stehen, drehte sich um und sah mich an.

"Wann werdet ihr Menschen von der Erde lernen, dass ihr nicht die einzigen Kinder des Universums seid?", fragte er.

"So wie es jetzt aussieht, nie", antwortete ich schnell. "Ich hoffe, es wird sich ändern, denn die Mayas haben ihren Kalender auf das Jahr 2012 eingestellt. Wenn wir uns bis dahin nicht verbessern, weiß ich nicht, was wir tun sollen. Warum haben wir nicht mit den Mayas über diese Vorhersage gesprochen? Ich habe es völlig vergessen. Es gibt so viele neue Eindrücke die ganze Zeit..."

"Wir werden später über diese Vorhersage sprechen, wenn wir das Zentraluniversum erreicht haben", unterbrach Maorion. "Jetzt werden wir bald unseren Besuch bei den Sumerern beenden."

Ich fragte mich, ob wir Gelegenheit haben würden, irgendeinen Hohepriester oder eine Priesterin zu treffen, während Maorion weiter in Richtung der Höhen kämpfte und Shala und ich ihm hinterher hechelten. Endlich waren die letzten Schritte getan und wir standen auf dem Plateau, das sich auf der Spitze der Zikkurat befand. Eine Frau saß mit dem Rücken zu uns und überblickte die Umgebung. Es war es wert, sie zu beobachten. Ich beschloss, zuerst die Natur zu betrachten und dann die Frau, entgegen dem, was ich sonst immer mache.

Tatsächlich ähnelte die Natur hier der der Erde. Wir blickten auf hohe Berge und glitzernde Gewässer. Im Tal floss der Fluss ruhig und zielgerichtet zwischen üppigen Pflanzen. Etwas weiter weg, wo sich der Fluss zu einem See verbreiterte, wuchsen die Bäume im Wasser, wie in einem Sumpfgebiet. Es erinnerte mich an Bilder, die ich von Afrika gesehen habe. Es war der Himmel, der anders war. Er sah nicht aus wie der irdische Himmel. Er war nicht blau, sondern bewegte sich in verschiedenen Nuancen von lila, manchmal fast dunkelrot. Ich sah zwei Sonnen, aber sie waren nicht so hell wie unsere einzige, und sie beleuchteten die Szenerie wie ein Paar elektrische Lampen. Die Schatten wurden in die eine Richtung länger und in die andere kürzer. Es war unglaublich schön und fremd und vermittelte ein seltsames Gefühl der Unwirklichkeit.

"Es ist schon spät", erklärte Maorion. "Nun möchte ich euch eine Dame vorstellen - eine sehr wichtige Dame in Sumer. Ihr Name ist Inanna."

Die Frau, die im Schatten gesessen und die Landschaft überblickt hatte, war aufgestanden und hatte sich umgedreht. Sie war eine große, schlanke, blonde Frau. Sie hatte seltsame Augen, die tief violett waren. Sie war auf eine andere Art und Weise schön und schwer zu beschreiben.

Sie verneigte anmutig den Kopf, erst zu Shala, dann zu mir, aber lächelte nicht. Ihr Gesicht war ernst, ohne streng zu sein. Sie hatte volle Lippen, und ich sah, dass ihr Mund empfindlich war, denn er bebte leicht, bevor sie zu sprechen begann.

"Du bist hier willkommen, wenn du mit freundlichen Absichten kommst", sagte sie. Ihre Stimme war dunkel und schön, und sie ließ einen auf eine seltsame Weise erzittern. Winzige Schauer durchliefen mich, als sie weiter sprach.

"Ich bin keine Göttin, hier auf meinem Heimatplaneten. Leider haben sich die Sumerer auf der Erde Geschichten über mich ausgedacht. Sie waren nicht wahr. Ich habe keine Schwester in der Unterwelt, und ich war nie mit einem untreuen Hirten verheiratet. Die ganze chaotische Geschichte meines Lebens ist erfunden, aber sie hat dazu beigetragen, meinem Volk eine vielfarbige Religion zu geben. Nennt mich eine Königin, wenn ihr wollt, aber ich bin nur eine Priesterin. Als solche regiere ich, zusammen mit anderen meiner Art, die

Menschen, die Hilfe und Führung brauchen. Ihr könnt die Übertreibungen in der Erzählung meines Lebens vergessen. Mein Mann ist der Hohepriester hier, und er ist ein guter Mann. Wir haben zwölf Söhne und zwei Töchter, die das Leben reich und vielfältig machen. Mein Wissen über Magie und die prophetischen Künste erfreuen alle hier, aber sie haben einige falsche Geschichten der Erde über mich entstehen lassen. Ich fördere heute vorzugsweise Kunst und Kultur; sie sind die vornehmsten Ausdrucksformen eines Landes.”

“Bis auf das hier”, fügte sie hinzu und warf ihre Arme in Richtung der Aussicht herum. “Normalerweise sitze ich hier und finde Ruhe in meinem Herzen, wenn ich sie brauche.”

“Nun lasst uns weitergehen”, sagte Maorion. “Ich wollte, dass meine Freunde dich kennenlernen und die wahre Geschichte von dir herausfinden. Jan reist mit mir, um die Wahrheit in den anderen Welten zu erfahren.”

“Wirst du auch den anderen Teil unseres Planeten besuchen?”, fragte Inanna. “Meinst du nicht, dass dein Freund wissen sollte, was sich dort verbirgt?”

“Ich habe es in Erwägung gezogen”, antwortete Maorion, “aber ich zögere ein wenig. Meinst du das wirklich?”

“Auf jeden Fall!” erwiderte Inanna in einem festen Ton. “Ihr habt bis jetzt nur das Gute gesehen. Es ist an der Zeit, auch die dunklen Seiten zu sehen.” Danach umarmte sie uns alle drei, und es fühlte sich an wie eine dynamische Energieladung. Mein ganzer Körper kribbelte, als hätte ich einen elektrischen Schlag erhalten. Dann beruhigte es sich und ich fühlte mich absolut fantastisch. Inanna lächelte, als sie mich ansah.

“Du wirst für den nächsten Ort etwas zusätzliche Kraft brauchen”, sagte sie und zwinkerte Maorion zu. Shala schaute verwirrt. Auch sie hatte zusätzliche Kraft erhalten, aber sie brauchte etwas länger, um damit zu harmonieren. Wir begannen unsere Wanderung die tausend Stufen hinunter.

7. Die Bön oder Bon Religion in Tibet

Das Boot dümpelte leise in den sanften Wellen des Abends auf dem Wasser. Es fühlte sich fast angenehm an, es wieder zu sehen, und Maorion sah wirklich zufrieden aus. Es war nicht zu übersehen, dass dieses Boot seine große Liebe war. Ich schaffte es an Bord zu springen, ohne ins Wasser zu stolpern, was mir eine sarkastische Bemerkung von Shala einbrachte. Ich tat so, als würde ich sie nicht hören, sondern ließ mich auf den Kissen hinter Maorion nieder.

"Auf dieser Seite des Globus ist es Abend", sagte er, "und auf der anderen Seite Morgen. Es ist passend, dass wir morgens ankommen, wenn es noch hell ist."

"Gehen wir in eine problematische Kultur?" fragte ich.

"Dunkel, ja, aber problematisch ist ein etwas zu mildes Wort", antwortete Maorion.

"Donnerwetter", schauderte ich, "werden wir Gefahren ausgesetzt sein?"

"Bön", begann Maorion, wurde aber schnell von Shala unterbrochen.

"Bön!", rief sie erleichtert aus. "Gehen wir irgendwo hin, um zu beten? Darin bin ich gut." [*Übersetzungshinweis: "Bön" ist das schwedische Wort für "Gebet".*]

"Manchmal wird es auch Bon genannt", fuhr Maorion fort, "und es handelt sich um eine alte tibetische Kultur, lange vor dem Buddhismus. Die Bon-Religion, die in Tibet existierte, bis der Buddhismus Mitte der 600er Jahre n. Chr. eingeführt wurde, enthielt Magie der Art, die Dämonen und Götzen beschwört und den Wesen der Natur böse Gesichter verleiht. Als der Buddhismus eingeführt wurde, gab es viele alte Priester, besonders die Magier, die Schamanen genannt wurden, die nicht mehr mitmachen wollten. Sie landeten auf diesem Planeten.

"Da Sumer bereits existierte und die Sumerer hier wie jetzt in Frieden lebten, blieben nur die unzugänglichen Berg- und Wüstengebiete auf der anderen Seite des Planeten übrig. Dort ließen sich die alten Anhänger der Bon-Religion nieder und schufen eine eigene Welt. Es ist diese Welt, die wir besuchen werden."

"Ist es gefährlich?" Shala blickte wieder auf.

"Engel neigen dazu, keine Angst zu haben", sagte Maorion und lächelte. "Ich bin ein Mensch, ich bin eigentlich sterblich - du hast ewiges Leben, nicht wahr?"

Er sagte "eigentlich sterblich". Wir wussten, dass er unverwundbar war, so wie wir. Gleichzeitig nahmen wir alle drei eine physische Form an, als wir die Planeten in diesem Universum besuchten. Die Frage war, ob unsere physische Form verletzt werden könnte.

"Nein", sagte der Gedankenleser Maorion. "Du kannst einen Moment lang körperlichen Schmerz spüren, aber wenn du dann deine Engelskraft einsetzt, kann dir niemand etwas anhaben."

"Es ist wichtig, dass du dich daran erinnerst, dass du ein Engel bist", stellte ich kalt fest, und unser Freund und Anführer nickte.

"Wir werden in Kürze in einen Dunstkreis eintreten", sagte er. "Macht es wie vorher: Schließt die Augen, bis ich es euch sage."

Die Landschaft war ungefähr dieselbe, seit wir Sumer verlassen hatten: hohe Felsen, die sich mit üppigen Tälern und schneeweißen Stränden abwechselten. Immer mehr Schnee bedeckte die Berge, die auch immer höher wurden. Die Täler waren nicht mehr so üppig - knorrige Bäume, hohe, verschlungene Wurzeln und jede Menge Felsen waren schon eine ganze Weile unser Anblick, sodass es schön war, die Augen zu schließen. Wir liefen in einen Nebel, was Maorion nicht im Geringsten zu stören schien. Er stand am Ruder und sah aus, als würde er schlafen. Dann rief er uns zu, dass wir aufwachen sollten. Shala saß mit ihrem Kopf an meinem Arm, und sie schreckte auf und riss die Augen weit auf, als ich sie weckte.

"Schau!", flüsterte sie und zeigte mit einem zitternden Zeigefinger auf das Ufer, das Maorion ansteuerte. Dort gab es einen steinernen Steg und mehrere Boote, allerdings von wesentlich einfacherer Bauart als unsere. Sie bestanden aus ausgehöhlten Baumstämmen und sehr primitiven Ruderbooten. Am Strand wimmelte es von Menschen, die nicht besonders sympathisch wirkten. Sie ähnelten eher Trollen als Menschen. Nicht, dass ich etwas gegen Trolle hätte, aber diese hier schienen ziemlich aggressiv zu sein. Sie schrien und gestikulierten, als wir zum Steg glitten, aber Maorion gab ihnen ein Zeichen, das wir nicht verstanden. Sie beruhigten sich und gruppierten sich in kleinen Grüppchen, die ungeduldig auf unsere Ausschiffung warteten. Ich sprach ein stilles Gebet, dass mein Sprung an Land leicht und elegant sein würde. Es gelang tatsächlich!

Maorion rief den Leuten etwas zu, was ich überhaupt nicht verstand. Bislang hatte es auf unserer Reise kein Sprachgewirr gegeben. Was nicht in Worten gesagt wurde, wurde genauso gut in Gedanken ausgedrückt. Doch hier sah es nicht so aus, als würde es genauso einfach sein. Die Menschen wirkten angespannt und erwartungsvoll, und ihre Stimmen waren verstummt. Sie beobachteten uns auf eine, meiner Meinung nach, feindselige Weise. Als ich sie mir genauer ansah, wurde mir klar, dass "Trolle" vielleicht übertrieben war. Sie waren weder haarig, noch hatten sie Schwänze. Ihre Gesichter waren oval oder rund, mit schräg stehenden Augen. Sie machten einen entschlossenen orientalischen Eindruck, aber ihre Körper waren groß und kräftig gebaut. Sie hätten uns im Handumdrehen zerquetscht, wenn sie gewollt hätten - und es gekonnt hätten.

Es dauerte ein paar Minuten, dann kamen drei Personen tanzend auf uns zu. Sie waren als böse Geister verkleidet - besser kann ich es nicht beschreiben. Sie hatten lose, schreckliche Köpfe, Knüppel in den Händen, und ihre Körper waren mit etwas Glänzendem eingerieben, das mit einem phosphorähnlichen Licht leuchtete. Shala kuschelte sich an mich und hielt meine Hand fest.

"Der verängstigte Engel, das bist du!" flüsterte ich neckisch in ihr Ohr. Doch ihr Griff um meine Hand wurde noch fester.

Die drei Angstgestalten standen vor uns und hinderten uns daran, weiterzugehen. Maorion hob beide Arme und sprach etwas Unverständliches aus. Dann kam das Merkwürdige, dass sich die Schreckensmasken vor uns verbeugten und uns zu verstehen gaben, dass wir ihnen folgen sollten. Ich verstand, dass Maorion diese Gestalten kontrollieren konnte - zumindest bis jetzt.

"Das sind drei Götter, die den Eingang zum Königreich bewachen", erklärte Maorion im Flüsterton. "Wir müssen nur mitkommen. Ich glaube, dass sie uns zur geheimen Stadt führen werden."

Wir liefen auf einem Pfad zwischen den Klippen. Hinter uns grölte die ganze Horde der Menschen, aber sie folgten uns nicht. Ihr Gegröle wurde allmählich leiser. Wir waren wohl ein Viertel mit den schrecklichen Gestalten in der Vorhut gewandert, als wir auf einmal vor einem großen Glaskäfig standen. Es erwies sich als Aufzug. Wir betraten den Aufzug ohne die Wachen, die ein paar Knöpfe über der Erde drückten. Danach fuhren wir hinunter in den Untergrund.

Der Fahrstuhl hielt an. Die Tür wurde von einer Gestalt geöffnet, die genauso abstoßend war wie die, die wir verlassen hatten. Ein Paar dunkler Augen starrten uns misstrauisch durch die Löcher in seiner abscheulichen Maske an. Daraufhin gab er uns ein Zeichen, ihm zu folgen. Wir fanden uns in einem ziemlich engen Gang im Inneren eines Berges wieder. Plötzlich öffnete er sich und wir wurden mit einem unerwarteten und sehr seltsamen Anblick konfrontiert.

Vor unseren staunenden Augen breitete sich ein riesiger See aus, umgeben von Felsformationen. In der Mitte des Sees lag eine Stadt, wahrscheinlich auf einer Insel. Alles ruhte in einem bläulichen Licht, das tatsächlich sowohl schön als auch angenehm für die Augen war. Eine Stadt inmitten des Untergrunds!

Die Luft war ein wenig kühl, aber frisch und angenehm. Unser Begleiter stieg in ein Boot, das gleichzeitig ein Floß war, und begann, uns in die Stadt zu rudern. Er war nicht besonders gesprächig. Maorion stellte ihm eine ganze Reihe von Fragen, aber er beantwortete keine davon. Er war sehr groß, und ob es seine enorme Kraft war, die das Boot steuerte, oder ob es irgendwelche Maschinen im Boot gab, war unmöglich zu sagen, aber es ging auf jeden Fall schnell.

Wieder hielten wir an einem Steg. Wir gingen Seite an Seite, alle drei, in die fremde Stadt. Zunächst sahen wir nicht viele Menschen, und die, die wir sahen, mieden uns, als wären wir gefährlich. Vielleicht war es unser Führer vor uns, der sie erschreckte, dachte ich. Die Frauen, die ich erblickte, waren verschleiert. Die Stadt war dunkel und machte einen einsamen, grauen, bedrohlichen Eindruck. Das blaue Licht, das wir schon von weitem gesehen hatten, konnten wir nicht mehr wahrnehmen.

"Es ist früh am Morgen hier", erklärte Maorion. "Wir sind auf dem Weg zum Palast des Herrschers, falls du dich wunderst."

Die Straßen waren mit unebenen Steinen gepflastert,

ähnlich wie das Kopfsteinpflaster in der Altstadt von Stockholm, dachte ich. Aber diese Steine waren größer und so uneben, dass man leicht über sie stolpern konnte, wenn man nicht gerade schwebte. Wir passten gut auf, dass unsere Füße nicht den Boden berührten. Bald standen wir vor einem Haus, von dem wir annahmen, dass es der Palast des Herrschers war.

Noch nie habe ich so hässliche Skulpturen gesehen. Sie waren erschreckend mit ihren schrecklichen Teufelsgesichtern und bösen Gesichtsausdrücken. Ich hätte mir vorstellen können, dass ein Palast in der Hölle so aussehen würde, dachte ich und ließ einen Schauer über den Rücken laufen. Die Hölle gibt es nicht, das ist das erste, was man lernt, wenn man auf die andere Seite kommt. Aber nichts hindert einen daran, Vergleiche zu machen. Die meisten dieser Kunstwerke waren mit Gold überzogen und mit Edelsteinen besetzt. Schande über solch eine Hässlichkeit, dachte ich.

Wir betraten eine große Halle, in der die Menschen wie die Gänse herumliefen. Unser Führer winkte uns, mit ihm eine Wendeltreppe hinaufzugehen, und dort war der Thronsaal. Auch er war überfüllt. Der Herrscher saß an einem langen Tisch, umgeben von seinen Schamanen. Es gab alle Zutaten, die ein echter Zauberer verwendet: Regale mit seltsamen Gegenständen, Glasflaschen und anderen unerklärlichen Apparaten.

"Wir müssen vor dem Herrscher niederknien", flüsterte Maorion und ging mit gutem Beispiel voran. Ich betrachtete das Gesicht des herrschenden Fürsten im Königreich Bon. Was ich sah, gefiel mir ganz und gar nicht. Seine Augen waren kalt wie Eis, seine Nase war groß, dünn und scharf gebogen, sein Mund war ein schmaler Strich. Er war in einen langen Mantel gekleidet, der zwischen intensivem Rot und dunklem Lila wechselte. Sein Körper war groß und sehr stämmig. Wenn er sprach, verstand ich, was er sagte.

"Ihr seid hier nicht willkommen", war seine "freundliche"

Einleitung. "Wir mögen keine Fremden. Was wollt ihr? Wer seid ihr? Woher kommt ihr?"

"Studenten aus der ätherischen Realität, die der Erde am nächsten ist, Eure Majestät", antwortete Maorion. "Wir reisen auf den Planeten umher, um dann die Menschen auf der Erde darüber informieren zu können, was in den verschiedenen Universen existiert. Wir sind auch Träger des Lichts."

"Wir brauchen kein Licht", zischte der unangenehme Adelige. "Wir sind erleuchtet. Wir haben die besten Magier, die ihr je gesehen habt. Ihr könnt das an die Erde weitergeben."

"Wir haben keine Magier gesehen, nur Menschen in Masken", erwiderte Maorion, der Shala und mir mit einem Blick und einem Zwinkern zu verstehen gab, dass wir passiv bleiben sollten. "Wenn wir von eurer Größe erzählen sollen, müssen wir mehr wissen."

Der Herrscher führte ein leises Gespräch mit dem Priester, der am nächsten bei ihm saß. Der Priester war ein hagerer, kahlköpfiger Mann mit schrecklichen Augen. Es waren Augen, die blitzten, aber nicht auf eine schöne Art und Weise. Rote Blitze gingen von ihnen aus. Er hatte einen markanten Kiefer und Raubtierzähne. Er trug einen langen, gräulichen Mantel, von dem ein Leopardenfell über eine seiner Schultern hing. Er nickte, schaute seinen Herrscher mit einem bösen Lächeln an und dann kam er auf uns zu. Ich verstand, was er sagte, und es machte mich ein wenig besorgt.

"Der Herrscher hat mich gebeten, euch ein paar Beispiele meiner Magie zu geben", sagte er mit heiserer, kehliger Stimme. "Anscheinend kommt ihr von einem kleinen, einfachen Planeten, der sich unserer Größe nicht bewusst ist. Ich werde euch einen Beweis für meine Macht geben."

Er schlug mit einem kleinen Zauberstab in die Luft und es entstanden mehrere Lichtringe in verschiedenen Farben, etwa in der Größe von Seifenblasen. Es erinnerte mich an ein

Feuerwerk, die Ringe dehnten sich immer mehr aus, je höher sie kamen. In der Tat, es war wirklich wunderschön. Wir waren ziemlich beeindruckt von dem schönen Farbenspiel, doch dann geschah etwas, das uns erschaudern ließ. Die vielfarbigen Ringe sammelten sich in einer Art Pfeil, und mit einem Heulen stürzten sie nach unten, direkt in einen der Untertanen, die nahe am Tisch des Herrschers standen. Er fiel mit einem schrillen Schrei zu Boden. Shala rannte zu ihm hin und tastete an seinem Kopf, Hals und Herz. Dann kam sie wieder zu uns zurück.

"Er ist tot", sagte sie langsam. "Mausetot. Nirgendwo ist Leben zu sehen. Seine Maske ist abgefallen, dahinter war ein kleiner Junge. Das ist furchtbar."

"Ich halte Leben und Tod in meinen Händen! Dieser Junge war ein Rebell und hätte früher oder später bestraft werden müssen. Dank euch hat er einen leichten Tod bekommen", zischte der Magier und sah Shala mit seinen leuchtend roten Augen an. "Ich kann auch Menschen verschwinden lassen."

Vor meinen und Maorions Augen verschwand Shala. Wir hatten keine Zeit zum Nachdenken, geschweige denn zum Handeln. Sie war einfach weg.

"Das war ein wunderschönes Mädchen", sagte der Herrscher mit einem schallenden Gelächter. "Ein Glück, dass sie noch irgendwo in einem der Verstecke meines Magiers liegt. Er, Mjöun, hat euch doch sicher einen Beweis für unser Können gegeben, oder? Wollt ihr noch mehr? Vielleicht solltet ihr verschwinden, alle drei?"

"Wir sind auf einer Mission im Auftrag des Schöpfers unterwegs", sagte Maorion mit einer Strenge, die ich bei ihm noch nie gesehen hatte. Er wurde irgendwie größer und mächtiger. Der Herrscher schrumpfte vor seinem strengen Blick. "Gebt uns sofort den Engel Shala zurück. Andernfalls werdet ihr es mit Ihm zu tun bekommen."

Mjöun stand regungslos da. "Wenn ich dir diesen Gefallen tue, musst du mir im Gegenzug auch einen tun", rief er. "Wenn nicht, wird sie hier bleiben."

Ich hatte viel mit den Engeln gelernt. Aber ich war noch nie dem puren Bösen ausgesetzt gewesen. Dies war tatsächlich ein solcher Test. Shala durfte nichts passieren, und ich versuchte, geistigen Kontakt mit ihr aufzunehmen. Es gelang.

"Ich bin in einer Nebelluke im Berg über der Stadt", flüsterte sie in meinem Kopf. Was in aller Welt ist eine Nebelluke? dachte ich verzweifelt. Mjöun durfte nicht verstehen, dass ich mit ihr kommunizieren konnte, aber Maorion war sich dessen bewusst. Er warf mir einen beruhigenden, liebevollen Blick zu. Dann wandte er sich an den Herrscher.

"Bringt uns aus dieser Stadt", befahl er. "Bringt Shala sofort zurück, sonst bekommt ihr Ärger. Ich habe die Macht, eure Stadt im Handumdrehen zu zerstören. Ich habe eine andere Art von Macht als dieser Gaukler."

Mjöun wurde wütend. "Warum suchst du nicht selbst nach deinem Engel?", rief er. "Dann werden wir sehen, ob deine Macht größer ist als meine!"

Er bekam den Beweis auf eine Weise, mit der er nicht gerechnet hatte, auch wenn es eine Weile dauerte. Der Herrscher nickte dem gleichen Führer zu, der uns in den Untergrund gebracht hatte. Wir verließen die Halle, aber Mjöun begleitete uns auf Befehl des Herrschers. Es fühlte sich nicht besonders gut an, aber er war der Einzige, der wusste, wo die Nebelluken waren. Ich verriet nicht, dass ich von ihnen wusste, da ich nicht einmal wusste, was eine Nebelluke war. Aber ich hörte Shalas Stimme in meinem Kopf:

"Jan, hör zu Jan! Ich bin über der Erde in einer Spalte zwischen den Bergen. Sie ist voll mit Nebel. Ich bin gefesselt. Versuch, mich zu finden."

Ich schickte ihr die ganze Zeit während der Bootsfahrt und

im Aufzug beruhigende Gedanken. Mjöun war still und grimmig und Maorion auch. Ich wusste, dass Mjöun auf eine Gelegenheit für irgendeine Art von Rache wartete und dass er uns ins Verderben führen wollte, wenn er nur konnte. Maorion wusste das auch und war auf der Hut.

Wir traten aus dem Aufzug und ich bemerkte, dass Mjöun mit unserem Führer Blicke austauschte. Er ging voraus und wies uns den Weg. Ich fragte mich, wohin sie uns bringen wollten. Vielleicht würden Maorion und ich bald genauso hinter Schloss und Riegel sein, wie Shala. Ich stupste Maorion leicht am Ellbogen an.

"Mach dir keine Sorgen", sagte er, was ich zu meiner Freude auch wahrnehmen konnte. "Ich weiß, wo sie ist, und ich verspreche dir, dass ich mit unserer Situation umgehen kann."

Uns blieb nichts anderes übrig, als weiter zu traben. Um uns herum waren hohe graue Felsen und der Weg zwischen ihnen war sehr schmal, so dass wir im Gänsemarsch gehen mussten. Der Führer führte den Weg an und Mjöun ging als letzter in der Reihe hinter mir. Es fühlte sich nicht gut an. Es schien mir, dass seine Blicke wie Nadeln in meinen Rücken fuhren und meine Füße begannen sich schwer wie Blei anzufühlen. Ich schickte einen "Hilfe!"-Gedanken zu Maorion, der mir sofort antwortete, dass Hilfe kommen würde. Kurz darauf wurden meine Füße leichter, und ich spürte, dass der Magier hinter mir enttäuscht wurde. Es schien, als ob unser stummer Führer uns zu einem ganz bestimmten Ort führte. Seine hässliche Maske drehte sich gelegentlich um, um sicherzustellen, dass wir mit ihm Schritt hielten.

Ein dichter Nebel tauchte plötzlich vor uns auf. Er glich einer Wand, und unser Führer blieb kurz stehen und gestikulierte zu Mjöun. Ich hörte schwache Schreie aus dem Inneren des Nebels und erkannte Shalas Stimme. Mir wurde klar, dass die Luke im Inneren des Nebels existieren musste.

Maorion nahm meine Hand.

"Wir müssen hier eindringen", sagte er. "Es ist nicht ganz dasselbe wie der Nebel auf dem Meer; dies ist ein starrer Nebel, der wie eine Wand aussieht. In seinem Inneren befinden sich Luken. Shala sitzt wahrscheinlich in einer solchen Luke."

"Das verstehe ich", murmelte ich. "Aber wie kriegen wir sie da raus?" Er zog mich in Richtung der Wand. Mjöun stand lächelnd und regungslos hinter uns. Der Führer stand neben uns und beobachtete sowohl uns als auch Mjöun. Ich hatte das Gefühl, dass etwas Schreckliches passieren würde. Aber zum Glück hatte ich mein Gefühl ein wenig falsch gelenkt, denn ich dachte, dass wir es waren, die in Schwierigkeiten geraten würden.

"Hier hinter der Nebelwand ist der kleine Engel", sagte Mjöun in einem abfälligen Ton. "Ich hoffe, es gefällt ihr, sonst kann sie sicher sein, dass sie bald Gesellschaft bekommt. Ich glaube nicht an die Worte Maorions an den Herrscher. Du hast keine solche magische Kraft, Maorion, schon gar nicht hier. Der Nebel, den du gleich erleben wirst, dauert ein paar Tage, dann wird er sich in Eis verwandeln, und du wirst für alle Ewigkeit in den Nebelluken eingefroren sein. Ich wünsche dir eine gute Reise!"

Nun geschah etwas Unerwartetes. Maorion hatte keine Zeit, sich eine Antwort auszudenken, bevor unser schrecklicher Führer sein Schwert zog und es in Mjöun stach, der schreiend zu Boden fiel und dort in einer großen Blutlache liegen blieb. Der Führer riss seine Maske ab, und darunter kam ein sehr menschlicher Jungenkopf zum Vorschein, rothaarig und voller Wut.

"Auf diesen Moment habe ich gewartet!", rief er. "Der Schuft dort hat gerade meinen besten Freund ermordet, und davor hat er meinen Bruder getötet. Der Herrscher des Untergrunds ist ein Unmensch. Aber ich bin nur ein einsamer

Junge ohne jegliche Macht. Als ihr hier ankamt, hoffte ich, die Chance zu bekommen, den Tod meines Bruders zu rächen. Als Mjöun meinen besten Freund tötete, wusste ich, dass es nur einen Ausweg gibt. Die Gelegenheit hat sich nun ergeben und ich habe sie euch zu verdanken.”

“Schrecklich!” murmelte ich und schüttelte den Kopf. “Wirklich schrecklich. Er ist tot.”

“Wenn der Junge ihn nicht getötet hätte, wäre ich gezwungen gewesen, es zu tun”, sagte Maorion. “Es gab keinen anderen Ausweg, um uns zu retten und all die anderen. Aber wie bist du hierher gekommen, Junge? Du siehst nicht so aus wie die anderen im Untergrund aus.”

“Mein Bruder, mein Freund und ich haben uns auf ein Abenteuer eingelassen”, antwortete der rothaarige, robuste Junge leicht verlegen. “Wir kommen aus Sumer, und ich heiße Sonti. Wir sind zufällig hierher gekommen; wir hatten nur vor, ein paar Tage weg zu sein. Doch wenn man einmal hier gelandet ist, ist es nicht leicht, wieder wegzukommen. Mein Bruder hat es versucht, aber er wurde sofort hingerichtet. Seitdem haben mein Freund und ich auf eine Gelegenheit zur Flucht gewartet, aber Mjöun hat meinen Freund überwältigt, und bald hätte ich das gleiche Schicksal erlitten. Ich glaube, ich kann euch helfen, das Mädchen da drin zu finden; ich war schon einmal hier oben.”

Er bückte sich und suchte in der Kleidung des regungslosen Mjöun, wo er einen Schlüsselbund und etwas fand, das wie eine Art dreiteiliger Dolch aussah. Er steckte den Dolch in seine Tasche und klapperte mit dem Schlüsselbund. Schließlich bekam er einen weißen Schlüssel zu fassen.

“Hier ist der Schlüssel zu den Nebelluken”, sagte er und strahlte vor Freude. “Jetzt können wir sie alle befreien!”

Sonti steckte den Schlüssel in ein Loch in der Nebelwand, das wir vorher nicht bemerkt hatten. Mit einem Krachen öffnete es sich und dahinter war eine Reihe von geschlossenen, weißen Luken. Er benutzte den Schlüssel für jede einzelne Luke, und sie flogen alle auf. Shala war diejenige, die zuerst herauskam, und sie flog direkt in meine Arme und dann in die von Maorion. Sonti stand regungslos da und schaute auf die Luken. Hinter fast allen befanden sich Gestalten, aber ihre Eiszeit war bereits eingetreten. Shala war noch nicht mit Eis bedeckt, also kamen wir gerade noch rechtzeitig.

"Du solltest uns lieber begleiten", sagte Maorion zu dem Jungen. "Es ist ein Leichtes für den Herrscher, dich hier zu erwischen und dich ein schreckliches Schicksal erleiden zu lassen. Ich werde das Eis um die anderen schmelzen, und dann werden wir sehen, ob sie aufwachen."

Er hob seinen Arm, und sofort begann es von der Wand mit den Luken zu tropfen. Bald war das Eis geschmolzen, aber nur ein paar der Gefangenen bekamen sofort ihre Bewegungsfähigkeit zurück. Einer von ihnen, ein alter Mann mit langen Haaren und Bart, kniete vor Maorion nieder und bedankte sich bei ihm.

"Kannst du dich um die anderen kümmern?", fragte Maorion. "Ich rate euch, nicht in die unterirdische Stadt zurückzukehren, denn dann könnt ihr in Schwierigkeiten geraten. Versucht, einen Ort über der Erde zu finden, wo ihr eine eigene Gemeinschaft bilden könnt. Du musst den anderen klar machen, dass es um Liebe und Gemeinschaft geht und dass ihr euch gegenseitig helfen müsst. Umgib deine Gemeinschaft mit einer mächtigen Wand aus Licht, dann kann dich der Herrscher nicht erreichen. Du hast noch etwa vierundzwanzig Stunden Zeit, um von hier zu verschwinden, bevor der Herrscher Verdacht schöpft und seine Leute herschickt. Ich vermute, dass Mjöun, der im Moment völlig tot zu sein scheint, magische Kräfte hat, um wieder auferstehen zu können. Er ist die Art von Magier, die dem Tod trotzt. Halte dich so weit wie möglich von ihm fern. Jetzt müssen wir zurückreisen."

Einige der gefrorenen Gestalten stolperten aus ihren Nebelluken und der alte Mann empfing sie mit offenen Armen. Maorion machte einige schwungvolle Bewegungen entlang aller Luken und ich spürte eine intensive Wärme, die von ihm ausging. Noch mehr Gestalten krochen aus ihrem kalten Gefängnis und wurden von dem alten Mann in Empfang genommen. Maorion wickelte Shala, mich und Sonti in seinen Mantel und in Gedankenschnelle fanden wir uns in seinem Boot wieder, das an dem steinernen Steg festgemacht war, wo wir es verlassen hatten. Kein Mensch war zu sehen, und wir konnten in aller Ruhe vom Steg aus ablegen. Jetzt waren wir zu viert im Boot.

8. Minoxor und die Minoer

Sonti entpuppte sich als ein fröhlicher und schlagfertiger Junge. Außerdem wusste er eine ganze Menge über Boote. Maorion versprach, ihn auf der anderen Seite des Planeten abzusetzen, in Sumer, doch dann kratzte sich der Junge an seinem roten Haarschopf, grinste ein wenig und sagte:

"Ich würde dich gerne begleiten. Meine Eltern haben sich bestimmt schon Sorgen gemacht und denken wahrscheinlich, dass ich tot bin. Aus diesem Grund kann ich noch eine Weile weg sein."

"Dann solltest du ihnen zeigen, dass du bei bester Gesundheit bist", erwiderte Maorion streng. "Unsere kleine Delegation geht auf eine geheime Mission, und wir können keine Fremden mitnehmen. Leider müssen wir uns trennen, aber vielleicht besuchen wir euch zu einem späteren Zeitpunkt wieder."

Damit musste sich Sonti zufrieden geben. Wir waren alle sehr müde nach all den Erlebnissen, sodass wir auf den weichen Kissen im Boot einschliefen, alle außer Maorion. Als wir aufwachten, waren wir gerade an der Anlegestelle in Sumer gelandet, wo es von Menschen nur so wimmelte. Sonti sprang an Land, nachdem er uns umarmt hatte und bat uns, bald wiederzukommen. Er erklärte, wo er lebte und Maorion hörte aufmerksam zu und versprach, ihn zu besuchen. Das letzte, was wir von ihm sahen, war ein roter Kopf, der in der Menge herumwippte und eine knochige Jungenfaust, die uns bis zuletzt zuwinkte.

Ich frage mich, von was für einer geheimen Mission Maorion gesprochen hat, dachte ich, als wir in der sanften blauvioletten Abenddämmerung auf den Wellen schaukelten. Der vierte Planet wartete auf uns, und wir warteten auf ihn. Ich fragte, ob wir alle Planeten in diesem Universum besuchen würden.

"Lieber Jan", sagte Maorion und lächelte, "wenn wir den Ursprung aller Stämme auf eurer Erde besuchen würden, wären wir nicht einmal in tausend Jahren eurer Zeitrechnung damit fertig. Wir machen eine kleine Auswahl der Stämme, die ich am interessantesten finde, um sie zu besuchen. Die meisten der Planeten hier beherbergen unzählige Spezies, sowohl Menschen als auch andere Arten von Wesen. Unsere Reise umfasst ursprüngliche Stämme, nichts anderes. Ich möchte den bemerkenswerten Verlauf der Geschichte auf eurer Erde und deren Beginn auf einigen unserer Planeten aufzeigen, bevor wir das endgültige Ziel unserer Reise erreichen."

"Und wo ist das?" Ich konnte es mir nicht verkneifen, zu fragen.

"Es ist der Ort im Zentraluniversum, bei der Zentralen Rasse, ein Ort, an dem die Menschen der Erde ihre Vollkommenheit finden." Dabei lächelte er auf diese geheimnisvolle Art, die mich immer irritierte. Ich will Dinge herausfinden; ich habe einen wissbegierigen Geist und bin neugierig. Doch stattdessen gähnte ich. Jetzt war in der nächtlichen Atmosphäre nicht mehr zu sehen als die Spiegelung eines fremden Firmaments in der dunklen Wasserfläche um uns herum. Ein Nickerchen wäre wahrscheinlich sehr willkommen.

"Wach auf, Jan, wir haben unser Ziel erreicht!" Es war die Stimme von Shala. Ihre kleinen Hände rüttelten an meinen Schultern und ihre kleinen spitzen Brüste wölbten sich direkt unter meiner Nase. Ich tat so, als wäre ich nur schwer zu wecken, weil ich, heimlich blinzelnd, die Aussicht genoss.

Zweifellos waren wir im Begriff, wieder menschliche Gestalt anzunehmen!

"Erreicht, wo?" Ich gähnte und tat so, als würde ich mich schläfrig von den Kissen abstoßen.

"Minoxor ist der Name des Landes, aus dem die Minoer kamen", antwortete Maorion. "Wenn du dich von Shala losreißen kannst, kann ich dir sagen, dass sie auf Kreta lebten, als sie noch Erdbewohner waren."

Wahrscheinlich errötete ich. Es war helllichter Tag, und wieder hatten wir an einem Steg angelegt. Der Steg war gar nicht schlecht; er reichte weit ins Wasser hinaus und war bis zum Ufer mit säulenverzierten Geländern versehen. Elegante Menschen liefen in schönen, bunten Kleidern umher. Die Männer waren groß und hatten oft kleine Bärte und dünne Schnurrbärte; gelegentlich hatten sie ihre langen Haare in kunstvollen Frisuren hochgesteckt wie die Frauen. Die Frauen schienen extrem gepflegt und waren zu meiner Überraschung so stark geschminkt wie unsere heutigen Filmstars.

"Willkommen in der minoischen Ursprungskultur!", rief Maorion und stieg als Erster von Bord. Er wurde von einer jubelnden Menge begrüßt, die ihn umarmte, redete, lachte und ihn gut zu kennen schien. Maorion drehte sich um und zeigte auf Shala und mich, die gerade aus dem Boot stiegen, während zuvorkommende Hände um uns herum es am Steg festmachten. Wir waren von einer Schar von Menschen umgeben, die uns fröhlich mit Gesichtern, Umarmungen und freundlichen Berührungen begrüßten. Bevor ich Zeit zum Nachdenken hatte, wurden Shala und ich auf fremden Schultern in Tanz und Gesang davongetragen. Als ich mich umdrehte, wurde Maorion auf die gleiche Weise weggetragen, aber er schien es gewohnt zu sein. Er lachte und winkte uns zu und signalisierte "keine Gefahr!"

Es schien, als ob eine fast kindliche Lebensfreude die

lebhaften, festlich gekleideten Menschen durchdrang. Shala wurde von Frauen in hellen, schönen Kleidern mitgerissen, die eines gemeinsam hatten: Sie waren, meiner Meinung nach, nicht sehr bescheiden gekleidet. Ihre Kleider umschlossen die Taille, ließen aber die ganze Oberweite frei. Sie waren geschickt mit halblangen, engen Ärmeln genäht, die den Stoff am Hals zusammenhalten ließen. Ich habe noch nie, nicht einmal in meinem irdischen Leben, so viele nackte weibliche Brüste gesehen, die in einem ausgelassenen Tanz vorbeiflatterten. Ich vergaß, meine Augen zu schließen! Maorion, der nun vor mir hergetragen wurde, drehte sich um und lachte, sodass seine weißen Zähne glitzerten.

"Junge, das wirst du nur an einem Ort in diesem Universum sehen", rief er. "Zeige äußerste Ehrfurcht, denn der Status der Frauen hier ist sehr hoch; alle Frauen sind quasi Göttinnen ..."

Dann hörte ich nichts mehr, denn der Gesang übertönte seine Stimme und wir waren bei einer Ansammlung von Häusern angekommen, die prächtiger war als alles, was ich je zuvor gesehen hatte. Ich erinnerte mich daran, dass ich über die minoische Kultur auf Kreta gelesen hatte, etwa 2000 vor Christus. Ausgrabungen hatten ergeben, dass sie prächtig war, aber wahrscheinlich gab es keine andere derartige Kultur, nicht einmal in der Vorstellung der Erdbewohner.

Es gab nicht nur reich verzierte Säulen und Wände, die wie von Sternenlicht leuchteten, es gab Gerüste, Verzierungen, Ornamente und Dekore, von denen ich nicht einmal träumen konnte. Ich glaube nicht, dass irgendeine andere Kultur eine solche Handwerkskunst bieten kann.

Endlich setzten sie uns auf dem glänzenden Mosaikboden ab, der so sorgfältig und kunstvoll platziert war, dass ich lange Zeit mit der Nase nach unten gaffend dastand. Die Mosaike zeigten Szenen aus dem täglichen Leben der Minoer, der Jagd, dem Fischfang, Zeremonien und nicht zuletzt dem Stierkampf.

Ich schreckte hoch, als mir eine Hand auf die Schulter gelegt wurde. Ich blickte direkt in das Gesicht eines freundlich lächelnden Mannes.

"Maorions Freunde sind unsere Freunde, und wir bitten dich, an unserem Abendbankett teilzunehmen", sagte der Mann, und seltsamerweise verstand ich, was er sagte. "Die Muttergöttin wird euch mit ihrer Anwesenheit ehren. Sie ist sehr daran interessiert, was ihr uns über andere planetarische Kulturen erzählen könnt. Wir bitten dich in aller Bescheidenheit um die Erlaubnis, dich zu verwöhnen, damit du dich entspannt fühlst und unser Festmahl genießen kannst."

Ich wurde zu einer Badeeinrichtung gebracht. Es war die luxuriöseste, die ich je gesehen habe. Es war eine Freude, in das riesige Schwimmbecken zu springen und ein schönes Bad zu nehmen. Dort drinnen waren nur Männer, und alle schienen gleich freundlich zu sein. Man musste schon ein Engel sein, um so viel Schönheit und Freundlichkeit zu ertragen, dachte ich. Nach dem Schwimmen wurde ich in einen Raum mit Kojen gebracht, wo ich von einem geschickten Masseur am ganzen Körper mit duftenden Ölen massiert wurde. Es war ganz schön, mal einen festen Körper zu haben, dachte ich erfreut und spreizte freudig meine Zehen. Die ganze Zeit über war von irgendwoher ruhige, entspannende Musik zu hören.

Dann war es Zeit für das heiße Bad. Es fand in einem abgesenkten kleinen Becken statt, wo das heiße Wasser von unten zu kommen schien. Es gab heiße Quellen, wo sich das Bad befand, erklärte mein Masseur. Die Massage wurde fortgesetzt, diesmal mit etwas, das wie Seetang aussah. Es roch seltsam, aber der Masseur wies darauf hin, dass es eine heilende Wirkung auf das gesamte Nervensystem habe. Ich bezweifelte, dass ich überhaupt ein Nervensystem in diesem Körper hatte, aber ich muss zugeben, dass das Ganze sehr angenehm war.

Bevor ich mich anzog, wurde ich mit süßlich duftenden Ölen

eingeschmiert, und sie wollten mein Gesicht bemalen. Aber das ging mir zu weit; ich lehnte es hartnäckig ab. Ich wurde nicht in meine eigenen Kleider gekleidet, sondern in eine olivfarbene Tunika mit Goldstickerei, und dann wurde ich vor einen Spiegel aus poliertem Onyx gestellt. Ich erkannte mich kaum wieder, brach aber in Gelächter aus. Meine Garderobiere schaute sehr ernst, und ich brauchte einen Moment, um zu erklären, dass ich mit dem neuen Janne mehr als zufrieden war.

Maorion traf mich vor der Badabteilung. Er hatte die gleiche Verwandlung durchgemacht wie ich, allerdings war seine Tunika himmelblau mit silbernen und goldenen Stickereien, und er trug einen fantastischen, schweren Goldanhänger um den Hals, der einen Garten in Miniatur darstellte, der aus verschiedenen Edelsteinen bestand. Er sah ein wenig verlegen aus, als er sagte:

"Es ist immer so mit den Minoern. Sie sind unnatürlich gastfreundlich!" Er brach in Gelächter aus. "Wir sollten sie lieber machen lassen, dann sind sie glücklich."

Shala war die nächste Überraschung, sowohl für sie selbst als auch für uns. Aus dem lustigen kleinen Engelsmädchen war eine Dame geworden, eine sehr schöne junge Dame. Sie trug eine hellgrüne Kreation, mit dem gewohnten Ausschnitt, der ihre kleinen Brüste entblößte. Außerdem war ihr Kleid steif mit Stickereien und Volants, und um das Ganze schwang sie bescheiden ein weinfarbenes Tuch, das glänzte und glitzerte. Ihr Haar erkannten wir gar nicht wieder; es war zu einer Lockenfrisur hochgesteckt, und darüber thronte eine Kopfbedeckung, die mit einer Skulptur eines Delphins versehen war. Ihr Gesicht war natürlich geschminkt. Sie war kurz davor, vor Kichern zu explodieren. Das verschmitzte Engelchen ähnelte am meisten einem gefallenen Engel, dessen war sie sich voll bewusst.

"Die daheim in unserem Himmel sollten das sehen",

flüsterte sie mir ins Ohr. "Ich würde nicht im Traum daran denken, auch geschwängert zu werden!"

Ich schaute sie erstaunt an, bis ich begriff, dass sie sich lächerlich gemacht hatte, und dann fing ich an zu lachen. Ich nahm ihren Arm mit dem einen und den von Maorion mit dem anderen, und so schritten wir in die unvergleichliche Halle, in der das Festmahl stattfinden würde. Es gab einen riesigen Tisch, der mit allerlei Köstlichkeiten gefüllt war, und man musste sich nur nach Lust und Laune bedienen. Im Rest der Halle standen kleine Tische und Sofas und sogar Kissen auf dem Boden, da einige der Gäste wie die alten Griechen am Tisch lagen. Der Wein floss in transparenten Säulen. So konnte man sehen, wie der Wein durch Glassäulen von der Decke in die Halle hinunterströmte, wo er von Dienern in Krüge gegossen wurde. Überall waren Diener, die dafür sorgten, dass niemand ohne Essen und Trinken auskommen musste. Shala wurde in einen Bereich der Halle weggezogen, in dem nur Frauen waren, und es schien mir, dass sie dort eine gute Zeit hatte. Die Frauen waren wie eine Ansammlung von Kolibris in ihren leuchtend bunten Kleidern und funkelnden Frisuren.

"Lasst uns essen", erklärte Maorion und füllte seinen Teller mit Köstlichkeiten. "Wenn wir gegessen haben, wird die Muttergöttin wahrscheinlich ihren Auftritt haben. Normalerweise nimmt sie nie an den Mahlzeiten teil. Wenn sie hier ist, will sie die Aufmerksamkeit der Menschen haben. Normalerweise hat sie wichtige Dinge zu sagen."

Ich genoss diese köstliche Mahlzeit in der ebenso köstlichen Umgebung sehr. Gelegentlich, zwischen dem Kauen, nahm ich mir Zeit, um die unmittelbare Umgebung zu betrachten. Nicht alle Frauen befanden sich in der Menge dort drüben; einige saßen in geschäftiger Unterhaltung mit den Männern, wie in jedem Luxusrestaurant dort unten auf der Erde. Trotz der Kleidung und des prächtigen Outfits überall, fühlte sich das hier irdischer an als jede der anderen Kulturen, die wir besucht hatten. Außerdem fühlte es sich an, als ob mein Magen voll wäre - ein sehr ungewöhnliches Gefühl heutzutage. Mit einem Lächeln übergab ich meinen Teller an den allgegenwärtigen, weiß gekleideten Kellner und hob mein Glas in Richtung Maorion. Es war ein exzellenter Wein; einem wurde weder schwindelig noch übel von ihm. Man fühlte sich glücklich und beschwingt, mehr nicht. Es war herrlich, die Weinsäulen zu sehen, an denen entweder gelber, roter, rosa oder grüner Wein in einem nie versiegenden Strom floss. Später entdeckte ich, dass es tatsächlich an jeder Säule einen Zapfhahn gab.

"Vielleicht sollten wir anfangen, mit unseren Nachbarn zu reden?" schlug ich vor, denn von dem Paar, das uns am nächsten war, hatte ich ermutigendes Lächeln und Nicken erhalten.

"Nein", antwortete Maorion. "Jetzt kommt der Höhepunkt des Abends! Siehst du da drüben?"

Wie von Zauberhand war der Tisch mit all dem Geschirr verschwunden, und an seiner Stelle tauchte ein mit blendend weißem Samt überzogenes Podium auf. Ein weiterer Zauberschlag löschte alle Lichter in der Halle, bis auf die vier Weinsäulen, die in der Dunkelheit funkelten. Als ein Licht - ein Scheinwerfer? - das Podium beleuchtete, stand dort eine Frau von wunderbarer Schönheit. Nun ja, eigentlich bin ich mir nicht sicher, wie sie wirklich aussah, aber ihre Erscheinung war umwerfend schön. Es ist schwer, sie zu beschreiben, aber sie trug ein Kleid von funkelndem Weiß, ebenfalls tief ausgeschnitten, wie es die Mode offenbar vorschrieb, und auf ihrem schwarzen Haar hatte sie eine seltsame Kopfbedeckung. Vier kleine Skulpturen nahmen sich die Hände und Maorion flüsterte, dass sie Wasser, Erde, Feuer und Luft darstellten - also die vier Elemente, die offenbar mit ihren Gegenstücken auf der Erde identisch waren. Sie begann zu sprechen, und ihre

Stimme war ein kraftvoller Alt, der ihre Worte wie Pfeile, oder vielleicht eher wie ein Hagelsturm, durch den Raum schoss.

"Meine lieben Untergebenen und meine ebenso lieben Gäste", begann sie und verbeugte sich in unsere Richtung und anschließend in Shalas Richtung. "In diesem Reich leben wir in Symbiose mit den vier Elementen, das wisst ihr wahrscheinlich alle. Die Wesen der Natur sind uns nicht fremd, und wir arbeiten in Gemeinschaft mit ihnen. Wir können sie sehen und mit ihnen konferieren, etwas, das ich unseren Besuchern empfehle. Solange Mensch und Natur aufeinander Rücksicht nehmen, gibt es keine Kriege oder Katastrophen.

"Einmal, vor langer Zeit, schickten wir eine ziemlich große Anzahl unserer Bewohner auf die Erde. Sie landeten auf Kreta. Die Absicht war, dass sie den Menschen die gleichen Gesetze und Statuten beibringen sollten, die hier in Minoxor existieren. Anstatt sich an ihre ursprüngliche Kultur zu halten, entwickelten sie sich allmählich zu egoistischen Wesen, die zwar ihre Erinnerungen an uns nutzten, um schöne Gebäude und eine Kultur zu erschaffen, sodass viele sie beneideten, aber sie verkommen immer mehr zu bösen Taten. Als sich die minoische Kultur auf der Erde dem Ende zuneigte, opferten sie sogar Kinder.

"Die Absicht war, dass sie unsere Kultur auf den griechischen Inseln und dann noch weiter verbreiten sollten, so weit wie möglich. Natürlich stießen sie auf feindliche Stämme und viel Widerstand, aber wir hatten sie gelehrt, dass Widerstand mit Liebe, Geduld und guten Taten überwunden werden kann. Sie vergaßen unseren Rat und ließen sich auf Grausamkeit und Gewalt ein. Die Welt dort unten entwickelte sich schließlich zu dem, was sie heute ist - und sie ist miserabel. Der Untergang ließ nicht lange auf sich warten: Im Jahr 1620 v. Chr. kam es zu einem Vulkanausbruch auf der Insel Thera. Der Tsunami und der Aschefall reichten bis nach Kreta und zerstörten die Insel. Das war einer der schwersten Vulkanausbrüche, die es auf eurer Erde gegeben hat. Unsere Gäste aus der Ferne sind hier, um sich Wissen anzueignen, wie die Erde dieses Mal gerettet werden kann. Wir können sie nicht von hier aus retten; es gibt nur eine Möglichkeit, und die wohnt im Herzen eines jeden jetzt lebenden Erdbewohners.

"Wenn es möglich ist, das Herz eines jeden jetzt lebenden Menschen mit einem Wort oder einem Lied zu erreichen, das in seinem Körper widerhallt, das seine Seele zum Schwingen bringt und das dieses Gefühl in weiten Kreisen überall verbreitet, egal ob es willkommen ist oder nicht, dann kann die Erde vielleicht gerettet werden. In den Teilen der Welt, in denen die Minoer lebten, sind noch Goldkörner von unserer ursprünglichen Zivilisation übrig. Es gibt immer noch Menschen, die auf das Lied des göttlichen Samens in sich selbst hören. Das sind diejenigen, an die wir glauben; es sind ihre Herzen, die das Ende der Welt verhindern werden. Der kleine Globus, der sich am Rande unserer Galaxie befindet, besitzt zu viele seltene Werte, um durch Gewalt, Machtgier und fehlende Weisheit ruiniert zu werden. Wir müssen Hilfe von allen Planeten schicken, die an der Planetenfusion teilnehmen, die im Zentraluniversum enthalten ist. Es ist eine Verschmelzung von verschiedenen Arten der Liebe. Wir sind als Teil davon hier auf Minoxor eingeschlossen."

Maorion erhob sich und verbeugte sich tief vor der Muttergöttin.

"Meine Damen und Herren", rief er aus. "Wir sind gekommen, um den Ursprung kennenzulernen und ihn dann durch meinen Gefährten Jan an die Bewohner der Erde weiterzugeben. Es gibt nur wenige Erdenmenschen, die mit unserem Universum vertraut sind und wissen, wo der Ursprung ist. Es ist an der Zeit, dass dieses Wissen jetzt weitergegeben wird. Es könnte auf vielen Planeten und Sternen chaotisch werden, wenn die Erde zu Ende geht. Dies darf nicht passieren. Machthungrige, destruktive Kräfte müssen beseitigt werden. Könnt ihr uns dabei helfen?"

Die Muttergöttin legte ihre Arme über ihre Brust. Danach lächelte sie sanft. "Ich werde sehen, was ich tun kann. Aber hast du schon die Zentrale Rasse besucht? Wir brauchen ihre Hilfe."

"Wir werden dorthin kommen, als unser letztes Ziel dieser Reise", antwortete Maorion.

Jetzt lächelte die prächtige Frau auf dem Podium. "Ihr könnt gerne so lange hier bleiben, wie ihr wollt. Vergiss nicht, dich mit den Naturgeistern vertraut zu machen. Für uns sind sie der Puls des Atems. Nun geht das Fest weiter, und ich wünsche euch viel Glück."

So schnell, wie sie gekommen war, verschwand sie auch wieder. Auch wir verschwanden schnell - zu unseren jeweiligen Unterkünften. Wir mussten zuerst Shala holen; es war schwer, sie von den kichernden, plappernden Mädchen loszureißen, die in einer Ecke der Halle in einer Menge saßen. Es war eine schöne Menschenmenge, dachte ich, aber wir waren gezwungen, Shala mit uns zu tragen. Sie verhielt sich überhaupt nicht wie ein Engel, nicht bis ich Zar drohte zu erzählen, wie ungehorsam sie war. Dann beruhigte sie sich und folgte uns brav, als wir zu unseren getrennten Schlafzimmern geführt wurden, die ein Luxushotel als heruntergekommene Farmarbeiterhütte erscheinen lassen könnten.

Am nächsten Tag würde unsere Reise weitergehen, aber vorher würden wir noch die Naturgeister treffen. Ich stürzte mich zurück in den exquisiten, himmlischen Komfort des Bettes und schlief schnell ein wie eine Fliege im Reisbrei.

Die Gärten

Es fiel mir schwer, mich aus den weichen Kissen zu befreien, die sich in dieser schönen Nacht an meinen schlanken Körper angepasst hatten. Ich fühlte mich gründlich ausgeruht und meine Kleidung lag ordentlich gefaltet auf einem Stuhl. Ein lächelnder Diener informierte mich, dass das Frühstück im Frühstücksraum wartete. Dort warteten auch Maorion und Shala. Unser engelsgleiches Mädchen in ihrer normalen Kleidung war blass und hatte hohle Augen, aber Maorion war genauso ausgeruht wie ich.

"Ein wunderbarer Teil dieses Reiches ist der, in dem die Naturwesen herrschen", erzählte er uns. "Ich war schon viele Male dort, und jedes Mal ist es genauso erstaunlich."

Unser Besuch in den Gärten der Muttergöttin bestätigte diese Aussage tatsächlich. Wie ich bereits erwähnte, gab es hier vieles, was mich an die Erde erinnerte. Diese üppigen Gärten mit ungewohnten Blumen, aber auch mit einer großen Anzahl von Rosen und anderen Pflanzen, die ich wiedererkannte, waren sicherlich keine Enttäuschung. Plötzlich, wenn man dort spazieren ging, den Duft einatmete und das Gewirr von hummelförmigen Insekten beobachtete, kam etwas anderes aus den Büschen gesummt. Es war ein Elementar, so wie es auf der Erde immer dargestellt wurde: eine kleine geflügelte Fee, die mit ihrem dünnen, fast durchsichtigen Körper zwischen den Blumen schwebte. Dann kam noch eines und noch eines, und schließlich waren wir von Elementaren umgeben.

"Na, sieh mal, wer da ist; jetzt sind meine Freunde sehr neugierig!" Es war die Muttergöttin, die plötzlich hinter einem blühenden Baum auftauchte. "Ihr solltet mich zu ihrem Haus der Rosen begleiten."

Sie war nicht mehr so strahlend weiß wie am Abend zuvor, aber immer noch sehr elegant. Sie trug einen grau-grün glitzernden Umhang, mit einem Muster aus Rosen, die so natürlich waren, dass sie lebendig wirkten. Sie gab uns ein Zeichen, ihr zu folgen und schon waren wir alle drei inmitten einer Wolke von winzigen, summenden, schimmernden Naturgeistern. Eine duftende Rosenlaube in Form eines kleinen Tempels wurde das Ziel unseres Spaziergangs. Die Muttergöttin und Maorion waren in ein leises, intensives Gespräch verwickelt und Shala und ich gingen hinter ihnen her.

"Du siehst überhaupt nicht fröhlich aus; was ist los mit dir?" fragte ich, nicht gerade aufmunternd.

"Ich bin müde", antwortete Shala. "Ich bin es nicht gewohnt, einen physischen Körper zu haben, und ich habe gestern zu viel gegessen und getrunken. Ich habe so gute Freunde unter den Mädchen gefunden, dass ich gerne hier bleiben würde. Meinst du, ich darf bleiben?"

"Du weißt, dass das unmöglich ist", antwortete ich ernst. "Du bist für diese Reise ausgebildet, und sie ist sehr wichtig. Enttäusche uns nicht, Shala!"

Sie antwortete nicht, sondern ließ den Kopf hängen. In diesem Moment kamen wir an der Rosenlaube an und setzten uns hinein. Auf einem Tisch stand eine kleine Glocke, und die Muttergöttin läutete sie. Ein seltsames Wesen erschien. Es war ein großes, gefiedertes Wesen, mit einem menschlichen Kopf. Seine Augen waren wunderschön und funkelten vor Humor und Freundlichkeit. Sein Haar war leicht gelockt, goldgelb und lag wie eine dicke Kappe um seinen Kopf. Auf seinem Kopf trug er einen Kranz aus Rosen.

"Dies ist der Wächter der Gärten, Lari", erklärte die Muttergöttin. "Die Erde hat einen Naturgott namens Pan. Lari ist sein Gegenstück auf diesem Planeten. Der Unterschied ist, dass hier alle an die Naturwesen glauben, und jeder kann sie sehen und mit ihnen sprechen. Wir kooperieren bis ins kleinste Detail. Jeder Samen, jeder Setzling, jede Pflanze hat ihr eigenes Elementar, und die Bewohner hier helfen mit, dass es ihnen gut geht. Das gilt auch für alle Gewässer, die es auf diesem Planeten gibt. Lari hat einen Bruder, der eine Art Wassergott ist. Auch auf der Erde gibt es einen solchen Gott, aber da ihre Bewohner keine Elementare anerkennen, können sie sie auch nicht wahrnehmen. Das ist eine Sache, die geändert werden muss.”

“Wohnen die Minoer überall auf diesem Planeten?” fragte ich.

“Nein”, antwortete die Muttergöttin. “Es gibt auch andere, kleinere Stämme, die über die gesamte Oberfläche des Planeten verteilt sind. Aber alle haben eines gemeinsam: die Naturwesen. Daher kann man diesen Planeten sehr wohl den Naturplaneten nennen. Nirgendwo sonst hat man meines Wissens nach einen so engen Kontakt zu den Elementarwesen. Deshalb blühen wir fast so sehr auf wie die Erde.

“Der Unterschied ist, dass die Naturgeister uns geholfen haben, die Pflanzenpracht hier zu etablieren, aber auf der Erde ist es natürlich. Auch dort gibt es Naturgeister, aber sie waren nur am Anfang der Entstehung und Entwicklung der Erde sichtbar. Es gab keine ausreichende Zusammenarbeit zwischen ihnen und den Menschen.”

“Traurig”, seufzte ich und dachte an ein kleines rotes Häuschen, eingebettet in die Arme von Birken, Eichen und Tannen, mit glitzerndem Wasser zwischen den Baumstämmen. “Ist es nicht so, Shala?”

Doch Shala war verschwunden.

“Ein junges Mädchen hat sich aus der Laube geschlichen, während wir uns unterhalten haben”, sagte Lari. “Ich habe es gerade von einem meiner Kleinen gehört.”

“Eure ehrenwerte Hoheit”, stammelte ich, da ich mit Titeln nicht so gut umgehen konnte. “Shala hat mir gesagt, dass sie hier bleiben will. Ich fürchte, dass sie geflohen ist.”

“Sie wird nicht weit kommen”, sagte die Muttergöttin und lächelte. “Lari wird die Dschungeltrommel schlagen!”

“Gibt es hier irgendwelche Gefahren?” fragte ich ängstlich.

“Nichts, nur ein sehr wildes und schwieriges Terrain

außerhalb der Gärten", antwortete Maorion. "Dies ist eine Art Initiation für Shala - nun, in gewisser Weise für euch beide. Aber ich gebe zu, dass sie ziemlich schelmisch ist."

"Sie ist gerade außerhalb der Gärten angekommen", informierte Lari. "Bald werden wir sie wieder hier haben."

Kaum hatte er die Worte ausgesprochen, kam ein Schwarm von Naturgeistern, mit Shala in der Mitte. Sie weinte nicht, sie sah nur entschlossen aus - mit anderen Worten, sie schmollte. Ich umarmte sie.

"Dummes Engelskind!" schnaubte ich in ihr wuscheliges Haar. "Wie konntest du nur glauben, dass du hier weglaufen kannst, wo sich alle gegenseitig helfen?"

"Ich bin nicht weggelaufen, um dich zu ärgern", sagte sie trotzig. "Ich hatte eine Verabredung."

Erstaunt schaute ich zu Maorion, der verwirrt aussah. Die Muttergöttin jedoch lächelte nur.

"Hat sich der abtrünnige Ailos gestern in der Mädchenschar versteckt?", fragte sie. Shala nickte. Die Muttergöttin atmete erleichtert auf.

"Nun", sagte sie, "wenn es nicht noch schlimmer war... Es war ein Glück, dass du ihn nicht zu Gesicht bekommen hast. Er ist einer der wenigen unzuverlässigen Junggesellen, die wir hier haben. Er liebt alle Mädchen, aber die jungen Damen hier sind mit ihm vertraut und hüten sich vor ihm. Haben sie dich nicht gewarnt?" Shala schüttelte den Kopf. "Dann werde ich es tun. Der hübsche Ailos ist ein kluger und wohlerzogener Junge, der sich für sein Naturheilkundestudium vorbereitet. Zwischendurch verführt er die Mädchen. Das wissen alle, deshalb sind sie auf der Hut vor seinen heißen Vorschlägen. Wahrscheinlich haben dich deine neuen Freundinnen gehänselt und dachten, du müsstest die Verantwortung für das Date selbst übernehmen, meinst du nicht?" Shala runzelte die Stirn, nickte und sah nachdenklich aus.

"Du wirst deinen ätherischen Körper bald wieder haben, Shala", tröstete Maorion, falls das ein Trost war. "Wir müssen unsere Reise fortsetzen, und an Bord des Schiffes werden sowohl du als auch Jan eure ätherischen Körper wiedererlangen. Die Ausschiffungen auf den verschiedenen Planeten bringen leider eine Veränderung eurer Zellstruktur mit sich, da ihr kaum fremde Kulturen besuchen könnt, ohne sichtbar zu werden und ohne mit den Bewohnern sprechen zu können. Das wird auch beim nächsten Mal so sein, und zusätzlich vielleicht etwas riskant."

"Das war sicherlich eine Lektion für Shala", sagte die Muttergöttin, mit einem weiteren freundlichen Lächeln. "Du wirst zu einer Lehrerin unter den Engeln ausgebildet, und das ist eine große Verantwortung. Daher ist es gut, dass du Erfahrungen sammelst. Denke daran, dein Herz zu prüfen, bevor du zu irgendeinem Date eilst. Frage dich: Warum? Wen treffe ich da eigentlich? Was will er von mir? Was fühle ich? Warum mache ich das? Wenn du die Antwort 'Abenteuer' in deinem Herzen bekommst, musst du die Sache noch einmal überdenken. Du solltest den neu gewordenen Engeln als Vorbild dienen. Das hast du für Jan getan, jetzt ist es umgekehrt, nicht wahr?"

Sie stand auf und verabschiedete sich von uns. Als sie die beschämte Shala umarmte, küsste sie sie auf die Stirn und schenkte ihr ein kleines Schmuckstück. Es war mit einem Ring aus Diamanten besetzt, und im Inneren des Rings war ein Paar Flügel nachgebildet. Sie waren so gut gemacht, dass man die Federn daran zählen konnte. Das Schmuckstück war an einer schönen Goldkette angebracht worden. Ich erhielt auch ein Geschenk. Es war ein kleines goldenes Kästchen mit verkrusteten Edelsteinen. Als ich sie öffnete, war sie mit einer hellgrünen Salbe gefüllt.

"Benutze diese Salbe nur, wenn du sie wirklich brauchst",

warnte die Muttergöttin. "Dann nimm nur ein wenig auf eine Fingerspitze. Sie hat eine unglaubliche Heilkraft."

Lari folgte uns zu der Bucht mit dem Steg, wo Maorions Boot vor Anker lag. Diesmal sahen wir nicht viele Menschen, aber die, die da waren, winkten und lächelten. Es fühlte sich wirklich traurig an, diesen wunderbaren Ort zu verlassen. Das letzte, was wir sahen, als das Boot in die morgendlich ruhige Bucht hinausglitt, war Laris vielfarbiger, gefiederter Körper, der sich wie ein Vogel in die Luft erhob, um zu den Gärten zurückzukehren.

9. Die Hethiter

Während ich mich neugierig fragte, wohin wir fahren würden, saß Shala ruhig da und beobachtete die Landschaft. Dieses Mal durfte ich unser Ziel erfahren.

"Wir werden die Hethiter besuchen", erklärte mir Maorion. Ich war überrascht.

"Meinst du dieses kriegerische Volk, von dem in der Bibel geschrieben wurde?" fragte ich. Maorion nickte lächelnd.

"Die Bibel hat sie von einem irdischen Standpunkt aus dargestellt", antwortete er. "Wir werden überprüfen, ob sie wirklich die blutrünstigen Typen sind, wie es in der Geschichte heißt - und zwar sehr kritisch, wenn ich mich recht erinnere!"

"Ist es nicht gefährlich, ihnen zu begegnen?" fragte ich.

"Das hängt davon ab, wo wir landen werden", antwortete er. "Ich werde versuchen, in dem Hafen anzulegen, der zur Hauptstadt gehört. Sie leben auf einem neuen Planeten, auf dem viele der Völker, die um die Zeit der Geburt Christi lebten, Platz finden. Unter ihnen sind die Hethiter, die Philister, die Samariter und andere. Dic Hethiter waren nicht nur Krieger, sie waren die ersten, die wirklich geschickt in der Eisenverarbeitung waren und die anderen Menschen, denen sie auf ihren langen Reisen aus dem Norden, über den Kaukasus, begegneten, unterrichteten. Es wird interessant sein, mehr darüber zu erfahren."

Lange Zeit hatten wir nur Himmel und Meer gesehen. Ab und zu sprang ein Delfin in die Luft, zu Shalas Freude, und tauchte dann elegant in die Wellen hinab. Natürlich schlossen wir auf Kommando die Augen, und als wir wieder aufschauen durften, fanden wir uns in einer kleinen, felsigen Bucht wieder.

Steine waren ausgelegt, um einen sehr einfachen Steg zu bilden. Auf einem großen Felsen am Strand saß ein alter Mann und angelte.

"Ups!", rief Maorion aus. "Jetzt habe ich mich wohl geirrt. Ich bin in Richtung der Hauptstadt der Hethiter gesegelt, aber hier gibt es nicht einmal einen Steg! He, Fischer! Wo sind wir hier?"

Der alte Mann ließ seine Rute sinken und schaute uns lange an, bevor er antwortete. Als er es tat, war es nur Maorion, der verstand, was er sagte.

"Er sagt, wir sind außerhalb der Hauptstadt der Hethiter", erklärte Maorion. "Wir sind zu einem Teil der Bucht gekommen, wo die Fischer zu finden sind. Im Moment ist er der einzige hier, aber bald werden die anderen eintreffen. Wir sollten hier festmachen, sagt er uns, sonst kann das Boot beschlagnahmt werden. Und wir müssen es ordentlich festmachen. Anscheinend gibt es hier Diebe."

"Soll das eine ursprüngliche Kultur sein?" fragte ich. "Ich dachte, die wären alle ehrlich und fair." Maorion schüttelte den Kopf und machte etwas mit dem Anker, das ich nicht wirklich verstand. Ich bin nicht gerade das, was man einen Seemann nennen würde. Er hängte irgendetwas Seltsames an die Ankerkette und dann machte er das Boot um einen großen Felsen fest.

"Ist es sicher für uns, an Land zu gehen?", fragte unser Engelsmädchen. Maorion lächelte und ging hinunter in die Kajüte. Er kam mit einem weißen Hemd und einer goldgelben Hose in der Hand wieder hoch.

"Du darfst so tun, als wärst du ein Junge", sagte er. Shala wurde rot, aber sie tauchte in die Kabine und kam bald in den neuen Kleidern zurück. Maorion warf ihr eine weiße Jacke über die Schultern.

"Das kann die Tatsache verbergen, dass du ein Mädchen

bist", lachte er. Shala lachte überhaupt nicht. Wir wateten an Land.

Das Gesicht des Fischers war in zwei Hälften gespalten. Zumindest dachte ich, dass es so aussah, aber wahrscheinlich lachte er. Er rief etwas zu Maorion, der ihm in seiner eigenen Sprache antwortete. Dann übersetzte er für uns:

"Der alte Mann lacht über die Art und Weise, wie ich das Boot festgemacht habe. Er behauptet, dass seine Kumpels es so leicht losmachen können. Ich sagte ihm: Versuch es, und du wirst sehen!"

Der alte Mann kam schnell zu dem großen Felsen und griff nach dem Seil. Es gelang ihm nicht, den Knoten zu lösen, also nahm er ein Messer aus seiner Tasche und versuchte, es abzuschneiden. Auch das funktionierte nicht. Dann watete er hinaus und sprang an Bord. Er war flexibler in seinen Bewegungen, als es sein Alter erlauben sollte. Er ging zum Heck hinunter und begann den Anker einzuholen. Dann schlugen Messer aus der Kette und er war furchtbar damit beschäftigt, sich zu wehren. Er gab auf und kehrte an Land zurück. Zuerst sah er wütend aus, aber dann verzog sich sein Gesicht wieder und er rief Maorion ein paar Worte zu.

"Er sagt, es wird lustig sein, wenn seine Kumpels es versuchen!" übersetzte Maorion vergnügt. "Er sagt, dass er sich das nicht entgehen lassen will und dass ich ein großer Zauberer bin."

Maorion erkundigte sich nach dem Weg zur Stadt, woraufhin der alte Mann auf ihn zeigte und ihm auf den Rücken klopfte. Wir verstanden, dass das Boot sicherlich dort bleiben würde, wenn wir zurückkamen.

Wir liefen auf einem Schotterweg. Es war nicht so ein Schotter, wie wir ihn gewohnt sind, sondern ein heller, violetter Schotter. Er war dicht gepackt, sodass es sich anfühlte, als würde man auf Amethysten wandern. Es schien ein guter

Anfang zu sein, doch Maorion wirkte ein wenig entschlossen.

"Wir dürfen uns nicht verlieren, wenn wir in die Stadt kommen", mahnte er. "Was auch immer passiert, wir müssen zusammenhalten. Gemeinsam sind wir stark, wenn wir etwas ausgesetzt sind, versteht ihr?"

Das klang nicht sonderlich hoffnungsvoll, aber jetzt hatten wir andere Dinge, an die wir denken mussten. Wir kamen an einer riesigen Freifläche an, die ebenfalls mit dem violettfarbenen Kies gefüllt war. Dahinter türmten sich eine Menge Häuser, alle in grauen und violetten Farbtönen. Es war schön, fühlte sich aber düster an, denn hier und da standen auch schwarze Häuser. Wir trafen auf eine Gruppe von Männern, die mit Angelruten ausgerüstet waren, und wir erkannten, dass sie auf dem Weg zur Bucht waren. Wenn dies die Begleiter unseres Fischerfreundes waren, waren sie erschreckend dunkelhäutig und ungepflegt, und sie blickten uns bedrohlich an. Als wir ein wenig weiter in die Stadt kamen, wimmelte es nur so von Menschen, und einige von ihnen waren wirklich seltsame Typen. Es sah aus, als ob wir einen Science-Fiction-Film wie Star Wars oder Star Trek betreten hätten. Weiter in die Stadt hinein mussten wir uns durchdrängen, und das taten wir Hand in Hand, um uns nicht zu verlieren. Es fühlte sich seltsam an, von einer fröhlichen Stadt wie Minoxor zu diesem düsteren, abgelegenen Ort zu kommen, aber es muss wohl auch auf diesen fremden Planeten Kontraste geben.

Wir wurden zu einem grauen Steinhaus getrieben, wo das Eingangstor offen war und einen Torbogen freigab. Maorion zerrte uns in den Torbogen, der eher spärlich mit Menschen gefüllt war. Die Männer sahen kriegerisch aus - sie trugen Waffen - und die Frauen eilten mit gesenkten Köpfen und großen Tüchern auf dem Rücken vorbei. Shala zog in ihrer weißen Kleidung die Aufmerksamkeit auf sich, aber niemand versuchte, uns am Weitergehen zu hindern. Sie schauten uns an, zeigten auf uns und sprachen, als wären wir unbekannte Tiere. Vielleicht waren wir das auch für sie.

Der graue Torbogen wurde von kleinen, flackernden Lichtpunkten an den Seiten beleuchtet. Wir gingen dort mindestens zehn Minuten lang, bevor es heller wurde und wir eine Halle betraten. Mittlerweile hatte ich mich an Hallen sehr gewöhnt. Sie waren überall zu finden, wo wir waren, aber diese hier unterschied sich wirklich von den anderen. Auch diese war groß und grau. Es gab überall Kandelaber auf Säulen, denn es gab keine Fenster, die das Tageslicht hereinließen. Es ähnelte mehr einer U-Bahn-Station als einer Halle, dachte ich. Am anderen Ende, wo wir hinwollten, war eine Ansammlung von Männern. Es waren Menschen, aber sie waren in sehr steife Anzüge gekleidet, die wie mittelalterliche Rüstungen aussahen. Und sie waren auch bewaffnet - schwer bewaffnet. Sie traten zur Seite und öffneten einen kleinen Weg für uns nach vorne zu einem kleinen, breiten Mann in einer eleganteren Rüstung als die anderen. Sie sah aus, als wäre sie aus Silber, und der obere Teil war ein grobes Netz aus kleinen, glitzernden Maschen. Das Visier seines Helms war heruntergezogen, und ein Paar kalter grauer Augen blickte uns durch die Ritzen an.

"Fremde! Sagt mir, wer ihr seid, und wir werden sehen, ob ihr überlebt." Ein dumpfes Lachen rollte unter den anderen Kriegern herum.

"Ehrenwerter Häuptling der Hethiter", sagte Maorion. "Wir dokumentieren die ursprünglichen Kulturen, um ihre Ehre und ihren Ruhm auf anderen Planeten verbreiten zu können."

"Hm", sagte der silbergepanzerte Mann. "Das war in der Tat ein guter Grund, hierher zu kommen. Unsere Kultur ist ganz hervorragend, und wir haben versucht, sie auf einem dummen kleinen Planeten namens Erde zu verbreiten, aber es wurde ein vorläufiger Misserfolg. Ich werde sehen, was ich für euch tun kann. Tojl, du kannst ihr Führer sein und die Fragen beantworten, die du für geeignet hältst."

Er schlug einem "Ritter" auf die Schulter, sodass die Eisenringe klirrten. Sein Visier war heruntergezogen, sodass wir nicht sehen konnten, wie er aussah. Sein starrer Eisenarm gab uns ein Zeichen, ihm zu folgen. Wir gingen auf der anderen Seite aus der Burg - oder was auch immer es war - heraus. Es war eine ruhige Straße, und direkt vor dem Tor stand eine geparkte Kutsche. Vier Pferde waren im Schacht, und die Kutsche hatte bequeme Polster und Sitze für vier Personen. Ein schwarz gekleideter Kutscher saß auf dem Vordersitz. Die Kutsche schien sehr gut gebaut zu sein und es waren schöne Pferde, zwei schwarze und zwei braune, die sie zogen. Tojl gab uns ein Zeichen, in die Kutsche zu steigen, und los ging es.

Als wir ein paar Minuten in der Kutsche gesessen hatten, nahm Tojl seinen Visierhelm ab. Zu unserem großen Erstaunen entpuppte er sich als ein junger, braunhaariger Mann, mit einem ansprechenden Gesicht. Er lachte, als er unsere erstaunten Gesichter sah.

"Habt ihr ein Ungeheuer erwartet?", fragte er in einer Sprache, die wir verstanden. "Ich kann euch sagen, dass das Land der Hethiter extrem gut organisiert, gut verwaltet und blühend ist. Ihr seid aus Versehen direkt in die Residenzen unserer Streitkräfte gekommen, und da kommen Fremde normalerweise nicht hin. Ihr mögt denken, dass unsere Hauptstadt trist ist, aber das liegt an unserer Verteidigung."

"Verteidigung?", fragte Maorion und zog die Augenbrauen zusammen. "Habt ihr es nötig, euch zu verteidigen? Ich dachte, auf den meisten dieser Planeten der sieben Universen herrscht Frieden."

"Eine bunte Mischung von Menschen lebt hier, und viele seltsame Gestalten haben ihren Weg aus anderen Galaxien hierher gefunden, wie ihr wahrscheinlich auf den Straßen gesehen habt. Es gibt Menschen aus sehr nahen Regionen, die neidisch auf unseren Wohlstand sind. Sie brachten diese Eigenschaften mit, als sie von ihrem Leben auf der Erde zurückkehrten, und so zettelten sie Kämpfe an. Daher sind Krieger wie ich ausgebildet. Wir sind gewöhnliche, anständige Menschen, die unser wunderbares Land öfter verteidigen müssen, als ihr euch vorstellen könnt. Schaut jetzt nach draußen!"

Die Kutsche war überdacht, aber die Seiten waren durchsichtig. Wir hatten einen hervorragenden Blick auf die Landschaft, und wir waren erstaunt über ihre Schönheit. Es erinnerte mich ein wenig an Schottland. Die Hügel, bedeckt mit saftigem, grünem Gras, bildeten ein unregelmäßiges Muster, geprägt von Flüssen und Bächen und kleinen, schönen, bogenförmigen Brücken. Überall gab es Feldfrüchte. Ich bin nicht sehr gut darin, fremde Getreidesorten zu identifizieren, aber sicherlich sah ich Mais, Bohnen und Erbsen, und es gab auch Weinberge und große Obstgärten. Es schien mir, als ob kein einziger Quadratmeter dieser einzigartigen Landschaft durch Missernten oder Unkraut zerstört worden. Männer in heller Kleidung, wahrscheinlich Bauern, bewirtschafteten ihre Felder. Um die meisten der niedrigen Häuser waren liebevolle Blumenarrangements angelegt. Kleine Teiche, die mit Springbrunnen ausgestattet waren, sprühten fröhliche Wasserstrahlen, die sich plötzlich ausbreiteten und wie Regen über das Land fielen. Ich machte Tojl ein Kompliment für die schöne Erfindung.

"Einen netten Jungen hast du da, aber er ist noch sehr jung", sagte Tojl und sah Shala an, die scharlachrot wurde und ihre Jacke fest um sich zog. "Und sehr gesprächig scheint er auch nicht zu sein."

"Es ist ein Engel", erklärte ich. "Er kommt mit uns, um unsere Erfahrungen an die Engelssphäre weiterzugeben. Er ist kenntnisreich und intelligent, aber ziemlich schüchtern."

“Wir kommen bald in eines der größten Dörfer”, erklärte uns Tojl. “Ich komme von dort, und mein Vater ist der Mulla des Dorfes...”

“Mulla?” unterbrach ich ihn. “Ist er ein islamischer Priester?”

“Ich weiß nicht, wovon du sprichst”, antwortete Tojl, sichtlich verwirrt. “Mulla ist ein alter Titel, und wenn er auf der Erde verloren gegangen ist, kann ich das nur bedauern. Unser Glaube ist sehr rein und liebevoll.”

“Mit all diesen Kriegern?!” rief Shala, die nicht länger schweigen konnte. “Ein reines und liebevolles Glaubenssystem führt keinen Krieg. Es war schrecklich in dieser Steinhalle!”

“Ich verstehe, dass du so denkst”, nickte Tojl. “Mein Vater erklärt das besser als ich. Schau, da sind wir.”

Wir fuhren in ein Dorf, das aussah, als wäre es aus einer englischen Gartenzeitschrift ausgeschnitten. Zwar gab es keine Fachwerkhäuser, aber die niedrigen Gebäude in verschiedenen Pastellfarben waren eine Wohltat für das Auge. Jedes Fensterbrett war mit Blumen geschmückt, ebenso wie die Dächer. Kein einziges Dach war mit Ziegeln oder sonst etwas gedeckt, sondern es wuchsen Gras und Moos und kleine zarte Blumen in vielen Farben auf den Dächern.

In der Mitte des Dorfes gab es etwas, das wahrscheinlich eine Kirche oder einen Tempel darstellte. Es war ein seltsames Gebäude, aber man war froh, es anzusehen. Es war rund, und außen gab es einen Ring aus Säulen. Überall waren Blumen zu sehen. Sie schauten zwischen den Pfeilern hervor und wucherten überall, in allen Formen und Farben. Man könnte das Gebäude eine Dschungelkirche nennen. Wir blieben draußen.

Aus dem Tempel kam ein weißhaariger Mann mit einem freundlichen Blick. Er war in einen weißen Mantel gekleidet, trug aber keine besonderen Zeichen, die sein Amt kennzeichneten. Tojl warf sich in die Arme des Mannes, sodass wir verstanden, dass er sein Vater war. Wir wurden herzlich willkommen geheißen und gebeten, in den Tempel zu treten. Drinnen herrschte ein angenehmes Dämmerlicht, und im Hintergrund stand ein riesiger Kamin, in dem ein schönes Feuer brannte. Davor befand sich eine bequeme Sitzgruppe aus geschnitztem Holz mit weichen Polstern. Es gab keine Anzeichen dafür, dass der Raum ein heiliger Ort, ein Tempel oder eine Kirche war. Es war einfach ein gewöhnliches Wohnzimmer.

"Es ist seltsam, wie sehr dieser Ort der Erde ähnelt", murmelte ich. "Es fühlt sich fast so an, als würde ich nach Hause kommen."

"Wir haben Vertreter unserer und anderer Kulturen zur Erde geschickt", nickte Tojls Vater. "Wir hoffen, dass wir sie in positiver Weise beeinflusst haben."

"Hier ist es sehr geordnet und angenehm", sagte Maorion und lächelte. "Allerdings haben wir hier nicht viele Frauen gesehen. Wo sind sie?"

"Frauen?" fragte Tojls Vater. "Meinst du die Esclamps?"

"Esclamps?" Jetzt war Maorion an der Reihe zu fragen. "Wir fragen uns, ob wir deine Frau, Tojls Mutter, kennenlernen dürfen?"

Vater und Sohn tauschten einen merkwürdigen Blick aus. Sie traten zur Seite und begannen eifrig miteinander zu reden, in einer Sprache, die wir nicht verstanden. Wir müssen etwas Unpassendes gefragt haben. Tojl lächelte verlegen, als er zu uns zurückkehrte. Er warf die Hände hoch und sagte:

"Ihr scheint die Verhältnisse hier nicht zu kennen. Die Hethiter sind eine männerdominierte Gesellschaft. Hier gibt es außer uns Männern nur die Esclamps, die unsere Sklaven sind und die unsere Kinder gebären. Sie erledigen alle anfallenden Arbeiten. Die Männer kümmern sich nur um die Kriegsführung und erlassen Gesetze. Wir befehlen, die Esclamps gehorchen. Diejenigen, die nicht gehorchen, werden sofort hingerichtet."

Ich warf einen Seitenblick auf Shala, die blass geworden war. Sie umklammerte die Armlehne des Stuhls fest, und ich sah, dass sie zitterte. Es war ein Glück, dass sie die Kleidung eines Mannes trug.

"Mein Sohn hat mich gebeten, über den Titel Mulla des Dorfes Auskunft zu geben", sagte der ältere Mann, während er einen Schluck von dem guten Wein nahm, der uns serviert wurde. "Ich bin der Herrscher über dieses Dorf. Ich bestimme alles, was hier geschieht. Alle wichtigen Dinge, die hier vollbracht werden, müssen zuerst zu meinen Ohren gelangen. Jedes Dorf hat einen Mulla. Wir erlassen unsere eigenen Gesetze, aber sie müssen vom Regenten der Hauptstadt genehmigt werden.

"Die Männer in den Dörfern sind damit beschäftigt, ihre Mulla zu kontrollieren. In jedem Haus wird jeden Morgen das Tagesprogramm verkündet, in dem die Arbeit für die Esclamps aufgelistet ist. Sie dürfen sich nichts widersetzen, sondern müssen gehorsam das Tagesprogramm ausführen. Die Esclamps schlafen außerhalb des Hauses oder im Lagerhaus, wenn eines vorhanden ist. Wenn Kinder geboren werden, kümmern sich die Esclamps um sie, bis sie vier Jahre alt sind. Dann gehen die Jungen in ein gemeinsames Erziehungszentrum und die Mädchenkinder werden in einem der Forstzentren erzogen. Für uns Männer gibt es spezielle Abteilungen, in denen wir uns mit den kleinen oder großen Monstern vergnügen können."

"Entschuldigung, habe ich Monster gehört?" unterbrach ich ihn. Ich sah, dass Maorions reines, schönes Gesicht zu einer wütenden Maske verzerrt war. Er fühlte sich genauso wie ich dazu berufen, den Mulla in den Würgegriff zu nehmen. Der Mann lächelte ein höhnisches Lächeln.

"Ja, sind sie nicht Monster? Es gibt schöne Ungeheuer und hässliche, aber für uns sind alle Esclamps eine Art Monster, die wir zähmen müssen, schon von ihrer elenden Geburt an."

Nun begann auch Shala in Rage zu geraten. Sie erhob sich halb von ihrem Stuhl, doch ein strenger Blick von Maorion ließ sie zurücksinken. Ich sah Tränen in ihren Augen - Tränen der Wut - und hoffte, dass Tojl nichts bemerken würde. Sie beherrschte sich jedoch schnell und begann zu sprechen, bevor ich sie aufhalten konnte.

"Eure Esclamps sind Frauen für uns", sagte sie. "Die Frau hat in anderen Kulturen genauso viel Wert wie der Mann, und manchmal sind es die Frauen, die die Kontrolle haben. Es ist schwierig für uns, euch in dieser Hinsicht zu verstehen. Der gute Gott hat zwei Geschlechter geschaffen, damit sie sich gegenseitig ergänzen. Tojl sprach von einer reinen und schönen Religion. Welche ist das? Dürfen die Esclamps nicht daran teilnehmen?"

"Unsere Religion ist nur für Männer", antwortete der Mulla hochmütig. "Deshalb ist sie auch so rein. Die Esclamps verehren die schmutzige Erde und alles andere, was sie in der Natur sehen, und das dürfen sie für sich behalten. Die Natur ist auch unsere Sklavin, die wir so behandeln, dass sie uns eine Fülle von Essen und Trinken gibt. Wir geben ihr eine starke Nährflüssigkeit, die wir künstlich herstellen, und sie bewirkt, dass die Pflanzen doppelt so hoch wachsen.

"Wir verehren reines Eisen und Schmieden, die Kunst des Kampfes und die männlichen Kriegsgötter. Wenn ein Mann stirbt, gibt es ein sehr feierliches Begräbnis, da wir hoffen, dass er ein ehrenvolles Leben bekommt, zusammen mit den Kriegsgöttern. Wenn eine Esclamp stirbt, wird sie sofort verbrannt oder begraben. Wir wollen nicht unnötig etwas mit ihnen zu tun haben. Sie dürfen ihr Gesicht nicht zeigen und sind immer zur Verschleierung verpflichtet, auch wenn wir Kinder mit ihnen zeugen. Genug über die Esclamps gesprochen. Ihr seid Männer und Besucher und braucht mit ihnen überhaupt nicht in Berührung zu kommen. Jetzt werden wir eure Bäuche füllen, bevor eure Reise weitergeht."

Er klatschte in die Hände und drei verschleierte, verhüllte Wesen, "Esclamps", erschienen mit Tabletts in den Händen. Ein köstliches Mahl wurde uns serviert, aber Shala hatte keinen Appetit. In einem unbewachten Moment verschwand sie. Niemand kümmerte sich um sie, außer mir. Die anderen dachten wahrscheinlich, dass sie die Toilette besuchte, aber ich hatte meinen Verdacht. Ich entschuldigte mich schnell und ging nach draußen. Ich konnte sie nicht sehen, also lief ich durch den schönen Obstgarten, in der Hoffnung, sie zu erwischen. Dies war ein gefährlicher Ort, an dem sie auf keinen Fall zu erkennen geben durfte, dass sie eine Frau war. Schließlich fand ich sie. Sie befand sich in einer Ansammlung von Frauen, die ihr eifrig zuhörten, obwohl keine es wagte, ihren Schleier abzunehmen.

Als ich mich näher heranschlich, hörte ich, dass Shala die Frauen aufhetzte. Sie forderte sie einfach auf, zu streiken. Es schien, als ob die Anzahl der Frauen in diesem Land die der Männer bei weitem überstieg, aber sie waren alle furchtbar unterwürfig. Sie wussten nichts von der Freiheit. Arme Schäfchen, dachte ich. Arme heimatlose kleine Arbeitsameisen ohne Zukunft, ohne Hoffnung. Ein Sklave in der Wikingerzeit war besser dran als sie. Ich beschloss, Shala ihren Willen zu lassen, solange es nicht gefährlich für sie war. Ich dachte mit einem Schauder daran, wie es auf der Erde gewesen wäre, wenn viele muslimische Frauen rebelliert oder an Demonstrationen teilgenommen hätten. Ich dachte auch, dass Mohammed irgendwo eine Erinnerung aus dem Hethiterreich in sich verankert haben muss, obwohl die Muslime auf der Erde den Teig kräftig umgerührt haben. Ich hielt an, um nach meinem kleinen Engel zu schauen, der in diesem Moment scharlachrot im Gesicht geworden war und auf und ab sprang, mit den Armen fuchtelte und den armen Sklavinnen zurief.

"Es ist an der Zeit, dass ihr handelt!", rief sie. "Ihr seid genauso menschliche Wesen wie diese verdammten Männer. Versteht ihr nicht, dass all das ihre Erfindung ist? Ihr seid nicht für diese Art von Leben geschaffen worden..."

Eine der Frauen hatte sich Shala genähert. Sie schien sehr aufmerksam zuzuhören. Als Shala sie aufforderte, ihre Schleier abzunehmen, taten mehrere von ihnen dies. Wo ich hinter einem Baum stand, erschien plötzlich so viel Schönheit, dass ich stumm geworden wäre, wenn ich gesprochen hätte. Diese hethitischen Frauen waren allesamt Schönheiten, und unter ihren Schleiern und Kapuzen hatten sie keine einzige Naht am Körper. Ich bekam total weiche Knie und mein Mund wurde trocken. Begierde, die ich für so tot hielt wie mich selbst, stieg in mir auf. Oh Gott! Jetzt sollte ich handeln.

"Was machst du da?", ertönte die mittlerweile recht strenge Stimme von Maorion. "Ich habe denen da drinnen gesagt, dass ich dich suchen werde und dass wir normalerweise nach dem Essen einen kleinen Spaziergang machen, dem Magen zuliebe. Ich glaube nicht, dass sie etwas ahnen, aber wenn sie hierher kommen, sind wir in Schwierigkeiten."

Ich wage zu behaupten, dass ich sogar Maorion sah, wie er sich über die Lippen leckte, als er mir über die Schulter schaute. Ich rief nach Shala. Sie rief den Frauen zu, dass sie ihre Schleier wieder aufsetzen sollten, und dann kam sie zu uns.

"Ich dachte, ich hätte Zeit, mehr zu erreichen", seufzte sie. "Aber jetzt habe ich einen kleinen Samen in den Frauen gesät, und vielleicht wird er größer."

Als Tojl angerannt kam, um zu sehen, wo wir geblieben waren, gingen wir ruhig auf ihn zu und versicherten ihm, dass wir nur ein wenig trainiert hatten. Maorion fragte ihn, ob es noch viel zu sehen gäbe, da unsere Zeit langsam ablief. Wir mussten unsere Reise fortsetzen.

10. Die alten Ägypter

Das Seltsame war, dass Tojls Vater uns abreisen ließ, und es schien mir, dass ich sogar eine gewisse Erleichterung in ihm bemerken konnte, als wir uns verabschiedeten. Wir setzten uns in der viersitzigen Kutsche auf, und in diesem Moment bemerkte ich ein gewisses Glitzern in Shalas Augen. Sie hatte uns sicherlich später etwas zu erzählen. Tojl hingegen schien ruhiger zu sein als zuvor. Ich hoffte, dass er nichts von unseren Aktivitäten mit den Frauen mitbekommen hatte. In Shalas Augen las ich eine Art Triumph, der vorher nicht da gewesen war.

Als wir uns der Hauptstadt näherten, kamen dicke Nebelwolken auf uns zu. Sie waren nicht weiß, sondern eher aschgrau.

"Wir sind von den Philistern angegriffen worden", erklärte Tojl. Er setzte seinen Helm auf und klappte das Visier herunter. Der letzte Blick auf sein Gesicht deutete auf einen verängstigten kleinen Jungen hin. "Ihr müsst euch von der Stadt fernhalten und den Hafen auf Umwegen erreichen. Der Kutscher wird euch so weit bringen, wie er kann, aber danach werdet ihr den Rest des Weges zu Fuß gehen müssen. Lebt wohl, meine Freunde! Ich wünsche euch eine gute Reise."

Er schwang sich aus der Kutsche, und wir erblickten die Außenbezirke der Stadt durch den Nebel, der bereits mit Schießpulverrauch vermischt war. Es schien, als ob das Schießpulver auf diesem Planeten bereits erfunden worden war. Der Kutscher wendete die Kutsche und fuhr in Richtung des Meeres.

Wir fuhren auf schmalen, kurvigen und steinigen Straßen,

keineswegs auf der glatten Amethyststraße, auf der wir anfangs gelaufen waren. Shala saß da, kicherte ab und zu und wir schauten sie fragend an.

"Ich verspreche, es euch gleich zu erzählen", sagte sie und deutete auf den dunklen Rücken des Kutschers. Sie hatte natürlich Angst, dass er uns hören könnte. Wir saßen schweigend und merkten bald, dass wir dem Meer näher gekommen waren. Es fing an, nach Meer zu riechen, daran gab es keinen Zweifel. Ziemlich bald sahen wir das Wasser zwischen den Bäumen glitzern. Zu diesem Zeitpunkt hielt der Kutscher an. Er tat etwas Seltsames. Er schirrte die vier Pferde ab und gab ihnen einen Klaps auf den Hintern, so dass sie davonhuschten.

Noch merkwürdiger war es, dass Shala den Kutscher umarmte und ihm - ihr - die Kutte vom Leib riss. Denn es handelte sich zweifellos um eine Esclamp.

"Das ist Tilla", erklärte Shala erfreut. "Bevor Jan mich fand, hatten wir den Stall aufgesucht und den Kutscher bewusstlos geschlagen, und Tilla nahm seine Kutte. Sehr junge Jungen helfen oft als Stallknechte und Kutscher, um zu lernen, wie man mit den Tieren umgeht. Dieser Junge war völlig unvorbereitet darauf, einen Schlag auf den Kopf zu bekommen, sodass er bewusstlos wurde."

Erstaunt starrten wir Tilla an. Sie war eine wunderschöne junge Frau mit langem, rotbraunem Haar und großen braunen Augen.

"Nun", fuhr Shala fort, "ihr fragt euch natürlich, warum ich nur einen der Esclamps gerettet habe. Tilla ist sehr intelligent, und sie hat schon lange erkannt, dass das Leben der Esclamps falsch und ungerecht ist. Ich habe diese Flucht arrangiert, damit sie in der Lage ist, Rechenschaft über ihre Situation und die ihrer Mitschwestern abzulegen."

"Wem gegenüber Rechenschaft ablegen?" fragte Maorion

streng, doch ich sah, dass es ihm schwer fiel, sich ein Lachen zu verkneifen.

"Einer bedeutenden Person", antwortete Shala etwas diffus und nahm Tillas Hand. "Vielleicht treffen wir ja jemanden, der ihr zuhört und der etwas für die Esclamps tun kann. Wie wir wissen, ist es auf den meisten Planeten, auf denen wir waren, so schön, dass es so viele weise Personen gibt, die ihr helfen könnten. Darf sie mit uns kommen? Oder soll ich sie in den sicheren Tod zurückschicken?"

Maorion nickte und wandte sich ab. Ich verstand, dass er in sich hineinlachte. Ich selbst lachte laut auf, nahm das Mädchen in die Arme und schwang sie herum.

"Hübsche Mädchen sind in unserem kleinen Kreis immer willkommen!" sang ich, und dann zeigte Tilla eine gleichmäßige Reihe weißer Zähne in einem Lächeln. Sie lief vor uns her und deutete an, dass sie uns den Weg zeigen wollte. Sie trug ein dünnes, schmutziges Leinentuch, das ihr bis zu den Knien reichte, und ich hoffte, dass Maorion ihr auf dem Boot etwas zum Anziehen herbeizaubern konnte.

Schon bald erreichten wir den Hafen. Das Boot lag immer noch da. Der alte Mann saß immer noch beim Fischen, aber er war nicht mehr allein. Eine Bande von fünf oder sechs anderen alten Männern mit sehr unangenehmen Gesichtszügen saß ebenfalls mit ihm beim Fischen. Als Tilla sie sah, schlich sie sich ins Wasser und begann zu schwimmen.

"Die Fischer kamen aus der Stadt", sagte Shala. "Ich glaube, ich werde auch schwimmen gehen. Sie dürfen nicht merken, dass wir zwei sind."

Maorion ging auf die Fischer zu, und ich folgte ihm. Der alte Mann mit der großen Kinnlade hatte sich aufgerichtet und blickte über das Wasser hinaus.

"Du hattest den Jungen vorhin bei dir", sagte er, "aber er kann doch nicht zwei Köpfe haben."

"Der Junge wollte schwimmen gehen, bevor wir gehen", erklärte Maorion in seiner ruhigen Art. "Es ist sein komischer Ball, den du gesehen hast. In dem Land, aus dem er kommt, benutzt man Bälle, die wie menschliche Köpfe aussehen. Übrigens, ist dir bewusst, dass in der Stadt ein offener Krieg ausgebrochen ist? Die Philister haben angegriffen."

Das brachte die alten Männer in Wallung. Sie wuselten umher und riefen sich gegenseitig etwas zu. Offenbar gab es hier keine Massenmedien. "Dann müssen wir uns verstecken", sagte unser Fischer. "Wir wollen keinen Krieg führen. Das passiert viel zu oft und die Philister sind blutrünstig."

Maorion nahm ein Goldstück heraus und reichte es dem alten Mann. "Danke, dass du unser Boot bewacht hast", sagte er. "Kauft etwas Schönes für euch alle."

Der alte Mann schnappte sich das Gold und die Männer verschwanden im Gebüsch, weiter im Land. Wir hörten ihre empörten Stimmen; sie stritten sich offenbar über das Goldstück und darüber, wohin sie als nächstes gehen sollten. Dann wateten wir hinaus zum Boot, wo sich Shala und Tilla im Sonnenschein trockneten. Shala hatte sich ihre übliche Kleidung angezogen und lieh ihrer neuen Freundin offensichtlich ein schönes, blaues Kleid. Ich fand es schön, dass Shala in der Lage war, sich um jemanden zu kümmern und zu helfen. Dafür sind Engel ja da.

Maorions Gesicht zeigte eine offensichtliche Genugtuung darüber, wieder am Ruder sein zu dürfen. Der Anker kam mit ätherischer Leichtigkeit hoch, und so waren wir auf dem Weg. Die Mädchen lachten und plapperten im Bug, während ich mich mit unserem erfahrenen Kapitän zusammensetzte. Ich hatte ein paar Fragen.

"Wenn wir keine festen Körper hier an Bord haben, wie können die Mädchen dann miteinander reden? Tilla kann uns doch nicht mehr sehen, oder?"

"Ich habe ein bisschen gezaubert", gluckste Maorion. "Weißt du, wir Maori können das! Tilla weiß nicht, dass sie in eine andere Realität geschwommen ist, aber hier an Bord ist es natürlich neutral. Das heißt, sozusagen, dass verschiedene DNAs gut miteinander auskommen können. Dann werde ich sehen, ob ich sie anpassen kann, je nachdem, wohin wir gehen. Das Mädchen glaubt, dass sie in der Lage sein wird, ihre Mitschwestern zu retten. Wir müssen dieses Problem angehen, wenn wir unser endgültiges Ziel erreichen. Dort ist alles möglich, sofern es positiv ist."

"Die Muslime auf der Erde haben auch eine bequeme Vorstellung von Frauen." dachte ich düster. "Es kommt der Wahrnehmung der Hethiter ziemlich nahe, obwohl die Hethiter der Chronologie nach lange vor ihnen existierten. Stammt Mohammed etwa vom Planeten der Hethiter?"

"Ja, das stimmt", antwortete Maorion. "Die Hethiter waren nicht immer Frauenhasser und Krieger. Das hat sich im Laufe der letzten tausend Jahre entwickelt. Jeder Planet hatte anfangs die Chance, sich auf seine eigene Weise zu entwickeln. Manchmal wurde es besser und besser, manchmal ging es völlig schief. Niemand außer den Bewohnern der Planeten selbst kann das, was sie getan haben, wieder gut machen. Wenn sie es nicht tun, dann gehen die Dinge schief - nun, du kannst selbst sehen, wie es auf deinem Heimatplaneten, der Erde, aussieht. Es wäre vermessen zu glauben, dass kein anderer Planet die Dinge so verpfuscht hat wie ihr. Die Hethiter sind ein gutes Beispiel dafür.

"Mohammed war ein einfacher Junge, als er auf der Erde geboren wurde. Im Reich der Hethiter war er der Sohn eines Mulla, genau wie Tojl. Auf der Erde war er ein armer Karawanenführer, der eine reiche Frau heiratete und ein prominenter Geschäftsmann wurde. Er hatte eine Offenbarung in der Wüste, als ihm gesagt wurde, dass er der Gesandte Gottes sei. Von diesem Tag an kanalisierte er den Engel Gabriel und predigte auf den Straßen.

"Seine Kanalisierungen wurden in einem Buch, dem Quran, gesammelt. Wenn du denkst, dass er ein friedlicher Prophet war, dann liegst du völlig falsch. Er war ein gewiefter Politiker und mit Waffen und reinem Menschengemetzel schaffte er es, Mekka zu besetzen, wo die Juden nicht besonders scharf auf seine neue Lehre waren. Das Erbe der Hethiter war also durchaus in seinen Genen vorhanden."

"Ich habe Mohammed noch nie im Engelreich getroffen", sagte ich und lächelte. "Vielleicht passt er dort nicht hinein. Aber sag mal, wo wollen wir denn jetzt hin?"

"Ins Alte Land, nach Ägypten", antwortete Maorion.

"Ägypten?" rief ich erstaunt aus. "Aber es ist doch noch im höchsten Maße auf der Erde vorhanden."

"Es begann hier, wie Atlantis", antwortete Maorion. "Hier ist der Ursprung von allem. Ob du es glaubst oder nicht, die Bevölkerung der Erde hat ihren Ursprung in unseren Universen. Das alte Ägypten ist die Grundlage für so vieles, was auf der Erde geschehen ist, dass ich euch den Ursprung zeigen möchte. Es gibt dort eine große Menge an Weisheit zu erwerben. Die Ägypter brachten einige Legenden, aber auch reale historische Ereignisse von hier mit. Ägypten wird wahrscheinlich für euch alle eine dringend benötigte Erholung von gruseligen Szenen sein. Es ist ein sehr freundliches Land."

In den freundlichsten Ländern passiert uns meistens etwas, dachte ich. Aber es war unheimlich aufregend, das uralte Ägypten besuchen zu dürfen. Ich hatte mir schon immer gewünscht, während meiner Zeit auf der Erde dorthin zu reisen. Ich schloss bereitwillig meine Augen, als Maorion uns befahl, eine Weile zu schlafen. Es war immer die Einführung von etwas Neuem.

Was ich nicht verstand, war diese Sache mit den Sprachen.

Wir konnten uns fast überall verständigen, und wir verstanden fast immer die Sprache, egal wo wir waren. Wie wurde das eigentlich bewerkstelligt? Dahinter muss Magie stecken.

Ich wachte auf, weil Tilla mich an den Schultern rüttelte und rief: "Wir sind jetzt da. Beeilt euch und macht euch bereit. Maorion ankert das Boot."

"Sie hat sehr kleine Brüste", dachte ich verschlafen, als ich aufschaute. "So ähnlich wie diese kleinen Vanillekekse, die man 'Vanilleträume' nennt. Wahrscheinlich hat sie noch nie entbunden." Ich fragte sie. Sie schaute ein wenig überrascht, aber dann lächelte sie und erklärte, dass das ihr Problem sei. Sie war bereits neunzehn Jahre alt, und die meisten wurden mit zwölf Jahren schwanger. Wenn eine Esclamp bis zum Alter von zwanzig Jahren kein Kind zur Welt gebracht hatte, wurde sie entweder getötet oder in den Schlangenring verfrachtet. Der Schlangenring war ein Ort, an dem die Frauen als Prostituierte dienten. Mich schauderte es. Wenigstens hatten wir es geschafft, ein armes Mädchen vor einem schrecklichen Schicksal zu bewahren.

Als ich an Deck kam, hatte unser geschickter Kapitän an einem ganz besonderen Steg festgemacht. Er war aus gemauertem Stein und mit schönen Skulpturen versehen. Mehrere Boote lagen im Hafen und es waren elegante Boote, die an die unseren erinnerten, mit großen Galionsfiguren und verschnörkelten Relings. Sie hatten, genau wie unsere, schön bemalte Rümpfe und einige hatten einen bequemen, verzierten Sitz in der Mitte des Bootes installiert. Es gab auch kleinere Papyrusboote, die sicherlich als Beiboote dienten. Hier, wie auch in Minoxor, herrschte ein lebhaftes und buntes Treiben am Strand, wo eine Strandpromenade aus Stein gebaut wurde, um den Transport von Gepäck und Fracht zu und von den Booten zu erleichtern.

Wir traten an Land, und unsere neue Freundin Tilla strahlte vor Vorfreude. Wahrscheinlich dachte sie, sie würde träumen. Aus einer so schwierigen und armen Existenz in einen Reichtum an neuen, positiven Erfahrungen gebracht zu werden, war für sie der Himmel. Sie streichelte den weichen Stoff des blauen Kleides, das sie von Shala bekommen hatte. Ich dachte mir, dass sich ein Einwanderer so fühlen muss, wenn er auf den Überfluss in unserem Land trifft - zumindest zu der Zeit, als ich dort lebte. Ich vermisste die kleine Hand von Shala in meiner - stattdessen lag sie nun fest in der von Tilla. Shala genoss es, die Starke und Erleuchtete zu sein. Ich lachte mir ins Fäustchen.

Auch hier wurde uns der Jubel der Menge entgegengebracht, als sie Maorion erblickten. Offenbar war es nicht sein erster Besuch in diesem Land. Eine Sänfte, getragen von vier Trägern, hielt vor uns an. Daraus stieg eine majestätische Frau aus. Das Merkwürdige daran war, dass sie Maorion praktisch um den Hals fiel und ihn mit offensichtlicher Freude küsste. Nun, die Freude war nicht nur auf ihrer Seite!

"Darf ich dir meine Frau vorstellen?" sagte Maorion, und ich verstand nichts. Ein Maori-Priester und eine ägyptische Dame - wie konnte das möglich sein? Außerdem war sie wunderschön und ehrfurchtgebietend zugleich. Ihr Haar war ebenholzschwarz, aber eine breite weiße Strähne folgte in passender Weise dem glatt gekämmten, langen Haar, das in einer atemberaubenden Frisur gefasst war. Sie war nicht mehr in der Blüte ihrer Jugend, vielleicht näher an 50 Jahren. Sie hatte ein wunderschönes Lächeln, als sie zuerst mich und dann die Mädchen begrüßte.

"Wir gehen direkt zu meinem Haus", erklärte Maorion, als zwei weitere Sänften auftauchten. Ich musste nur noch aufsteigen, aber natürlich musste ich allein auf meinem Stuhl sitzen. Ich schaute mir die Umgebung an und wurde nicht enttäuscht. Zuerst folgten wir einem Teil des Strandes, dann bogen wir auf einer gepflegten Schotterstraße ins Landesinnere ab. Es gab keinen Wald, wir fuhren durch eine Palmenallee. Dass Maorion nicht erwähnt hatte, dass er eine Familie hatte, war mir ein Rätsel, aber vielleicht mochte er es, Leute zu überraschen. In diesem Fall war ich durchaus überrascht.

Wir kamen an vielen großen, schönen Häusern vorbei, die ordentlich voneinander getrennt und von Gärten umgeben waren. Ich verstand, dass dies der Vorort einer großen Stadt war, und das stellte sich als richtig heraus. Plötzlich blieben meine Träger stehen. Sie hatten die ganze Zeit gesungen und es schien, als ob sie glücklich und zufrieden mit ihrem Leben waren. Es waren vier muskulöse Männer, und sie nickten und lachten und sangen. Als sie anhielten, gab mir einer von ihnen ein Zeichen, aus der Sänfte auszusteigen.

Wir hatten vor einem großen, weiß gestrichenen Haus, oder eher einem Palast, angehalten. Zwischen den Wandstücken waren Säulen, und ich erhaschte einen Blick auf die Dekorationen in den herrlichsten Farben darin. Die Mädchen waren aus ihrer Sänfte gestiegen, und Maorion eilte uns mit offenen Armen entgegen.

"Ein Maori-Magier, verheiratet mit einer edlen Dame aus Ägypten", sagte ich. "Wie kann das sein? Habt ihr auch Kinder?"

"Das ist eine lange Geschichte", antwortete Maorion mit einem Lächeln. "Wir haben erwachsene Kinder - einen Sohn und eine Tochter. Mein Sohn ist ein Arzt und meine Tochter ist mit einem Arzt verheiratet. Nun kommt bitte herein und ich werde euch alles erzählen."

Ich klopfte ihm auf den Rücken. Es war, als wäre aller Respekt vor dem feierlichen Mann wie weggeblasen, als ich ausrief: "Du alter Schlingel!"

Während wir zusammen mit unseren Gastgebern in

bequemen Stühlen und Sofas in einem exquisiten Raum mit
Wänden und Decke aus Mosaik saßen und an einem feinen
Wein nippten, erzählte uns Maorion seine Geschichte.

11. Maorions Geschichte

"Ich wurde auf einem anderen Planeten geboren", erzählte er uns. "Wir haben ihn erst vor kurzem besucht - Jan, Shala und ich. Erinnert ihr euch an den riesigen Wasserfall, zu dem ich in meiner Jugend ging, mit seinen heftigen inneren Konflikten und trotzigen Überlegungen? Nicht weit von diesem Lieblingsplatz entfernt, hatten meine Eltern ihr Haus. Dementsprechend wuchs ich auf dem Lande auf, und die herrliche Naturkulisse trug dazu bei, mir die introspektive Veranlagung zu geben, die ich - zumindest anfangs - brauchte, um den Weg eines Mystikers zu gehen.

"Erinnert ihr euch, dass ich euch erzählt habe, dass die Maori auf der Erde von Atlantis abstammen? Die Kultur dort war unvergleichlich, auch wenn sie letztlich zur Degeneration der Bewohner führte. Die ursprüngliche Kultur, die hier, in diesem Universum, existiert, war voller Magie. Mein Vater war ein anerkannter Magier. Wir lebten etwa sechs Meilen von der Hauptstadt entfernt, nicht weit von den Feldern. Mein Vater stammte von einer langen Linie von Magiern ab und er investierte alles in mich, den ältesten Sohn, um der nächste zu sein. Ich hatte drei Brüder und eine Schwester. Meine Mutter war auch etwas ganz Besonderes. Sie war ein Medium und das süßeste Wesen, das man sich vorstellen kann, genau wie meine wunderschöne kleine Schwester. Aber ich mochte es nicht, für einen Beruf - oder eine Berufung, wie mein Vater es wollte - vorbestimmt zu sein. Ich grübelte viel, las viel und war ständig in Kontakt mit den Naturwesen, die für mich so natürlich waren wie jeder Mensch.

"Dann kam der Tag, an dem mein Vater entschied, dass ich

zu den Eliteschülern gehören sollte, die ihre Ausbildung bei der Zentralen Rasse im Zentraluniversum erhielten. Schon damals konnte man sich ohne Schwierigkeiten in den sieben Universen zurechtfinden. Es gab Fahrzeuge verschiedener Art, die ihre Passagiere wohin auch immer transportieren konnten, aber nicht in den peripheren Expansionsraum. Das ist die Atmosphäre, die außerhalb dieser Universen existiert, die es ihnen erlaubt, sich schließlich auszudehnen. Es ist ein unendlicher Raum, der absolut unpassierbar ist. Ich wollte eigentlich gar nicht auf die Universität gehen, aber als der gehorsame Sohn, der ich war, ging ich mit meinem Vater zum zentralen Hauptquartier der universellen kosmischen Bildung. Man könnte seine Meinung nach einer Weile immer noch ändern, dachte ich, und nach Hause zurückkehren. Doch als ich dort ankam, war ich ergriffen von der dichten Atmosphäre, die dort herrschte. Etwas Ähnliches hatte ich noch nie erlebt. Es war so wunderbar, so unglaublich und so angenehm, dass ich beschloss, eine Weile zu bleiben und zu sehen, ob mir das Studium gefällt. Ich habe nicht darüber nachgedacht, ob ich das Studium schaffen würde oder nicht, sondern nur, ob es mir gefallen würde. Man ist so egoistisch in seiner Jugend.

"Es wurde schnell klar, dass mich dieses Studium bis ins Innerste meines Herzens faszinierte. Ich kann euch nicht mehr darüber erzählen, denn das Wissen, das uns gegeben wurde, ist geheim. In den Händen der falschen Person würde es viel Leid verursachen. Doch was für mich ursprünglich eine Prüfung war, wurde zu einem Beruf, den ich bis heute liebe.

"Bei der Zentralen Rasse habe ich meine wahren Wurzeln, wenn es um meine Arbeit geht. Ihr könnt mich gerne einen Schamanen nennen, aber dieser Begriff zeigt nicht die wahre Bedeutung meiner Arbeit. Ich bin in euren Augen eine Art Priester, aber ich glaube nicht, dass irgendwelche irdischen Worte meinen Beruf vermitteln können. Priester sind in diesen

Breitengraden ein unbekannter Begriff. Ich blieb bei der Zentralen Rasse - oder den WingMakers, wie sie sich auch nennen - für viele Jahre. Dann begann ich, auf den Planeten herumzureisen, meist mit Hilfe meines Schiffes, das ihr inzwischen gut kennt. So bin ich im Alten Land, oder Ägypten, gelandet.

"Eine meiner Aufgaben war es, die Menschen auszuwählen, die auf der Erde wiedergeboren werden sollten und die die Aufgabe hatten, ihre Kultur dort voranzubringen. Ich wählte Kulturarbeiter verschiedener Art aus, und so kam ich in Kontakt mit meiner Frau Semeta. Sie lebte mit ihrem Vater und ihren Schwestern hier in der Hauptstadt, und ihre Mutter war tot. Ich spürte, dass ihr Vater ein geeigneter Kulturarbeiter für die Erde war und beschloss, ihn dorthin zu schicken. Er war sehr kooperativ, aber er musste erst einmal dafür sorgen, dass seine drei Töchter gut untergebracht waren.

"Schon als ich Semeta das erste Mal sah, pochte mein Herz wie wild in meiner Brust, aber ich wollte mir die Leidenschaft, die ich für sie empfand, nicht eingestehen. Ich schätze, ich war ziemlich selbstzufrieden und stützte meine Meinung immer auf meine Magie. Jedes Mal, wenn ich in ihre Nähe kam, fiel es mir schwer, mich zu äußern, und schließlich vermied ich es, die Familie zu besuchen. Ich verabredete mich mit dem Vater an anderen Orten.

"Ich war wirklich ein selbstgerechter, vermeintlich feiner Kerl, findest du nicht?" Maorion nahm die Hand seiner Frau.

"Du warst einfach furchtbar und bist es manchmal immer noch", lachte sie und küsste ihn auf die Wange. "Gott sei Dank hörst du auf die Stimme der Vernunft in Form von mir!"

"Eines Tages musste ich Semetas Vater zu einem wichtigen Termin abholen", fuhr Maorion fort. "Ich stand im Garten und trommelte ungeduldig auf einen Baumstamm. Dann tauchte Semeta auf. Sie bat mich um Verzeihung, dass ihr Vater sich ein wenig verspätet hatte. Dann ging sie auf mich zu, legte ihre Arme um meinen Hals und küsste mich. Den Rest können wir überspringen, denn das Ergebnis war eine großartige Hochzeit.”

“Wann war das?” fragte ich. Ich war ein wenig verwirrt, denn ich dachte, dass Maorion ein ätherischer Mensch war, der schon vor langer Zeit das physische Leben auf seinem eigenen Planeten verlassen hatte. Er gab ein herzhaftes Lachen von sich.

“Ich sehe, was du denkst, Janne!”, rief er aus. “In irdischen Augen sind wir sehr alt, Semeta und ich und unsere Kinder, aber hier zählen wir die Jahre nicht wie du. Ich habe hier mein Zuhause, mit meiner Familie, die ich so oft ich kann besuche, aber ich habe auch ein Zuhause bei den WingMakers, wo meine Frau manchmal zu Besuch kommt. Aber jetzt ist es wohl an der Zeit, dir zu zeigen, wie das Alte Land aussieht.”

“Du hast uns erzählt, dass dein Sohn ein Arzt ist und deine Tochter mit einem Arzt verheiratet ist. Welche Bedeutung hat der Titel des Arztes hier bei euch?” fragte ich.

“Arzt ist das Naheliegendste, wenn ich die Arbeit meines Sohnes und meines Schwiegersohnes beschreiben will. Sie heilen Menschen. Die Chirurgie hier ist weit fortgeschritten und übertrifft das einfache Wissen, das es auf der Erde gibt, bei weitem. Wir hatten gehofft, dass ihr Erdlinge nach all der Zeit weiter fortgeschritten wärt. Es gibt hier Methoden, die für ein irdisches Gehirn absolut unglaublich, um nicht zu sagen unmöglich, zu akzeptieren wären. Ich werde jetzt ein paar Träger rufen, und dann werden wir uns in der Innenstadt umsehen.”

Es gab vieles, was ich aus der Geschichte des alten Ägyptens wiedererkannte. Aber es gab keine Pharaonen, keine Machtausübenden, die das Volk unterdrückten. Das Alte Land erwies sich als äußerst gut organisiert, und ich nährte einen kleinen Gedanken in mir, dass dies der Verdienst von Maorion war. Sicherlich hatte er seine Hand im Spiel der Herrschenden? Ich beschloss, ihn zu fragen.

"Ich sitze im Vorstand der Alten Stadt", gab er zu. "Wir tun nur das, was die Menschen selbst wollen und von uns verlangen - so weit wie möglich. Hier wird echte Demokratie gelebt!"

Tilla war wie ein Kalb auf der Weide. Sie heulte vor Freude über all die neuen und spannenden Dinge, die uns gezeigt wurden. Shala war voll damit beschäftigt, ihr einen Dämpfer zu verpassen, während ich die Gelegenheit hatte, meinem spärlichen Wissen, das ich von der Erde mitgebracht hatte, viele neue Fakten über Ägypten hinzuzufügen.

Die Landwirtschaft hatte im Alten Land einen sehr hohen Stellenwert. Es gab alle Getreidesorten, die wir auf der Erde kennen und noch viele mehr. Die Bauern sahen aus, als lebten sie im Wohlstand, aber sie arbeiteten auch unermüdlich. Die Höfe mit blühender Landwirtschaft waren zahlreich. Die Hauptstadt war sehr schön; sie erinnerte mich an die Bilder, die ich von Ägypten gesehen hatte: Gemälde, Fresken und Skulpturen waren reichlich vorhanden, und die Häuser waren so gut gebaut, dass kein Bruchteil eines Zolls zwischen den Bausteinen zu sehen war. Aber die Natur war nicht die gleiche wie die der Maori. Ich sah nur sanft fließende Flüsse und kultiviertes Land, keine Berge. Alles war gut geplant, eine Mustergemeinschaft, erbaut von fleißigen Menschenhänden. Ich erzählte Maorion davon.

"Du hast Recht", antwortete er. "Deshalb liebe ich die wilde Natur in meinem eigenen Land, und die gibt es auch bei den WingMakers. Der Grand Canyon ist im Vergleich zu ihren Berglandschaften eine Kleinigkeit. Hier fehlen uns die Berge, es gibt nur Flachland und hier und da einen Hügel. Ich liebe meine Familie, aber ich schaffe es nicht, für längere Zeit hier zu bleiben. Jetzt möchte ich euch die Innenstadt zeigen." Wir drehten uns um und suchten nach den Mädchen, aber sie waren nicht da. Vor fünf Minuten hatte ich noch mit ihnen gesprochen - oder waren es wirklich fünf Minuten?

"Mach dir keine Sorgen", tröstete mich Maorion. "Sie werden sicher gefunden werden. Hier kann ihnen nichts Gefährliches zustoßen."

Ich ließ mich überreden und folgte meinem wunderbaren Führer und Freund bei einem Spaziergang zwischen den wunderschönen, bunten Häusern und Tempeln der Hauptstadt.

12. Auf dem Weg nach Hunera

Alte Legenden waren auf den Hauswänden abgebildet. Kein einziges Haus war frei von lebendig dargestellten Bildern, manche gemalt, manche in den Stein gemeißelt. Der Sonnengott Ra wurde ebenso hingebungsvoll dargestellt wie Isis und Osiris, Horus und Hathor. Offensichtlich waren viele der alten Götter in der Vorstellung der Menschen mit auf die Erde gebracht worden. Es gab, laut Maorion, Menschen, die es geschafft hatten, direkt auf die Erde zu reisen, um dort Stämme zu gründen. Dementsprechend mussten sie nicht neu geboren werden. Diese und ihre Nachkommen waren es, die die Mythen und Legenden weitertrugen, manchmal in einem sehr verwässerten Zustand, voller verstellter Fantasie und Übertreibungen.

Wir schlenderten umher und unterhielten uns über all das. Dann erreichten wir das Einkaufszentrum der Hauptstadt. Es klingt sehr modern, aber alle größeren Geschäfte waren in der Mitte der Stadt versammelt, um den Menschen das Einkaufen zu erleichtern. Genau wie heutzutage, obwohl die Geschäfte nicht wie die modernen aussahen. Es war wie ein riesiger Markt, aber jeder Laden befand sich in einem Haus unter einem Dach, und es war sehr übersichtlich. Wir wollten die Nacht bei Maorion verbringen und dann am nächsten Morgen weiterreisen. Die Zeit verging, und ich lief natürlich herum und wunderte mich über Shala und Tilla. Wo könnten sie stecken? Das sollten wir in der Tat sehr bald herausfinden!

Aus einem Laden kam ein wütender Ladenbesitzer herausgestürmt. Vor sich her schubste er die beiden jungen Frauen, die sich kichernd zu entschuldigen versuchten.

Maorion blieb stehen und sprach mit dem Ladenbesitzer. Es stellte sich heraus, dass die Mädchen sein gesamtes Inventar anprobiert hatten und praktisch seinen ganzen Laden auf den Kopf gestellt hatten. Für Tilla war diese Fülle an wunderbaren Kleidern, Stoffen und anderen schönen Dingen eine Offenbarung. Erst konnte sie ihren Augen nicht trauen, dann wollte sie alles haben, was sie sehen konnte. Da die Mädchen nichts zum Bezahlen hatten, hatte der Ladenbesitzer sie gebeten zu gehen. In diesem Moment hatte Tilla angefangen zu weinen, und Shala hatte versucht, ihm die Situation zu erklären. Wir waren gerade noch rechtzeitig gekommen, aber Maorion nahm den Ladenbesitzer für einen Moment zur Seite.

"Ich habe ihm gesagt, dass die Mädchen kaufen können, was immer sie wollen; ich werde dafür bezahlen", sagte Maorion. Der Ladenbesitzer hatte seine Miene verändert und lächelte nun freundlich. "Jan, ich bin sehr reich, also mach dir keine Sorgen", versicherte er mir.

Das war eine Seite von ihm, die ich mir vorher nicht vorgestellt hatte. Den Magier kannte ich, den Familienvater und auch den Freund - aber das war alles neu. Folglich gab es hier reiche und arme Menschen. Ich fragte ihn.

"Diese Frage kann ich sowohl mit Ja als auch mit Nein beantworten", antwortete er. "Es gibt die mit großem Vermögen und die mit weniger. Es gibt nie Neid unter den Menschen, denn man entscheidet selbst, ob man reich sein will oder nicht. Es gibt einen kollektiven Fonds für die ganze Stadt, in dem jeder Hilfe und finanzielle Unterstützung bekommen kann. Der Unterschied im Reichtum liegt darin, dass alle Reichen ihr Geld durch mühsame Arbeit verdient haben, genau wie die weniger Glücklichen. Arbeit ist hier das Wichtigste, neben der Familie. Die Frauen arbeiten in der Gesellschaft, wie es ihnen gefällt, ansonsten wird die Hausarbeit gleichwertig geschätzt."

"Also wenn jemand reich werden will, muss er nur

arbeiten?" fragte ich, ein wenig verwirrt. Diese Gesellschaftsordnung fühlte sich fremd an, aber dann wieder war alles fremd für mich. "Ich nehme an, ihr habt dann keine besonders hohen Steuern, oder?" wunderte ich mich weiter.

"Steuern?" Maorion klang sehr überrascht. "Wofür sollten wir die denn brauchen?" Ich verzichtete darauf, mehr über die Wirtschaftsstruktur dieser geheimnisvollen Stadt zu fragen.

Am nächsten Morgen wurden wir von den Trägern zum Hafen gebracht, und ich verstand, dass es Maorion schwer fiel, das Alte Land zu verlassen. Seine Frau begleitete uns zum Hafen.

"Wir werden uns wiedersehen, wenn ihr das Zentraluniversum erreicht habt", waren ihre letzten Worte. Als die Mädchen am Abend zuvor nach Hause gekommen waren, waren sie mit Kleidern, Schminke und Schnickschnack beladen. Semeta kümmerte sich auf herrlich mütterliche Weise um sie, und mit ihrer Hilfe schafften sie es, alles im Boot zu verstauen.

"Die Träger tun mir leid", sagte Tilla, als wir aus dem Hafen fuhren und winkte allen zu, die da waren. "Sie leben fast so wie ich, und doch sind sie Männer."

"Sie haben sich ihren Beruf selbst ausgesucht", wandte Maorion ein. "Sie behalten ihn so lange, wie sie wollen, dann können sie sich etwas anderes suchen. Es ist ein Teil ihrer Entwicklung."

Tilla starrte ihn an, aber sie verstand diese Antwort wohl nicht. Die Esclamps auf ihrem Planeten strebten keine Entwicklung an und suchten sich ihre Berufe nicht aus. Sie seufzte und schloss die Augen. Es war Morgen, aber auch das neue Leben hielt sie mit harten Armen fest. Die Erinnerung an all jene, die sie liebte und die es schwer hatten, war noch frisch, und sie verstand ihr Privileg nicht. All die Kleider und Gegenstände, die sie gekauft hatte, wollte sie ihrer Familie und ihren Freunden schenken. Es war ein unvergleichlicher

Reichtum. Sie war in einem schrecklichen, harten Leben gefangen gewesen, ohne jegliche Veränderung zum Besseren. Jetzt war sie im Licht und in der Freude gefangen, aber unfähig, all die guten Dinge zu teilen.

Ich glaube, Maorion verstand, was in dem Kopf des jungen Mädchens vorging, denn er lächelte sie an und streckte seine Hand aus.

“Wir sind dabei, das Leben der Esclamps zu verändern”, sagte er. “Wir müssen nur den Weg gehen, der für uns abgesteckt wurde, bevor wir unser Ziel erreichen. Du bist bei uns vollkommen sicher, Tilla. Shala ist darauf trainiert, sich um die Schwachen zu kümmern und sie stark zu machen. Schau dir nur mal Jan an!”

Das war ein dummer Scherz, dachte ich, aber ich lachte trotzdem. Es fühlte sich gut an, dass Maorion scherzen konnte; es machte ihn menschlicher und sensibler. Unser Führer auf dieser Reise war ein fantastischer Mann. Ich beschloss, nicht zu fragen, wohin wir als nächstes segeln würden, sondern es eine Überraschung sein zu lassen. Ich schlief sofort ein. Vermutlich taten die Mädchen das Gleiche.

“Aufwachen, wir sind gleich da!”, rief unser Kapitän und wir wachten alle auf einmal auf.

Wir segelten in einen Hafen. Er war anders als die anderen Häfen, die wir besucht hatten. Der Sandstrand ging bis hinunter zum Wasser und es gab keinen Steg. Allerdings gab es hier und da Boote, die bis zu einem bestimmten Teil des Wassers dümpelten, wo es begann, seicht zu werden. Kleine, einfache Boote mit Ruderern nahmen Passagiere von ihren Booten auf und setzten sie wieder ab, und bald hatten wir genau so ein kleines Boot unter unserem eigenen. Viele Palmen schwankten weiter oben am Strand, und ich fand, dass es wie eine Art Hawaii aussah. Das sagte ich Maorion, der es lachend mit einem Nicken bestätigte. Er rief den Männern in dem kleinen Boot etwas zu und ließ eine Strickleiter herunter. Er kletterte als Erster hinunter, die Mädchen folgten schnell und ich war der Letzte in der Reihe. Das Ruderboot, das uns abholte, war größer, als ich anfangs dachte; es war lang und hatte neben den beiden Ruderern Platz für sechs Passagiere.

Vom Ufer aus und ein kurzes Stück hinaus ins Wasser lagen flache Steine, auf die man sprang, bis man den Strand erreichte. Die Palmen standen in dichten Büscheln, und am Strand bewegten sich sonnengebräunte, singende und tanzende Menschen. Die Männer trugen kurze Hosen und waren bis zur Taille entkleidet; die Frauen trugen lange, fröhlich gemusterte Röcke und Oberteile, die eher klein waren. Ein Hauch von großer und wahrer Freude umgab die ganze Gesellschaft. Wenn man bedenkt, dass es auch auf diesen Planeten Südseeinseln gab! Doch dann wurde mir klar, dass die Südseeinseln auf der Erde eher eine Kopie davon waren als umgekehrt.

An Land angekommen, wurden wir zusammen mit den glücklichen Tänzern geradewegs über den Sand und zwischen die Palmen getrieben. Hinter ihnen sahen wir hohe Berge, die wie Vulkane aussahen. Ein Dorf, das sehr gut errichtet war, mit Häusern aus verarbeitetem Lehm und Dächern aus kunstvoll gebundenem Schilf, konnte zwischen den Palmen erahnt werden. Dort wurden wir von freundlichen Händen an kleinen Tischen mit hohen Stühlen außerhalb von etwas, das vermutlich eine Taverne war, abgesetzt. Kleine Becher aus Kokosnussschalen wurden vor uns hingestellt. Sicherlich muss sich meine Zellstruktur gleich nach dem Landgang verändert haben, denn das Getränk schmeckte wirklich ausgezeichnet.

"Habt ihr schon von Huna und Kahuna gehört?" fragte Maorion. Ich schüttelte den Kopf und Tilla auch, aber Shala nickte nachdrücklich.

"Es kommt auf den irdischen Südseeinseln vor", sagte sie.

"Es ist Magie!"

"Magie, die tatsächlich von hier stammt", fügte unser eigener Magier hinzu. "Ich dachte, wir sollten uns einmal genauer ansehen, wie es auf diesem Planeten zugeht. Ich würde diesen Planeten gerne als den unbeschwertesten bezeichnen, den man erleben kann. Aber es gibt viel Magie. Die Magier sind heilig, werden geliebt und verehrt. Hier wird keine böse Magie praktiziert, aber manchmal wird sie zu Erziehungszwecken durchgeführt. Leider ist diese Magie auf der Erde ausgestorben. Die Menschen von hier haben ähnliche Bedingungen gesucht, als sie auf eurem Globus geboren wurden. Kahuna sind ihre Magier, und Huna ist ihre Magie. Sie wird hier ähnlich genannt. Der Name des Landes ist Hunera, und die Bewohner werden Hunier genannt. Ich denke, wir werden hier gut unterhalten werden!"

Ein paar Männer waren gerade dabei, ein Rechteck aus Kohle in der Mitte des Platzes vor uns aufzubauen. Als ich aufmerksamer hinsah, entdeckte ich, dass die Kohle ziemlich intensiv glühte. Ich hatte von Menschen gehört, die auf brennender Kohle laufen konnten, aber was hier stattfand, kommt, glaube ich, auf der Erde nicht vor. Drei Männer und drei Frauen in glitzernden Kleidern und mit Blumenkränzen auf dem Kopf gingen auf die brennende Kohle zu. Sie waren alle barfuß. Ich bemerkte, dass Tilla Shalas Hand nahm und dass sie ihre andere kleine Faust ballte. Sie war sicherlich sehr verängstigt.

Die drei Paare begannen auf der brennenden Kohle zu tanzen. Gelegentlich flackerte eine Flamme auf und drohte, den Rock einer der Damen in Brand zu setzen, aber sie hoben elegant ihren Saum und wischten sie weg. Die Kohle fing mehr und mehr Feuer, und bald loderten überall Flammen auf. An diesem Punkt hoben sich die drei Paare in die Luft und tanzten weiter, als ob nichts passiert wäre. Sie tanzten ohne Halt, als ob die Luft eine ebenso gute Tanzfläche wäre wie die brennende Kohlendecke unten. Höher und höher tanzten sie; schließlich waren sie mehrere Meter hoch in der Luft. In der Zwischenzeit erschienen einige Männer und löschten die Flammen über der Kohle, und in diesem Moment stiegen die tanzenden Paare ab und landeten unter dem Jubel der Menge. Die Musiker, die im Hintergrund gesessen hatten, kamen hoch und begannen ebenfalls zu tanzen. Ich konnte die Instrumente nicht ganz erkennen, aber es waren verschiedene Arten von Saiteninstrumenten, Flöten und Zimbeln.

"Das waren Hochzeitstänzer", erklärte Maorion, während er mit sichtlichem Vergnügen an den Tellern naschte, die während der Aufführung vor uns aufgestellt worden waren. "Macht euch keine Sorgen um das Essen, es ist vegetarisch und besteht aus Früchten, Beeren und Wurzeln von hier. Wir sind mitten in den Hochzeitsfeierlichkeiten gelandet. Der Feuertanz ist die Einleitung, wenn ein junges Paar sich gefunden hat und heiraten will. Die Hunier sind sehr gastfreundlich und wahrscheinlich einfach geschmeichelt, uns als Gäste zu haben. Nun werdet ihr Zeuge weiterer Magie. Hier kommt der Magier, der die Hochzeitszeremonie durchführen wird."

Ein Magier, der Menschen vermählt, dachte ich verblüfft. Wie kann das sein? Das würde ich sehr bald herausfinden. Die, die ich als "die Putzfrauen" bezeichnen kann, trugen die ganze Kohle weg. Stattdessen wurde ein Teppich in der Mitte des kleinen Platzes ausgerollt. Die Musiker setzten sich auf eine Seite des Teppichs und dann kam der Mann, von dem ich verstand, dass er der Magier sein musste. Er war in einen weißen Mantel gekleidet, der auf seinen Schultern mit einem Blumenkranz drapiert war. Darunter trug er einen Lendenschurz und sonst nichts. Auf seinem Kopf trug er eine spitze Kopfbedeckung aus Blumen. Er stand auf einer Seite des Teppichs und hatte die Arme verschränkt. Ich bemerkte, dass er einen Stab in einer Hand hielt. Der Stab schien aus Gold zu sein und hatte an einem Ende eine breite, steife Einfassung. Er war mit Edelsteinen verziert. Aber wo war das Brautpaar?

Kaum hatte ich meinen Gedanken zu Ende gedacht, wurden die Braut und der Bräutigam hereingetragen. Acht Männer trugen sie auf ihren Köpfen. Die beiden saßen mit gekreuzten Beinen und zwischen ihnen saß - ich traute meinen Augen nicht, aber da saß ein Hund. Es war ein goldbrauner, glatthaariger Hund mit einer spitzen Nase, etwa so groß wie ein Golden Retriever. Ziemlich ähnlich, eigentlich, bis auf den Kopf mit seinen spitzen, ungewöhnlich langen Ohren, die ganz nach oben standen.

"Diese Art von Hund ist hier heilig", sagte Maorion mit tiefer Stimme. Die Mädchen starrten wie hypnotisiert. "Solche Hunde werden bei allen Festen eingesetzt und sie werden wie Götter behandelt. Jeder ist sehr freundlich zu ihnen. Sie werden Medes genannt."

Nicht nur freundlich, dachte ich, als ich sah, dass alle Menschen vor der kleinen Prozession auf die Knie fielen, die um den Platz ging und schließlich auf dem Teppich vor dem Magier stehen blieb. Die Musik spielte ununterbrochen. Ich bewunderte den Hund, der vollkommen still zwischen der Braut und dem Bräutigam saß. Als ich Tilla ansah, liefen ihr Tränen über die Wangen. Sie war völlig erfüllt von Bewunderung.

Die Träger ließen das Paar und den Hund vorsichtig vor dem Magier herunter, der regungslos dastand und nach oben schaute. Die Braut trug ein wunderschönes, pastellfarben schimmerndes Kleid und der Bräutigam war hemdsärmelig und trug eine kurze weiße Hose. Beide hatten Blumenkränze um ihre Hälse, trugen aber nichts auf dem Kopf. Die Musik hörte auf zu spielen. Der Moment bebte wie ein Vorhang aus Energien zwischen dem Brautpaar und dem Publikum. Der Magier hob seine beiden Arme in die Luft. Dann kam der Kanon-Effekt, auf den wir alle gewartet hatten.

Etwas knisterte, und es fühlte sich an, als ob der Boden unter unseren Füßen bebte. Der Stab, den der Magier in seiner rechten Hand hielt, stieß Funken in verschiedenen Farben aus, ähnlich wie bei einem Feuerwerk. Das ging eine kurze Weile so weiter und dann erschienen dünne Lichtgestalten, die irgendwie aus dem Stab herausschwebten und sich um das Brautpaar und den Hund sammelten.

"Es sind die Vorfahren des jungen Paares", flüsterte Maorion. "Sie müssen die Hochzeit absegnen. Sie versammeln sich um die Braut und den Bräutigam, aber wenn einer von ihnen die Menge verlässt, zeigt das an, dass etwas nicht stimmt, dass die Ehe missbilligt wird."

Keiner der Ahnen verließ den Ring, der sich fest um Braut und Bräutigam geschlossen hatte. Gespenster, dachte ich, Geister, die halb sichtbar in ihren durchsichtigen Gewändern standen. Dann begriff ich, dass Gespenster das falsche Wort war. Es waren ernste, stattliche Gestalten, und jede von ihnen zeichnete sich durch ihre eigene Individualität aus. Ein leises, monotones Musikstück wurde gespielt, aber ansonsten war alles ruhig. Der Magier ging mit einem erhobenen Zauberstab um den Ring der Ahnen herum. Als er sieben Umdrehungen gemacht hatte, blieb er stehen und kehrte zu seiner ursprünglichen Position zurück. Die Ahnen verschwanden. Sie waren einfach verschwunden! Die Braut und der Bräutigam saßen völlig still, wie in Trance, und der Hund hatte nicht einmal mit den Ohren gewackelt. Aber genauso schnell änderte sich die Szene. Der Magier machte eine Geste mit seinem Zauberstab und formte einen Ring aus Licht um das Paar und den Hund. Er winkte einigen Zuschauern zu, und drei wunderschöne Blumenkränze wurden hochgetragen. Er legte die Kränze auf die Köpfe des Paares und den dritten Kranz um den Hals des Hundes. In einem Augenblick war die Hochzeitszeremonie offensichtlich vollendet.

Der Hund stand auf und wedelte mit dem Schwanz. Danach verschwand er mit einer der Putzfrauen, die wahrscheinlich seine Trainerin war. Nun gab es kein Hindernis mehr zwischen dem jungen Paar, das sich küsste und zu tanzen begann. Der Magier verschwand, und eine flotte Melodie wurde gespielt. Der Teppich wurde entfernt, und jeder, der wollte, durfte tanzen. Ich tanzte mit Tilla, und Maorion mit Shala, und siehe da, es war lebhaft! Es war lange her, dass ich das letzte Mal auf einer Hochzeit gewesen war; ich hatte fast vergessen, wie viel Spaß das macht. Wir aßen und tranken und tanzten, bis es stockdunkel wurde. Dann wurden tausend Fackeln angezündet und die Feier ging weiter. Doch wir waren müde und nahmen mit Freude die Betten an, die uns in einem der Häuser rund um den Platz angeboten wurden.

13. Die Inuit

"Meine Schwestern, meine Mutter und meine Freunde werden verstümmelt, während es mir so gut geht", schluchzte Tilla am nächsten Morgen, als wir vor der Abreise an unserem Frühstück teilnahmen. Wir hatten einen Einblick in die Kultur bekommen, wie sie war, bevor sie auf der Erde in den Südpazifik verlegt wurde, vor Hawaii, Tahiti und all den anderen Inseln. All diese Schönheit, Freundlichkeit und Fürsorge hatte Tilla wachgerüttelt.

"Es ist nicht einmal ein falscher Schritt nötig, damit die Menschen auf unserem Planeten uns misshandeln oder töten - sie tun es sogar nur zum Spaß", fuhr Tilla fort. "Ich wusste nicht, dass es ein gütiges und liebevolles Leben gibt, auch wenn wir, die armen Esclamps, versuchen, uns gegenseitig zu helfen und Zärtlichkeit zu geben."

"Dem muss ein Ende gesetzt werden", sagte Maorion in festem Ton. "Wir werden alles tun, was in unserer Macht steht, um den Esclamps zu helfen. Wir hatten keine Ahnung, wie sehr ihr gelitten habt. Aber jetzt werden wir zu einem anderen Ort reisen, der ebenfalls ein Hauptquartier für fähige Schamanen ist."

"Es war so schön in Hunera", sagte ich ein wenig schmollend. "Warum hast du es so eilig, die schöne Gegend zu verlassen?"

"Wir sind nicht auf einer Vergnügungsreise", wandte Maorion kühl ein. "Das ist eine Studienreise mit einem klaren Ziel. Wir gehen jetzt in die erste Siedlung der Inuit, und ich habe warme Kleidung für euch bereitgelegt. Schließt jetzt die Augen!"

Das Blinzeln bedeutete einen Sprung auf einen anderen Planeten, also verzichtete ich netterweise darauf, zu gucken. Wahrscheinlich flogen wir, denn es fühlte sich ein wenig kühler an und das Boot glitt sanft dahin, ohne zu plätschern. Mit einem dumpfen Aufprall statt eines Plopps, hielt es an. Nun durften wir die Augen öffnen.

Überall Schnee. Schnee, so weit das Auge reichte. Man blinzelte, schüttelte den Kopf und blinzelte erneut, denn es war weißer als weiß. Shala hatte ihren Arm um die schlanke Tilla gelegt, die am ganzen Körper zitterte. Wahrscheinlich war sie am Erfrieren. Maorion bat uns, hinunter in die Kajüte zu gehen und uns Kleidung zu holen. Es gab warme Wollsachen, die man darunter tragen konnte und Pelzmäntel und Pelzmützen und Polarbrillen. Als wir alle diese Kleidung angezogen hatten, begannen wir zu lachen. Es war schwer zu erkennen, wer wer war, wenn alle wie pelzige Trolle aussahen.

Als wir an Deck kamen, erschien alles ein wenig klarer. Wir waren nicht mehr so geblendet vom Schnee und konnten die Umrisse der hohen Berge um uns herum erkennen. Offenbar waren wir auf eisbedecktem Wasser gelandet, denn wir sahen etwas weiter weg Land. Eine Karawane bewegte sich auf uns zu. Als sie näher kam, sah ich, dass es viele Hundeschlitten waren, gefahren von Inuit, die wie wir aussahen, wie pelzige Bären. Sie waren absolut nicht voneinander zu unterscheiden.

"Jetzt dürft ihr so tun, als ob ihr in Grönland wärt!" drängte uns Maorion. Wir humpelten aus dem Boot, die Leiter hinunter und landeten auf unseren Hintern auf dem Eis, denn die Glätte war eine neue Bekanntschaft auf dieser Reise. Ich war seit den Wintern zu Hause in Schweden nicht mehr ausgerutscht. Offensichtlich handelte es sich um eine Art Landebahn, denn die Straße, die zum Festland führte, war vom Schnee gefegt und glitschig. Die Inuit begrüßten uns mit warmen, freundlichen Gesten und luden uns ein, in den Hundeschlitten Platz zu nehmen. Sie breiteten Eisbärenfelle über uns aus, und los ging es.

Es war das erste Mal, dass ich Hundeschlitten fuhr. Ich hatte mich immer gefragt, wie es sich anfühlt und konnte nun bestätigen, dass es sich sowohl aufregend als auch gut anfühlt. In der Tat ging es auch schnell. Ich fragte mich, was diese Eskimos von denen in Grönland unterschied, aber das sollte ich bald herausfinden.

Iglus hatte ich schon oft auf Bildern gesehen, und ich nahm an, dass die Inuit hier in ihnen lebten. Ich lag völlig falsch. Das Dorf, in dem wir ankamen, war außerordentlich schön und ordentlich, mit seinen niedrigen Häusern, die aus Kiefernholz gebaut waren. Die Häuser waren in Kreisen gebaut, die umeinander lagen, und man sah nicht, wo sie anfingen oder endeten. Zwischen jedem Haus gab es einen schmalen Durchgang.

Das Festland war nicht kahl und voller Schnee, wie in Grönland. Es war eine bewaldete Landschaft, in der sich Fichten und Kiefern mit anderen Baumarten vermischten, die ich noch nie gesehen hatte. Das Dorf - oder vielleicht war es eine Stadt - war wunderschön eingebettet in all diese Bäume und mit Bergen ringsum. Wenn das Klima draußen kühl war, war es das Gegenteil, wenn man in ein Haus kam. Wir wurden sofort in eines der Häuser geführt, das wohl eine Art Versammlungsort in der Mitte des Dorfes war. Überall knisterte Feuer in schönen, verzierten Kaminen. Im ersten Raum stand ein sehr langer Holztisch mit Bänken, und an den Wänden entlang zogen sich Regale mit schönen Schnitzereien darauf. Ich konnte keine Elektrizität ausmachen, aber es gab überall Öllampen.

Viele Personen waren in dem Raum, saßen am Tisch oder standen entlang der Wand. Alle starrten uns gespannt an. Die Stille fühlte sich ein wenig peinlich an; wir hörten nur schweres Atmen, das entweder von alten müden Personen oder von einigen der Hunde kam, die hier und da auf dem Boden lagen, scheinbar gesund und in guter Verfassung. Ein Mann und eine Frau kamen auf uns zu, und nun hatte ich die Gelegenheit, sie genauer zu studieren. Bisher hatte ich es für unhöflich gehalten, all die Augen, die auf uns gerichtet waren, zurückzustarren.

"Jetzt rufe ich die Übersetzungsabteilung an", flüsterte Maorion, und ich verstand, dass er das normalerweise tat, wenn wir an einen neuen Ort kamen. Er hatte sich nicht dazu entschieden, mich vorher darüber zu informieren, aber natürlich hat er mit seiner Magie ein paar Zellen in uns ausgetauscht.

Der Mann und die Frau waren ungefähr gleich groß, und das Körpervolumen der beiden war ziemlich rund. Ich konnte die Verwandtschaft mit den Eskimos in ihren runden Gesichtern mit hohen Wangenknochen erkennen, aber das Haar der Frau war total blond und das des Mannes war hellbraun. Ihre Haut war hell und sehr rosig. Sie waren beide in glatte Lederkleidung gekleidet, der Mann in Hose und Tunika, die Frau in einen wadenlangen Rock und Tunika. Die Kleidung war wunderschön in Leder und Wildleder gearbeitet, mit Mustern in verschiedenen Farben. Ein bewunderndes "ooohh" entwich Tilla.

"Willkommen im Dorf Indeluk im Land Fjela!", begrüßte uns der Mann. "Mein Name ist Akkriluk und meine Frau heißt Akk. In diesem Land nimmt die Frau die erste Silbe des Namens ihres Mannes an, wenn sie heiraten, egal wie ihr Name vorher war. Die Eskimos der Erde, oder Inuit, wie sie auch genannt werden, stammen von uns ab. Allerdings haben sie nicht die gleiche Kultur mitgebracht wie wir - sie leben auf einer wesentlich einfacheren Ebene. Da sie mit ihrem Los zufrieden zu sein scheinen, hat niemand von hier versucht, hinunterzugehen und es zu ändern. Folgt uns!"

Akk legte ihre Hand auf den ausgestreckten Arm ihres

Mannes, und dann gingen wir durch eine Tür an einer Seite des Raumes. Unser "Publikum" dort drinnen im ersten Raum hatte kein einziges Wort gesagt, aber als wir ihn verließen, ging das Getöse los. Wir kamen in einem Korridor oder langen Gang heraus. Er war mit Holz verkleidet und roch sehr gut. Akkriluk öffnete mit seinem freien Arm eine Tür und wir traten in einen unerwartet schönen Tempel. Es musste nämlich ein Tempel sein, oder eine Art Kirche, oder vielleicht ein Theater. Es gab viele niedrige Bänke, die mit Robbenfell überzogen waren. Im Hintergrund war eine richtige Theaterbühne aufgebaut, die ebenfalls mit Robbenfell überzogen war. An jeder Seite hingen Vorhänge, natürlich aus Leder.

"Das ist unsere Versammlungshalle", erklärte Akkriluk. "Im ersten Raum versammeln wir uns, wenn wir gemeinsam essen und trinken wollen."

"Ich dachte, es wäre hier eine Art Kirche", sagte ich, ohne genau zu überlegen. Akkriluk starrte mich erstaunt an. "Na ja, wo man zu Gott betet", fügte ich belehrend hinzu. Maorion schaute mich und die Fjel (so nannte man die Bewohner) streng an und Akkriluk trat auf die Bühne.

"Wir beten keinen Gott an", sagte er ernst. "Wir sind alle Götter. Jeder von uns trägt einen Gott in seinem Herzen. Die Große Macht lebt weit weg von hier, aber wir sind Teile seiner Ganzheit.

"In dieser Halle wird viel getanzt, gesungen und musiziert, je nachdem, wie wir diese Kunstformen interpretieren. Manchmal finden Aufführungen verschiedener Kunstformen statt, und dazu zählen wir den Fänger und den Fang. In einem anderen Teil des Hauses befindet sich die Schule."

"Entschuldigung", stammelte Shala, "aber wer ist der Fänger?"

"Derjenige, der in der Jagd auf Eisbären und Robben unterrichtet", antwortete Maorion an seiner Stelle.

"Meine Frau Akk ist die Fängerin dieser Stadt", sagte Akkriluk stolz. "Sie ist die geschickteste Jägerin unserer Zeit, und sie lehrt ihr Wissen, das mit Magie gepaart ist. Sie ist auch eine Magierin, wie du siehst. Denke nicht, dass wir die Tiere zu unserem Vergnügen töten, wie ich weiß, dass viele Erdenmenschen es tun. Wir müssen herausfinden, ob wir das Recht haben, ein bestimmtes Tier zu töten, und gleichzeitig lassen wir das Tier wissen, dass es uns eine Freude bereiten wird. Das Tier hat die Wahl, zu sterben oder weiter in Freiheit zu leben. Wenn es sich dem Fänger hingibt, ist die Seele des Tieres immer bereit, an den Ort abgeholt zu werden, wo die Seelen der Tiere wohnen."

Inzwischen war auch Akk auf die Bühne getreten. Ihr rundes Gesicht leuchtete, aber gleichzeitig lag eine Demut in ihrem Ausdruck, die mich überraschte. Sie streckte uns ihre Hände entgegen, und ich bemerkte, dass von ihren Fingerspitzen Lichtstrahlen ausgingen.

"Ich werde euch etwas über uns und unsere Kultur erzählen", sagte sie. Sie winkte uns heran und setzte sich auf Kissen, die auf dem Boden lagen. Ihr Mann setzte sich neben sie. Es fühlte sich an, als wären wir alle Kinder, die andächtig zuhörten, wenn Oma uns Geschichten erzählte. Hier oben auf der Bühne, wie auch an vielen anderen Orten, brannte ein schönes Feuer in einem Kamin, der wahrscheinlich von Hand aus unregelmäßigen Steinen gemauert wurde. Drei Hunde tippelten heran und legten sich um Akk. Dann begann sie ihre eigentümliche Geschichte.

"Der Grund, warum die Inuit in Grönland und Alaska diese kalten Regionen aufgesucht haben, ist die Tatsache, dass dieser Planet, solange er existiert, während der langen Winter mit Eis und Schnee bedeckt ist. Wir kennen kein anderes Klima als dieses, und wir haben dieses tief verwurzelte Bewusstsein auf die Erde gebracht... ", begann Akk. Ich unterbrach sie:

"Es ist hier nicht die gleiche Landschaft wie in den Regionen der Erde, in denen die Inuit existieren. Hier gibt es eine üppige Vegetation, die dort fehlt."

"Das liegt daran, dass es auf unserem Planeten die Samen und Rudimente der Vegetation gab, die du hier um dich herum siehst", antwortete Akk. "Sie haben sich über Millionen von Jahren entwickelt. Das Klima auf diesem Planeten ist sowohl für Kälte als auch für Vegetation geeignet.

"Aber jetzt werde ich dir von unserer Kultur erzählen. Die Schöpfung kam von oben, so die grönländischen Traditionen. Das ist nicht unsere Meinung. Wir glauben, dass sich ein Felsen, vielleicht so groß wie ein Berg, vom zentralen Planeten im zentralen Universum gelöst hat. Im Zentrum existiert der einzige Gott; das wissen wir alle. Von seinem Planeten löste sich der große Felsen und begann sich im Raum zu drehen, bis er einen Platz fand, an dem er sein wollte. Der große Felsen hatte ein Bewusstsein, seht ihr, und er wusste, dass er dazu bestimmt war, in einem Universum groß und stark zu werden. So landete er hier, in einem der sieben Universen, die das Zentrum umgeben. Er wusste, dass er den richtigen Platz gefunden hatte, aber dennoch war er nur ein Kind, das sich von seinen liebenden Eltern befreit hatte.

"Dann begann er zu wachsen. Der Felsen bezog seine Nahrung aus den Energien, die vom Zentrum übertragen wurden und er wurde größer und größer. In seinen Zellen existierten Substanzen verschiedenster Art: Samen für Mineralien, Pflanzen, Tiere und schließlich Menschen - aber dazu werden wir noch kommen. Die Mineralien verbreiteten zuerst ihre glorreichen Bestandteile in den Winkeln und Ritzen des Gesteins. Sie wurden zu Gold und Edelsteinen und allen anderen Materialien, die du im Urgestein findest. Alle Steine sind lebendig, und sie leben immer noch, auch wenn die Menschen es tote Materie nennen.

"So begannen die Samen der Pflanzen zu wachsen. Sie begannen als Moose und Flechten, aber allmählich strebten sie dem Himmel entgegen, der mit seinen Wolken, seinen Nuancen und seiner geheimnisvollen Schönheit über ihnen lockte. Unser eisblauer Himmel ähnelt in vielerlei Hinsicht dem der Erde, aber wir haben keine Sonne, nur ein zentrales Licht, das vom Zentralplaneten im Zentraluniversum kommt. Wälder streckten ihre knochigen, blattgeschmückten Arme gegen die begehrenswerte Himmelskuppel, und im sanften Licht des Zentralplaneten gediehen sie und entwickelten sich schließlich zu all der Vegetation, die ihr hier um euch herum seht.

"Da war nur eines: Über den ganzen Planeten breitete sich zu bestimmten Zeiten, die man als Jahr zählt, eine Eisdecke aus. Es regnet hier nicht, sondern es schneit nass oder trocken. Dementsprechend müssen sich die Pflanzen an dieses Klima anpassen, in dem es von Anfang an zu ständigen Kämpfen zwischen Hitze und Kälte kam. Die Kälte gewann die meiste Zeit; die Hitze durfte nur für eine kurze Zeit des Jahres ihre weiche Decke ausbreiten. Dennoch gediehen Pflanzen und Bäume. Manche Blumen wachsen direkt durch die Schneedecke hindurch und prangen in ebenso leuchtender Farbenpracht, obwohl sie zeitweise mit Schnee bedeckt sind.

"Dann kamen die Tiere. Wir haben viele wilde Tiere, die den irdischen Artgenossen ähneln. Wir haben keine Viehhaltung wie ihr; keine Tiere werden gefangen, alle erledigen freiwillig die Aufgaben, die sie von uns bekommen. Schaut euch nur unsere Hunde an. Einige haben selbst darum gebeten, Schlittenhunde zu werden. Die Schafe sind außerhalb unseres Dorfes, und sie kommen sofort, wenn wir ihre Wolle oder, wie ich schon sagte, vielleicht ihr Fleisch brauchen. Wir haben starken mentalen Kontakt mit allen Tieren, die auf dem Planeten existieren; wir können lange Gespräche mit ihnen führen, wenn wir es wünschen.

"So wuchs unser Planet. Die Menschen kamen zuletzt. Der einzige Gott auf dem Zentralplaneten im Zentraluniversum gab uns die Menschen, um unseren Planeten zu bevölkern. Er schuf sie und schickte sie hierher, mit dem Handwerk, das für die Kommunikation zwischen den Planeten existiert und immer existiert hat.

"Der Mensch ist einzigartig und eine Schöpfung des einzigen Gottes. Der Mensch hat sich nicht aus dem Tierreich entwickelt, wie es auf der Erde behauptet wird. Das wissen wir.

"Eure Inuit glauben, dass ein Mensch, der stirbt, ein Stern am Himmel wird. Das ist ein schöner Gedanke, aber er ist nicht ganz wahr. Die Wiedergeburt findet auf allen Planeten statt. Da ein Mensch einzigartig ist, kann er nicht untergehen oder zerstört werden. Die menschliche Seele wird zum Seelensammelplatz gebracht, wo sie den Weg wählen kann, auf dem sie weitergehen möchte. Es gibt viele Möglichkeiten. Das ist unser Glaube.

"Wir brauchen keine Kirchen oder Rituale. Sicher, wir haben Feste und versammeln uns häufig, um gemeinsam nachzudenken und vor allem, um uns gemeinsam zu freuen. Aber wir beten nicht den einzigen Gott an. Es reicht uns, dass es ihn gibt und dass er die Sicherheit ist, an die wir uns anlehnen. Wir sind alle Götter, denn er ist unser Ursprung. Er gab uns ein Stück von sich selbst, als er uns erschuf. So einfach ist das. Wer regiert uns? Das tun wir alle, aber wir haben immer jemanden, der in einem bestimmten Beruf besonders geschickt ist und der diejenigen ausbildet, die lernen wollen. Wir nennen sie Fänger - das bin ich - Sprecher, Kanalisierer, Pflanzer, Kinderbetreuer, Tierpfleger - das können mehrere verschiedene sein für verschiedene Tierarten, usw. Jeder, der in unserem Dorf ist, hat eine Aufgabe; jeder ist gleich wichtig. So leben wir. Frauen und Männer haben die gleichen Aufgaben, sind gleich wichtig und respektieren sich gegenseitig."

"Seid ihr beide miteinander verheiratet?" fragte Shala.

"Verheiratet?" fragte Akk verwundert. "Man wird Mann und Frau, wenn man sich mag und sich einig ist, dass man ein Leben lang zusammenleben will. Dann findet eine Namensänderung statt, sonst nichts. Man wohnt im selben Haus und nimmt gemeinsam an den Aktivitäten des Dorfes teil."

"Gibt es Krankenhäuser und Ärzte?" fragte ich. Das ähnelte der idealen Gesellschaft vielleicht ein bisschen zu sehr, dachte ich.

"Jedes Dorf hat mindestens einen Schamanen und mehrere Magier", antwortete Akk. "Das kann ein Mann oder eine Frau sein. Sie heilen Krankheiten und helfen bei Geburt und Tod. Akkriluk ist ein solcher. Ich arbeite hauptsächlich mit Tieren."

"Jetzt werden wir unsere Gäste verköstigen und ihnen ein Bett für die Nacht anbieten, bevor sie vor Müdigkeit umfallen", sagte Akkriluk und lächelte.

Wir legten uns in der Versammlungshalle auf Teppiche vor einer großen Feuerstelle. Ich lag lange Zeit nachdenklich da, bevor ich einschlief. Diese sehr unterschiedlichen Planeten existierten im selben Universum, aber es schien nicht so, als hätte man dem Bösen in so vielen Richtungen Einlass gewährt. Allerdings schienen viele der Menschen der Erde aus diesem Universum zu stammen. Wenn es nur in einem der sieben Universen so viel gab, was könnte dann in den anderen existieren? Diese Frage beschloss ich, Maorion auf dem nächsten Teil unserer Reise zu stellen. Ich fühlte mich wie ein winziger Krümel in einer Kiste voller Brotkrümel und mit so vielen Fragen, die in der extremen Minderheit, die ich war, untergebracht werden konnten. Was war der Zweck von all dem? Wir durften die göttliche Suppe kosten, lächelte mein Gedanke, aber mit einem sehr kleinen Löffel. Und ich war mir nicht sicher, ob ich einen großen Löffel wollte. Das wäre zu viel.

14. Zuidum und die Zulus

Am nächsten Morgen brachten uns die Hundeschlitten zu der Stelle draußen auf dem Eis, wo unser Fahrzeug verankert war. Ich empfand fast Traurigkeit darüber, dieses fremde Land aus Eis und Wärme zu verlassen. Es hatte in der Nacht geschneit, und die prächtigen, hohen Pflanzen standen in Gruppen, nur mit ihren bunten Blüten über der Schneedecke. Es vermittelte ein eigenartiges Gefühl von Unwirklichkeit und Wirklichkeit, die zu etwas sehr Schönem und gleichzeitig schwer zu Verstehendem verwoben worden waren. Akkriluk und Akk wünschten uns, dass wir wiederkommen sollten, sie hätten uns noch so viel mehr zu zeigen. Zum Abschied schenkten sie jedem von uns ein kreisrundes Schmuckstück, das aus Gold und verzierten Knochen bestand. Es stellte die acht Universen dar: ein Mittelpunkt in Form eines leuchtenden Edelsteins mit sieben weiteren Steinen darum herum, sehr kunstvoll zusammengesetzt. Es muss auch einen Juwelier geben, dachte ich. Tilla hatte noch nie ein Schmuckstück besessen und sie machte einen Freudensprung, als Shala es ihr um den Hals legte.

Als wir das Boot aus dem Eishafen manövrierten, erinnerte ich mich an meine Frage an Maorion.

"Wir haben uns an eines der sieben Superuniversen gehalten", sagte ich, "aber was mag in den anderen sechs zu finden sein? Und was existiert noch in diesem? Wohin führst du uns jetzt?" Maorion lachte herzhaft.

"Du hast sicherlich Fragen", sagte er, "und ich werde sie gerne beantworten. Wir befinden uns derzeit in dem Universum, in dem die ältesten Kulturen existieren, jene, die fast von Anfang an da waren, als der Schöpfer sie erschuf. Wir besuchen so viele Planeten, wie wir Zeit haben, aber das ist bei weitem nicht alles. Ich kann nicht beantworten, was es in den anderen sechs Universen gibt, denn das ist verborgenes Wissen. Wir können die WingMakers fragen, wenn wir dort sind. Aber ich glaube nicht, dass die Formen oder das Wesen, das du dort findest, die Art von Menschen widerspiegeln, die du kennst. Es sind wahrscheinlich fremde Formen und fremde Umgebungen und vielleicht auch in einigen Fällen beängstigende Kreaturen. Jetzt sind wir auf dem Weg zur nächsten Kultur, nämlich dem Ursprung der Zulus.”

"Oh je", rief ich aus, "werden wir wirklich primitive Stämme besuchen?" Maorion warf mir einen genervten Blick zu.

"Du wirst sehen, wie primitiv die Zulus sind", antwortete er. Es dauerte nicht lange, bis er hinzufügte: "Schließt eure Augen!"

Als wir aufwachten, schien eine heiße Sonne einen größeren Raum am Himmel einzunehmen, als wir es gewohnt waren. Es dauerte eine gute Weile, bis sich unsere Augen an den Anblick gewöhnt hatten, der sich vor uns bot. Die Mädchen standen im Bug und legten sich gegenseitig die Arme um die Schultern und seufzten, stöhnten und ließen kleine, strahlende Lacher los. Wir hatten unsere Pelzmäntel ausgezogen, bevor wir die Augen schlossen, und Maorion, der dort unten in der Kajüte einen riesigen Kleiderschrank zu haben schien, hatte uns mit dünnen, hellen Kleidungsstücken ausgestattet. Die Kleidung der Mädchen war so durchsichtig, dass man jede Linie und jede Kurve sehen konnte. Tilla hatte einige Pfunde zugelegt und das knochige Mädchen hatte plötzlich einen wohlgeformten, sehr weiblichen Körper.

"Jan!" erklang die warnende Stimme von Maorion. "Es ist die Landschaft, über die du nachdenken solltest, nicht die Damen!" Und es war in der Tat eine ungewöhnliche Landschaft, völlig frei von Bergen und mit einem Ufer, das dicht mit etwas gesäumt war, das wie Rohrkolben aussah. Jenseits der hohen Rispen war eine Wiese mit langem Gras zu sehen und noch weiter entfernt konnte man ein Dorf erahnen. Da war ein Riss in der hohen schilfartigen Vegetation. Ein schmaler Wasserkanal führte uns hinein zwischen braunem und grünem Samtgestrüpp, manchmal so hoch wie zwei Menschen übereinander. Lange Zeit fuhren wir ohne Sicht in beide Richtungen, wobei das Boot langsam den schmalen Kanalstreifen entlang glitt. Das Klima fühlte sich warm und angenehm an, ohne jeden Wind und mit glattem und dunklem Wasser.

Plötzlich verbreiterte sich der Kanal und die samtenen Gischt wurde niedriger und buschiger. Wie von Geisterhand liefen wir einen goldgelben Steinsteg an und Maorion konnte den Anker werfen. Die Mädchen und ich sprangen schnell an Land, doch Maorion hielt uns auf.

"Wir dürfen die freundlichen Menschen, die dort oben leben, nicht erschrecken", sagte er und deutete über die Schilfgipfel. "Gebt ihnen Zeit, uns erst zu entdecken, damit sie verstehen, dass wir keine feindlichen Eindringlinge sind."

Wir verstanden ihn, als plötzlich zwei dunkle Köpfe aus dem dichten Schilf auftauchten, wo der Steg aus dem Blickfeld verschwand. Zwei sehr dunkelhäutige Männer mit entblößten Oberkörpern und bunten Lendentüchern standen vor uns. Einer hatte einen Speer in einem Riemen über der Schulter und der andere hatte einen runden Gegenstand, wahrscheinlich eine Waffe, auf die gleiche Weise befestigt. Dann erblickten sie Maorion, der nach uns an Land kam. Beide stießen ein Heulen aus - wahrscheinlich ein Heulen der Freude, denn sie warfen sich ihm um den Hals und überhäuften ihn mit Umarmungen und Küssen. Er zeigte auf uns, und bald waren wir an der Reihe, liebevoll bestürmt zu werden.

In kurzer Zeit war das Schilf zu Ende. Das offene, grasbedeckte Feld war gefüllt mit grasenden Tieren, die ich nicht kannte, die aber am ehesten an Rinder erinnerten.

Die Tiere grasten den ganzen Weg zwischen den Häusern, die alle rund waren und Dächer aus den verschiedenen Arten von Schilf hatten. Sie waren sehr unregelmäßig über das Feld verstreut. Irgendwie wirkte es nicht primitiv - die Häuser waren gut gebaut und schön verziert und die Dächer waren wahre Kunstwerke. Es gab sowohl Türen als auch Fenster ohne Glas. Die glänzende, dunkle Haut der Männer glänzte und verströmte herrliche Düfte. Als sie mit uns vor einem der Häuser anhielten, sagte Maorion:

"Meine Freunde hier heißen Beli und Chram. Dies ist eines der ordentlichsten Dörfer, die ich kenne, und ich habe hier viele Freunde. Wir sind zu einem Festmahl der Zulu eingeladen worden, und nun habe ich euch darauf eingestellt, ihre Sprache zu verstehen und zu sprechen."

Ich habe es nie geschafft, herauszufinden, wie diese sprachlichen Dinge wirklich funktionieren, aber Maorion war wie einer dieser Computer, der alle existierenden Sprachen kennt; man muss nur einen Knopf drücken. Er machte eine Art Übertragung zu uns. Nun mussten wir nur noch in das Haus treten. Darin kam uns eine Zulu-Frau mit offenen Armen entgegen. Meiner Meinung nach war sie viel zu füllig, aber man konnte ihre Freude, uns zu sehen, nicht verkennen. Sie umschlang erst die Mädchen, dann mich, in ihren glänzenden, dunklen, weichen Armen, die zudem einen seltenen Duft verströmten. Maorion erklärte später, dass die Zulus spezielle Öle verwendeten, die sowohl sehr gut rochen als auch heilsam für den ganzen Körper waren. Krankheit war auch in diesem Teil des Planeten ein unbekanntes Konzept. Die Bewohner nannten sich nicht Zulus, sondern Zuiden, und ihr Dorf hieß Zuidum.

"Mein Name ist Tarrara und ich bin die Frau von Beli", sagte die stämmige Frau. "Willkommen in Zuidum." Sie führte uns in einen Raum, der exquisit und schön geschmückt war. Damit hatte ich nun wirklich nicht gerechnet! Der Raum war halbmondförmig und mit Skulpturen und anderen Ziergegenständen ausgestattet, die aus irgendwelchen Knochen geschnitten waren. Die Möbel waren teils aus geschnitztem Holz, teils aus Schilf, das unterhalb des Dorfes wogte, gefertigt. Sie hatten das Schilfrohr zusammengefügt und vermutlich auf irgendeine Weise gepresst, sodass es eine harte Masse bildete, die ein eigenartiges Muster annahm, als sie zu Tischen, Stühlen und Schränken geformt wurde.

Ein wunderbares Essen wurde auf den Tisch gestellt und mein Magen knurrte wie immer, als das Menschenblut wieder durch meine Adern zu fließen begann. Das Essen war nicht nur wunderschön präsentiert, sondern erwies sich als komplett vegetarisch, aus Pflanzen und Wurzeln, die mir unbekannt waren, aber himmlisch schmeckten. Die Zuiden verehrten Tiere und glaubten an die natürliche Auslese, die es in ihrem Land schon so lange gab, wie sie sich erinnern konnten. Sie wussten, dass die Menschen, die von ihnen abstammten und sich auf der Erde niedergelassen hatten, sich in Zulus umbenannt hatten, und dass sie ganz andere Vorstellungen vom Leben und vom Ursprung hatten als die Zuiden. Allerdings war das in der Regel der Fall, dachte ich. Wenn die ursprünglichen Menschen einige ihrer Brüder oder Schwestern auf unsere alte Erde abgaben, brachten sie einen Schatz an Wissen und Weisheit mit. Leider kam es oft zu Missverständnissen; die Menschen auf der Erde kamen mit neuen Ideen und Vorschlägen. So entstanden völlig neue Gedanken und Gewohnheiten unter den neu entstandenen Menschen.

Chram hatte seine Frau und seine Kinder geholt, und bald wimmelte es in dem großen Raum von Menschen, die uns umarmen und die Köstlichkeiten probieren wollten. Die Kinder krabbelten und rannten herum, aber sie schienen sehr gehorsam zu sein. Sobald ein Erwachsener sie wegen etwas ermahnte, gehorchten sie. Nach dem Essen gingen wir auf die runde Veranda, die sich um die Hälfte des Hauses lief. Sie bestand aus ineinander verschlungenen Pflanzen und war von einer Kletterpflanze mit traubenartigen Früchten bewachsen, die allerdings winzig waren, kleiner als Erbsen. Das, was wir tranken, wurde offenbar aus diesen Früchten gemacht und es schmeckte göttlich. Ich glaube, es war die beste Mahlzeit, die ich hatte, seit wir diese bemerkenswerte Reise begannen.

"Ihr würdet wahrscheinlich gerne etwas über unsere Traditionen erfahren", sagte Tarrara. Sie stand auf und ihr großer Körper begann zu tanzen, und während sie tanzte, sang sie. Das Lied floss in unsere Ohren und es erzählte uns von den Zuiden. Ich würde mich noch lange an jedes einzelne Wort erinnern.

"Im Wasser erhob sich ein wirbelnder Rauch", sang sie.
"In dem Rauch bildeten sich Perlen, die glitzerten und leuchteten.
Jede Perle war ein Geschenk des Schöpfers,
er, der allein in der verzauberten Welt der schöpferischen Funken und Kräfte lebt,
die über die gefrorenen Oberflächen der Planeten wirbeln,
über die schimmernden Verheißungen des Lebens,
die in jedem Winkel der trockenen Haut existieren,
die den Planetenboden mit Hüllen versieht.

"Jede Perle war ein Samen für einen Menschen,
der seine Seele selbst finden muss.
Die Seele begleitete die Flügel des Vogels
und das gleißende Flügelspiel der Libelle.

*Die Perlen müssen schnell sein, müssen Zeit haben,
das einzufangen, was vorbeifliegt, denn es brachte Seelen,
viele neue frische Seelen, um sie im Dunst des Rauches
von der glitzernden Spirale ins Wasser zu pflanzen...*

*"Und so hatte sich der Kreis geschlossen und jede Perle
bekam eine Seele,
die mit einem Menschen zusammenwuchs,
die mit einem Baum oder einem Zweig
oder einem Blatt oder einem Vogelflügel
oder einer wilden Antilope zusammenwuchs, um vor Glück
zu existieren.*

*Und so wurde die Seele in der Perle ein Stück einer Spirale
in einer umarmenden Einheit von brodelndem Leben
und Kraft aus dem mächtigen Gesang der Urkraft
in ihren lauschenden Muschelohren.*

*"Es wird Leben genannt.
Das Leben, das wir leben.
Das Leben, das wir lieben.
Das Leben, das wir verehren
und wertschätzen.
Das Leben des Schöpfers ist unser Leben."*

Ich saß völlig verblüfft da. Die Tränen spülten in meiner Kehle
herum und ich schaute auf den großen, dunklen, glänzenden
Körper, der auf eine Art und Weise tanzte, wie ich es noch nie
zuvor gesehen hatte. Ihr Körpervolumen dehnte sich hin und
her, wellenförmig und liebkosend, und ihre Augen waren wie
Brunnen der Kraft und Schönheit. Ihr schwarzes Haar stand
wie ein lockiger Himmel um ihren Kopf herum auf. Das
hellgelbe Kleid, das sie trug, bedeckte ihren Körper nicht; es

forderte die Spitzen des äußersten Gefühls heraus. Sie gehörte zu den schönsten Dingen, die ich je gesehen habe, und ich schwor mir, nie wieder an Tarrara als dicke Frau zu denken. Der Geruch, den sie absonderte, war ein Tribut an den Tanz; er war nicht erstickend, sondern spielerisch leicht und blumig.

Der ganze Raum war verzaubert. Als Tarrara aufhörte zu singen, erklang ein Chor von Stimmen mit einem monotonen Gesang, der anfangs ein dumpfes Gemurmel war, sich aber zu einem mächtigen Crescendo von Tönen entwickelte, das das Dach erzittern ließ - und uns auch. Alle sangen mit. Inmitten der Gäste stand Tarrara, tief in sich versunken. Ich habe noch nie ein mächtigeres Lied gehört oder erlebt. Es war nicht hell, aber auch nicht dunkel. Es war ein einziger Ton aus zwanzig Kehlen. Ein lebendiger Ton, ein Ton, der in uns Fremde kroch, der seinen Weg in unsere Körper und unseren Geist fand und der wie ein Triumph klang, wie eine galaktische Hommage an die Musik der Sphären.

Es war schwer, wieder zur Normalität zurückzukehren. Das heißt, wenn hier überhaupt irgendetwas normal war. Ich möchte die Atmosphäre nicht als erhaben bezeichnen, aber sie war ziemlich nah dran. Shala und Tilla schlichen sich in die dunkle Menschenmenge und wurden von der Umarmung aufgesogen. Das Ganze war eine Umarmung, eine sichere, große, liebevolle Umarmung.

Ich schaute zu Maorion und er schaute zu mir zurück und nickte. Wahrscheinlich fühlte er genauso wie ich; schließlich war er ein Mensch, im Gegensatz zu mir - oder? Ich erhaschte einen Blick auf die beiden hellen Mädchen, als sie aus dem Raum schlichen, und ich folgte ihnen. Sie saßen draußen auf dem Boden und weinten unkontrolliert.

"Stell dir vor", sagte Shala, während sie schluchzte, "dass man aus reiner Freude so weinen kann! Ich bin so glücklich und so verwirrt und so dankbar!"

"Stell dir vor", sagte Tilla, während sie schluchzte, "dass es so etwas gibt. Ich möchte hier nie wieder weg. Ich habe mich noch nie so sehr mit anderen verbunden gefühlt wie mit diesen lieben Menschen. Darf ich hier bleiben, Jan, bitte?"

"Ja", versprach ich, "wenn du zuerst mit uns zum Zentralplaneten reist und wir die Dinge für deine Mitschwestern dort drüben bei den Hethitern in Ordnung bringen, dann darfst du hierher zurückkehren, wenn du willkommen bist. Das ist natürlich eine Voraussetzung." Tilla warf sich mir um den Hals und es war schwer, sie sanft wegzuschieben, aber ich tat es.

"Wir können so lange hier bleiben, wie wir wollen", sagte Maorion. Er war mir gefolgt, weil er sich Sorgen um uns machte. "Die Zuiden sind unglaublich gastfreundlich, und das Böse ist hier ein unbekanntes Konzept. Sie stellen uns ein eigenes Haus zur Verfügung, in dem wir uns wie zu Hause fühlen sollen. Morgen werden sie uns herumführen, und dann werden wir ein wenig mehr über das heutige Zuidum erfahren."

Unser eigenes Haus erwies sich als ein Traum von Komfort. Jeder von uns bekam ein eigenes Zimmer, aber die Mädchen zogen es vor, zusammen zu schlafen, da sie so viel zu besprechen hatten. Ich lag lange Zeit grübelnd da. Jedes neue Volk - oder vielleicht klingt "Urvolk" richtiger - hatte seinen eigenen, immens ausgeprägten Charakter und seine eigene Entwicklung auf seinem Planeten. Wir reden über den Ursprung der Erde und ihre uralte Entwicklung, ohne wirklich zu wissen, wovon wir reden, weil wir nicht weiter als unsere Nase sehen. Hier waren wir in einer fremden Kultur, die sowohl in ihrer Überalterung als auch in ihrer Modernität überraschte. Zuidum war einzigartig.

Es war kalt in der Nacht und ich zog mir die schöne, aus Pflanzenfasern gefertigte Steppdecke über den Kopf. Hier würde ich gerne wiedergeboren werden - wenn ich jemals die Erlaubnis dazu bekommen würde.

Wir hatten gelernt, dass es auf einigen Planeten in diesem fremden Universum tatsächlich das Böse gibt, aber dass es im Vergleich zu den guten nur sehr wenige sind. Wie kann das sein? Was ist der Ursprung des Bösen? Wenn die ausgesandten Seelen, einige von ihnen gut ausgebildet und mit einer unvergleichlichen Kultur im Rücken, auf dem alten Terra wiedergeboren werden und dort immer schlechter ausgestattet werden, bevor sie schließlich verschwinden oder ihre ursprüngliche Kultur entstellen, was ist dann die automatische Frage, die man sich stellt? Nun, diese: Warum hat die Erde einen so schlechten Einfluss auf den Menschen? Woher leitet sie die zerstörerischen Gedanken ab? Was ist es, das Krieg, Hass, Gewalt, Zwietracht, Machtmissbrauch und die Zerstörung der Natur verursacht?

Haben wir einige unbekannte Gene, die in uns schwelen, um eines Tages wie ein "Hampelmann" aufzuspringen und zu schreien: "Hier bin ich, hör mir zu, denn ich bin dein böses Gen und ich bin ein Teil von dir wie alles andere."

Ich habe mehrere Paradiese in diesem neuen Universum entdeckt. Warum kann keines davon auf der Erde vorstellbar sein? Was würde passieren, wenn die Zuiden ankommen und ihre Kultur irgendwo in Afrika etablieren würden, zum Beispiel? Nach ein paar Jahren würden sie sich sehr schlecht fühlen. Man hätte ihnen Speichen für ihre weitere Entwicklung in die Räder gelegt; sie würden auf Neid und Verleumdung stoßen. Irgendeine Autoritätsperson würde Verbote vorbringen, die befolgt werden müssen, mehr Verbote als Erlaubnisse. Die Unzufriedenheit würde Wurzeln schlagen und mit ihr Eifersucht und Machtgier. Das ist es, was den Sumerern, den Inkas, den Mayas usw. passiert sein muss. Das Recht, innerlich zu leben, nach deiner individuellen Überzeugung, ist auf der Erde sehr begrenzt. Es gibt immer sogenannte Führer, die die Menschen zwingen oder beeinflussen, an diese oder jene

Sache zu glauben. Die Schwachen folgen ihnen. Und die Starken? Sie halten sich fern und warten ab.

Ich schlief ein.

Die Stadt der Schlummernden

Maorion hatte uns gesagt, dass wir am nächsten Tag bei den Zuiden bleiben würden, aber danach mussten wir weiterziehen. Mit einem erwartungsvollen Seufzer in der Aussicht auf den kommenden Tag erhob ich mich aus meinem gemütlichen Bett und genoss es, wieder in körperlicher Form zu sein. Neben dem Bett lag eine helle Hose und ein violettes Shirt. Ich war wirklich froh, dass es kein geblümter Lendenschurz war; der hätte mir wahrscheinlich nicht besonders gut gestanden. Ich habe schon immer gerne gut gegessen, auch wenn es nie lange in meinem dünnen Körper blieb, und nun sehnte ich mich nach dem zweifellos köstlichen Frühstück, das serviert werden würde. Ich wurde nicht enttäuscht.

Die Mahlzeiten wurden in Belis und Tarraras Haus eingenommen. Maorion war natürlich auch da, auch er war in eine neue helle Hose und ein rosafarbenes Hemd gekleidet. Doch es dauerte eine Weile, bis die Mädchen auftauchten. Sie waren unglaublich angetan von ihren neuen Kleidern, die Tarrara ihnen geschenkt hatte. Shala hatte ein Kleid erhalten, das so blau war, dass es wie eine tropische Lagune aussah. Tilla hatte ein hellgrünes Kleid erhalten, das an eine geheimnisvolle Waldnymphe denken ließ. Die Stoffe ähnelten Batik, aber die Farbtöne schimmerten, leuchteten und bewegten sich, als führten sie ein Eigenleben und waren gleichzeitig transparent.

Ein Tee mit exquisitem Geschmack wurde serviert, zusammen mit verschiedenen Brotsorten und Aufstrichen in Form von Marmeladen und Konfitüren. Es gab Salate und Saucen in Hülle und Fülle. Tarrara erklärte, dass Salate und

Saucen zum Standard auf dem Tisch der Zuiden gehörten. Sie wurden zu allen ihren Mahlzeiten serviert. Es gab auch verschiedene Obstsorten, die wir nicht kannten. Die kleinen Trauben waren köstlich, aber es ist schwer, die ungewöhnlichen Früchte zu beschreiben, da wir sie immer mit den irdischen vergleichen müssen. Die Teller, auf denen wir aßen, waren wie halbe Kokosnüsse, und sie waren sehr schön bemalt, genau wie der Kelch, aus dem wir tranken. Ausgehöhlte Stöcke aus einer unbekannten Pflanze dienten als Besteck. Sie sahen aus wie lange Löffel und waren leicht zu handhaben. Ich berichte über diese Einzelheiten, weil ich so beeindruckt war von diesem Volk, das es geschafft hatte, aus ganz einfachen Materialien Alltagsgegenstände und Kunstobjekte herzustellen. Sie produzierten auf hervorragende Weise Luxus aus Einfachheit.

Dann war es Zeit für einen Ausflug. Beli und Chram waren unsere Führer, und außerdem war Belis jüngster Sohn dabei. Sein Name war Tjai und er war ungewöhnlich groß für einen Zuid. Er war ein gutaussehender, dunkelhäutiger Junge, und ich bemerkte, dass er sich sehr bereitwillig neben unserer kleinen Waldnymphe Tilla hielt. Innerlich verstand ich, dass sie hierher zurückkehren musste. Die verstohlenen Blicke, die sie auf Tjai warf, sagten alles. Wir sollten sie wirklich besser ins Zentrum bringen, dachte ich, und ich sah, dass Shala das Gleiche dachte. Sie hielt sich sogar die Hand vor den Mund, um ihr Kichern zu unterdrücken.

Es hatte keinen Sinn zu laufen, denn die Tiere grasten überall - zwischen den Häusern, vor den Häusern, hinter den Häusern, fast in den Häusern. Es war heimelig, aber auch etwas lästig. Tjai hatte einen dünnen Zweig, den er benutzte, um die Tiere zu verscheuchen. Sie waren so zahm, dass sie gerne an uns schnupperten. Es gab einen Ausbruch von Gelächter, als ein riesiges gehörntes Tier unter Shalas Arm stieß und sie an der Wange ableckte. Doch nun waren wir an einem scheunenartigen Gebäude am Rande des Dorfes, wo die Kutschen untergebracht waren. Dieses "primitive" Volk hatte eigentlich zwei Arten von Kutschen: kleine, leichte Kutschen und größere Waggons. Die kleine Kutsche, in der wir zu zweit sitzen durften, kann am besten mit einer Kutsche verglichen werden. Es war an ein mittelgroßes pferdeähnliches Tier angehängt. Ich hätte es ein Pferd genannt, wenn das Tier nicht gestreift wie ein Zebra gewesen wäre. Es erwies sich jedoch als ein starkes und schnelles Zugtier. Die Farbe ähnelte nicht der eines Zebras; dieses Tier war hellbraun und weiß. Tjai winkte Tilla, mit ihm zu gehen, Shala ging mit mir und Chram in einer dreisitzigen Kutsche mit Liege und Fahrersitz, und Beli und Maorion übernahmen natürlich die Führung.

Es wurde eine wundersame Fahrt. Zuerst war die Landschaft sehr eintönig: große grasbewachsene Ebenen mit grasenden Tieren. Es gab keine Straße; wir reisten auf einem Trampelpfad. Doch plötzlich hörte die Ebene auf und wir befanden uns in einem Tal zwischen den Bergen. Die Berge waren nicht besonders hoch - eigentlich eher niedrig - aber sie verliefen in einem gleichmäßigen Block zu beiden Seiten von uns. Es fühlte sich an, als ob wir in einem Korridor reiten würden. Die Berge waren kahl wie Felsen, aber hier und da gab es kleine Flecken mit dunklem Moos. Chram drehte sich um und rief:

"Wir sind auf dem Weg zur Stadt der Schlummernden, wo wir unsere Toten begraben und unsere Lebende Kraft besuchen. Für uns sind Leben und Tod miteinander verbunden, versteht ihr!" Er wandte sich wieder dem Zugtier zu und ich konnte ihn nichts mehr fragen, obwohl meine Fragen in meinem armen Kopf auf und ab rollten. Ich hatte gedacht, dass die gestrige Tanzaufführung eine Darbietung ihrer Religion war, aber anscheinend steckte mehr dahinter.

Es steckte wirklich mehr dahinter, und wir wurden mit

Szenen konfrontiert, die sich für immer in unser Bewusstsein einprägen würden. Ich habe noch nie eine hellere und reinere Religion erlebt. Es war sehr seltsam, dass die Zulus auf der Erde von diesem Volk abstammen würden. Wie könnte man es vermeiden, etwas so Einzigartiges und gleichzeitig so Großartiges mitzunehmen?

Die Stadt der Schlummernden erschien wie eine Fata Morgana vor unseren Augen, als der Bergkorridor endete. Sie ruhte in einem milden und klaren Licht. Es war, als würde man eine andere Realität betreten - aber daran war ich ja auch gewöhnt. Die Gebäude waren hell und so gestaltet, wie in dem Dorf, das wir verlassen hatten. Dorf oder Stadt, das spielte keine Rolle. Man musste alle ererbten Vorstellungen ausschalten, wenn man sich auf so einer Reise befand.

Diese Häuser standen in Reihen hintereinander, vielleicht zehn bis zwölf Häuser in jeder Reihe. Zwischen ihnen und der nächsten Gruppe von aufgereihten Häusern war ein See. Es war ein ziemlich kleiner See; er bedeckte genau den Raum zwischen den beiden Stadtteilen. Er war so intensiv bläulich-grün, dass ich ihn mit nichts anderem vergleichen konnte als mit der Blauen Grotte auf der Insel Capri. Die war genauso klar und durchsichtig wie dieser, den wir später entdeckten. Unsere Kutschen hielten an und wir sprangen heraus.

"Auf dieser Seite schlummern diejenigen, die alle Grenzen überschritten haben", sagte Beli und machte eine Geste nach links. "Auf der anderen Seite des Sees ist die Lebendige Kraft zu finden." Er deutete nach rechts. "Dort gibt es eine Brücke, damit die Schlummernden und die Lebenden sich gegenseitig besuchen können." Als wir näher hinsahen, sahen wir eine Hängebrücke, die meiner Meinung nach viel zu zerbrechlich wirkte. Hängebrücken haben mir noch nie gefallen. In der Mitte der Brücke war etwas, das wie ein Haus aussah - oder vielleicht ein Tempel.

"Folgt mir, wir werden zuerst die Stadt der Schlummernden besuchen", sagte Chram und führte uns zwischen den Häusern hindurch. Tilla sah ein wenig ängstlich aus, aber Belis Sohn nahm sie höflich unter den Arm und flüsterte ihr etwas zu, das sie scharlachrot werden ließ, und dann begann sie zu lachen. Shala schaute - vielleicht auf eine eifersüchtige Art? - auf sie.

"Tilla ist verliebt", erklärte sie kurz. "Engel können das nicht sein." Sie nahm meinen Arm und marschierte mit erhobenem Haupt in die Stadt der Toten. Und wie soll ich das beschreiben? Es gibt keine modernen Ausdrücke für das, was wir sahen. Die Stadt hatte auch nichts Schreckliches oder Gruseliges an sich; sie war so schön, dass sie einem den Atem raubte und man darum kämpfte, ihn wieder zu bekommen! Überall leuchteten Blumen. Jedes Haus war offensichtlich eine Siedlung für einen schlummernden Körper, denn Beli erklärte, dass die Seele ewiges Leben hat. Natürlich wusste ich das, aber es war schön, es auf dem Friedhof zu hören. Wir betraten die Häuser nicht; sie erwiesen sich als offen, sodass wir in sie hineinschauen konnten. Es gab Gräber in Form von blumengeschmückten Hügeln auf dem Boden. Überall war es wunderschön dekoriert, mit denselben Materialien und demselben Design, das wir im Haus unserer Freunde gesehen hatten. Außerdem war die ganze Zeit über ein leises, aber völlig klares Musikstück zu hören. Beli sah unser Erstaunen und lächelte.

"Die Schlummernden mögen Musik", sagte er. "Sie beschert ihnen schöne Träume."

Wir wanderten noch eine ganze Weile durch die offenen Häuser. Es war so ergreifend, und alles, was wir sahen, gab uns eine Vorstellung von der inneren Schönheit, die in den Menschen stecken musste, die das alles gebaut hatten.

"Jetzt gehen wir über die Brücke auf die andere Seite", rief Beli nach einer Weile. "In dem Tempel in der Mitte der Brücke lebt der Wächter. Ihr müsst ihn kennenlernen.”

Ich ließ mir nicht anmerken, wie sehr ich mich vor Hängebrücken fürchtete, jetzt, wo ich in körperlicher Form war. Shala ahnte Böses, als sie meine Miene sah und legte ihre Hand in meine.

“Folge mir einfach und schau geradeaus”, flüsterte sie. Ich biss die Zähne zusammen und folgte gehorsam in ihrem sanften Sog. Der kleine Tempel war fest in der Mitte der Brücke verankert und sah eher wie eine Hütte als ein Tempel aus. Es war kein Platz für mehrere Leute auf einmal, also mussten wir einzeln daran vorbei. Darin saß ein Zuid mit einem wunderbaren Lächeln. Der Kontrast zwischen seiner dunklen Haut und seinen weißen Zähnen war enorm. Er war in einen weißen, perlenden Lendenschurz gekleidet und trug einen weißen Umhang über den Schultern. Als ich an der Reihe war, vergaß ich völlig meine Angst, ließ Shalas Hand fallen und kniete vor ihm nieder. Mit einem Lächeln hob er mich hoch und plötzlich spürte ich, wie die Brücke schwankte. Vermutlich war ich genauso grün im Gesicht wie er schwarz war.

“Nimm dich vor deiner Angst in Acht, lieber Freund”, sagte er. “Ich existiere hier zwischen den Schlummernden und den Lebenden, und ich mag keine Angst.”

“Bist du der Gott der Zuiden?” fragte ich.

“Ich bin kein Gott, nur ein Wächter”, antwortete er und schaute mir tief in die Augen. “Es gibt nur einen Gott, einen Schöpfer, und alle Zuiden wissen, dass er im Zentraluniversum residiert. Deshalb haben wir diesen Wächtertempel in der Mitte der Brücke gebaut. Der Gesang und die Musik ist der Bote des Schöpfers; das wirst du bald erfahren. Gehe in Frieden in die Stadt der Lebendigen Kraft. Verlasse die Schlummernden in Liebe.”

Das war ein predigender Wächter, dachte ich, und huschte hinter Shala her. Doch meine Angst vor schwankenden Brücken war völlig verflogen, und wir kamen schnell ans andere Ufer hinüber. Dort gab es die gleiche Art von Häusern wie bei den Schlummernden, aber sie waren nicht offen, sondern tatsächlich "echte" Häuser. Jedes Haus war ein kleines Kunstwerk, genau wie bei der Heimat von Beli. Es gab noch einen weiteren Unterschied: Jedes Haus stand in einem Garten. Außerdem gab es jede Menge Bewohner, die uns fröhlich zuwinkten. Sicherlich war es schön hier, aber warum hieß die Stadt eigentlich "Stadt der lebendigen Kraft"?

Beli und Chram gingen zuerst, und als letzte in der Reihe waren Tilla und Tjai. Wir schlängelten uns zwischen den Häusern hindurch und erreichten nach einer Weile ein Gebäude, das den anderen nicht ähnelte. Es war rund, hoch und hatte ein spitzes, geflochtenes Dach. Wir traten ein.

"Hier lebt die Lebendige Kraft", erklärte uns Beli. "Wir haben die ganze Kraft, die der Schöpfer uns geschickt hat, gesammelt und diesen Turm um sie herum gebaut. Es ist eine lebendige Kraft; wartet nur ab und ihr werdet es sehen!"

Wir betraten einen sehr merkwürdigen Raum. Es war ein Gefühl darin, das alle sieben von uns innehalten und niederknien ließ. Die Luft war erfüllt von etwas, das nicht sichtbar, aber umso mehr spürbar war. Ein lieblicher Duft umgab uns. Vielleicht konnte man eine leichte Turbulenz in der Luft spüren, wie ein Licht, das in ständiger Bewegung war. Aber das Seltsamste von allem war der Ton. War er schön? War er laut? War es eine Melodie oder ein einzelner Ton? Ich kann keine dieser Fragen beantworten, obwohl ich dort war. Der Ton drang in mein Bewusstsein ein wie ein Glücksgefühl, das so stark war, dass es sich verboten anfühlte. Solch ein Glücksgefühl darf einfach nicht existieren; man sollte es nicht einmal spüren können, dachte ich, als ich, wie die anderen, mein Haupt beugte und diese Lebenskraft empfing. Ich weiß nicht, wie lange wir dort drinnen blieben. Ich glaube nicht, dass ein physisches menschliches Wesen es lange aushalten könnte, in der Kraft des inneren Wissens zu verweilen. Gleichzeitig, wie auf Kommando, verließen wir den hellen, angenehmen Raum in diesem anderen Turm. Draußen angekommen, fielen wir uns gegenseitig in die Arme. Wir waren erschöpft und gleichzeitig so unglaublich stimuliert von dem Besuch dort drinnen, dass wir den kurzen Weg zu unseren Pferden und Kutschen eher stolperten als liefen. Kleine Kinder rannten um uns herum und warfen uns Blumen zu. Die Menschen lachten und winkten und sangen. Es herrschte so viel Freude, dass auch wir singen wollten, und Beli, Chram und Tjai taten es bereits.

"Jetzt könnt ihr nicht mehr, oder?" fragte Beli mit einem Lächeln. Wir schüttelten den Kopf und er fuhr fort: "Wir gehen jetzt nach Hause und essen etwas."

Es war ein ziemlich langer Ritt zurück durch den Bergkorridor und dann endlose Felder mit grasenden Rindern. Tarrara erwartete uns mit einem Tisch, der mit leckeren Gerichten überquoll. Nach dem Essen wollte ich noch ein paar Fragen über die Kultur der Zuiden stellen.

"Als wir an eurem Steg anlegten und euch zum ersten Mal sahen", sagte ich, "waren Beli und Chram bewaffnet. Bedeutet das, dass gelegentlich feindliche Schiffe auftauchen? Habt ihr Feinde, und könnt ihr euch im Falle eines Angriffs verteidigen?"

"In den kosmischen Räumen, die man Universen nennt, leben nicht nur friedliche Menschen", antwortete Beli. "Unerwartete Besucher kommen manchmal aus einem anderen Universum, aus einer anderen Galaxie. Wir können uns verteidigen, aber wir mögen keinen Krieg; wir wollen nicht kämpfen und auch nicht solche Waffen benutzen, wie du sie vorgeschlagen hast. Die Waffen, die du gesehen hast, sind von einer anderen Art. Sie sind magisch. Sie vertreiben feindliche Fremde mit einer Art von Unsichtbarkeitstechnik. Deshalb ist es wichtig, dass wir die Besucher direkt bei ihrer Ankunft treffen. Vorzugsweise sollen sie ihre Ankunft vorher ankündigen; dann können wir uns vorbereiten. Diese Technik wurde nicht von den Zulus auf die Erde gebracht. Wir hielten es für zu früh, sie dort anzuwenden. Das tun wir immer noch. Außerdem ist es eine Tatsache, dass, wenn Seelen und manchmal auch verkörperte Menschen aus einem unserer sieben Universen heruntergeschickt werden, sie einen Teil der Kultur, aus der sie stammen, mitbringen, aber nicht alles. Sie müssen sich ihre Umgebung selbst erarbeiten und ihre Ideologien so entwickeln, wie ihre Sinne und Träume sie dazu leiten. Die Erde ist eine Art Schule, auch für sie."

"Werden die Bewohner aus einer Ursprungskultur von ihrem Ursprung geleitet?" fragte ich.

"Manchmal", antwortete Chram. "Der freie Wille hat viele in Schwierigkeiten gebracht, genau wie die Signale des Körpers, die oft die Seele übertönen. Ich glaube nicht, dass viele der Kulturen, die noch auf der Erde sind, auf ihre Quelle hören. Sie ist in ihrem Gedächtnis schon lange versiegt."

"Sie bräuchten eine Wiederbelebung dieser Erinnerungen", bemerkte Maorion und sah mich an. "Das ist deine Aufgabe, Jan. Du hast durch dein Medium noch Kontakt zur Erde. Du wirst über die Kulturen berichten, für diejenigen, die verstehen, dass das Negative nicht so weitergehen kann wie bisher."

Wir saßen auf der gemütlichen Veranda und unterhielten uns. Ich spürte, dass ich eine enorme Aufgabe vor den Menschen hatte, deren physisches Leben ich verlassen hatte. Das Jetzt in der wunderbaren Umgebung, in der ich wohnte, achtlos zu genießen, wäre auf Dauer nicht das Richtige. Ich glaube tatsächlich nicht, dass ein Mensch vom Stamm der Zulu in Afrika mir glauben würde, wenn ich ihm erzählte, was ich in seiner ursprünglichen Kultur erlebt habe. Man würde mich entweder auslachen oder als gefährlich einstufen und dann neutralisieren.

Die leichte Dämmerung, die wir als Vorbote der Nacht verstanden, senkte sich auf uns herab, und einige Lichter wurden auf der Veranda angezündet. Als ich hinausschaute, sah ich einen Schwarm Glühwürmchen, und als ich Beli erstaunt ansah, nickte er.

"Wir haben hier Glühwürmchen", sagte er. "Sie ähneln zwar nicht genau denen auf der Erde, aber sie sind völlig harmlos und sehr schön." Er streckte die Hand aus und fing einen der Käfer. Es sah aus wie ein kleiner Schmetterling mit leuchtenden Flügeln. Er saß ganz still in Belis offener Hand und schaute mich mit seinen leuchtenden schwarzen Augen an. Es war eine wundersame Begegnung! Ich streckte meine Hand aus, und bald flog das kleine Wesen zu mir herüber. Es war so winzig und leicht, und doch hatte es eine enorme Ausstrahlung und eine Hitze, die fast in meiner Hand brannte.

"Es gilt als Glückszeichen, wenn sich ein Glühwürmchen auf jemanden setzt", sagte Tarrara mit einem sanften Lächeln. "Es ist winzig, aber es hat für uns auch eine Art religiöse Bedeutung. Wir glauben, dass es einen Staub aus dem Zentraluniversum trägt und einen Gruß des Schöpfers mitbringt. Wenn so viele Glühwürmchen in der Dämmerung tanzen wie jetzt, dann ist das ein gutes Zeichen."

Ich wunderte mich immer mehr über dieses seltsame Volk. In diesem Moment wurden wir von Tilla unterbrochen, die sich zu uns setzte, zusammen mit Tjai. Sie hielten sich an den Händen, und es war Tjai, der um ihre Hand anhielt.

"Ich habe Tilla einen Antrag gemacht und ein Ja erhalten", verkündete er. Sein schönes, offenes Gesicht leuchtete. "Sie hat mir von den Esclamps und dem Grauen, in dem sie leben, erzählt, und ich werde ihr niemals erlauben, dorthin zurückzukehren."

"Wenn Tarrara glücklich ist über eure Liebe, dann bin ich es auch", sagte Beli. Tarrara umarmte die beiden Jungen.

"Ich würde es gerne sehen, wenn Tilla mit Tjai verheiratet wird", erklärte Maorion. "Aber zuerst muss sie uns ins Zentrum folgen. Den Esclamps muss geholfen werden, und wir haben beschlossen, ihr Anliegen in den höchsten Quartieren zu kommunizieren und um Hilfe zu bitten. Sie muss daran teilnehmen; sie ist die Einzige, die beschreiben kann, wie die Zustände bei den Hethitern sind. Wenn sie das getan hat, werde ich dafür sorgen, dass sie hierher zurückkehrt. Dann kann die Hochzeit stattfinden!

"Dann seid ihr alle drei eingeladen, daran teilzunehmen", bot Tarrara an. "Versprecht mir das!"

Wer verspricht nicht gerne, an einer Hochzeit in einem so interessanten und lohnenden Königreich wie Zuidum teilzunehmen? Eine gute Nachtruhe leitete die spannende Fortsetzung der Reise am nächsten Tag ein.

15. Die Etrusker

Es war ein herzzerreißender Abschied zwischen unseren jungen, verliebten Menschen. In meinem Herzen und meiner Seele war ich froh, dass beide ganz leibliche Personen waren, besonders als ich Shala murmeln hörte: "Von den beiden wird es wohl schöne Kinder geben..." Ich glaube, dass Shala auch ganz vernarrt in Tjai war.

Wir saßen alle schweigend im Boot. Ich glaube, keiner von uns wollte die schöne Gegend von Zuidum wirklich verlassen, und die Melancholie legte sich wie ein graues Netz über uns alle vier. Endlich, als wir auf dem blauen Wasser waren und nirgendwo Land sahen, sagte Maorion die lang erwarteten Worte: "Schließt eure Augen!" Und das taten wir.

Das Einlaufen in einen Hafen war immer sehr lustig, dachte ich. Die Häfen waren so unterschiedlich. Der Hafen, den wir erblickten, als wir die Augen öffnen durften, war sehr stilvoll und gut gebaut, und die Boote, die dort festgemacht waren, waren einfach unglaublich schön. Wir merkten, dass wir zu einem seefahrenden Volk gekommen waren. Es gab nicht nur kleine Boote, sondern auch große, prunkvolle Schiffe, die majestätisch in der leichten Brise schaukelten. Es herrschte reges Treiben am Kai und mehr noch: Es hätte ein moderner irdischer Hafen sein können, so gepflegt war er. Zwar gab es keine Dampf- oder Motorboote, aber sonst sah ich kaum einen Unterschied. Der Hafen mit seinem breiten Kai und seinen vielen Molen lag offenbar in der Stadt. Hohe Häuser ragten entlang der Straße auf. Ein Teil des Kais war sehr breit und es gab einen Markt. Natürlich sahen die Häuser nicht modern aus, aber auch sie waren gut gebaut und mit Malereien und Fresken verziert.

"Die Etrusker nennen sich Enisianer, und diese Hafenstadt heißt Enisium", erzählte uns Maorion. "Hier bin ich nicht bekannt, denn ich war bisher nur einmal hier. Die Enisianer sind, wie die Etrusker, sehr stolz, sehr elegant und höflich zu Gästen. Die Reichen leben ein luxuriöses Leben, während die Menschen draußen auf dem Land eher arm sind. Sie haben erfolgreiche Heerführer und Händler auf Kosten des Volkes, denn sie befinden sich oft im Krieg mit anderen Völkern, und es ist harte Arbeit sowohl in den Goldminen als auch bei der Suche nach Edelsteinen. Hier ziehe ich es vor, unbekannt zu bleiben und in der Menge unterzutauchen. Deshalb habe ich uns alle mit Kleidung ausgestattet, die der Mode folgt. Mode ist hier nämlich unheimlich wichtig. Die Etrusker auf der Erde waren wohl diejenigen, die am meisten von ihrer Herkunft mitbrachten und bis zuletzt versuchten, ihr Erbe zu verwalten."

Wir hatten keine andere Wahl, als dem Kapitän zu gehorchen! Dort unten in der großen Kabine wurden sehr elegante Kleider präsentiert. Es gab auch Perücken mit sehr aufwendigen Frisuren für die Mädchen. Wir fragten uns, woher Maorion seine ganzen Sachen hatte, aber ich beschloss, nicht zu fragen. Es war einfach da, bereit für uns. Und das war's dann auch schon. Bald kamen wir in unserer neuen Pracht und begannen den Kai-Spaziergang.

Es schien nicht so, als ob uns die Leute bemerkten, also verschmolzen wir wahrscheinlich mit der Menge. Nachdem wir eine Weile herumgelaufen waren und die schönen Häuser bewundert hatten, kamen wir an etwas an, von dem Maorion behauptete, es sei der Friedhof. Es fiel uns schwer, ihm zu glauben. Es war der stilvollste Friedhof, den ich je gesehen habe, wie eine eigene kleine Stadt am Rande der lebenden. Überall standen schöne Häuser und Skulpturen, die wahrscheinlich die Verstorbenen darstellten. Plötzlich kam ein kleiner Junge auf uns zugelaufen. Er war schön wie ein Engel, mit lockigen braunen Haaren und großen violett-blauen Augen. Aber er war ziemlich schmutzig. Er konnte sieben oder acht Jahre alt sein. Er stellte sich vor Maorion und mich und nahm uns langsam an die Hand.

"Wer seid ihr?", fragte er. "Ihr seid fremd hier. Wo kommt ihr her?"

"Wir sind nur für einen Tag zu Besuch hier", antwortete Maorion und lächelte. Ich hockte mich vor den Jungen und schaute in seine großen Augen. Dann sah ich, dass seine Kleidung zerrissen war und dass er barfuß war. Er war auch viel zu dünn.

"Wer bist du, und warum bist du allein?" fragte ich freundlich. "Willst du nicht nach Hause zu deinen Eltern gehen? Woher weißt du, dass wir Fremde sind?"

Der Junge begann zu weinen. Er weinte leise, seine Tränen flossen in Strömen, bevor er antwortete:

"Meine Eltern sind tot. Ich lebe in ihrem Grabhaus. Niemand kümmert sich um mich. Komm, und du wirst es sehen." Er nahm meine Hand mit seiner kleinen schmutzigen Faust und begann mich in Richtung eines der bemerkenswerten Gräber zu ziehen. Maorion sagte nichts; er folgte nur schweigend, genau wie die Mädchen. Der Junge brachte uns zu einem sehr eleganten Grabhaus. Es konnte nur von einem reichen Mann gebaut worden sein. Sicherlich war das auch an der Inschrift zu erkennen, die Maorion sofort entziffern konnte. Ungefähr so: *Hier liegen der große Calmu und seine schöne Frau Bia. Das Meer nahm ihre Herzen.*

"Meine Eltern sind im Meer ertrunken", erzählte uns der Junge. "Mein Name ist Bico. Ich bin sieben Jahre alt. Meinem Vater gehörte die Bootswerft, aber nach seinem Tod zog mein Onkel mit seiner ganzen Familie in unser Haus ein. Sie haben mich rausgeworfen. Ich habe keine Angst, mit den Toten zu leben. Hier fühle ich mich sicher.”

“Hm. Offenbar gibt es hier das Böse, zumindest in Form von Gier”, sagte Maorion. “Du musst dich waschen, kleiner Freund. Wenn du willst, kannst du mit uns kommen; wir werden diese Nacht in einem Gasthaus übernachten, und dann setzen wir unsere Reise morgen fort.”

“Mein Onkel hat zu Hause eine Weinstube eröffnet”, erzählte der Junge, während er mit einer Hand in meiner und einer in Maorions ging. Er schien ein wenig Angst vor den Mädchen zu haben. “Er war arm und hat Vater immer um Geld gebeten, aber jetzt hat er unseres bekommen.”

Es schien, als fände der Junge es schön, weiter zu plappern, doch dann sagte er etwas, das sowohl Maorion als auch mich kurz innehalten ließ.

“Ich wusste sofort, dass ihr nett seid”, versicherte der Junge. “Ich habe eine Freundin in meinem Kopf, mit der ich spreche, und sie sagt mir Dinge im Voraus. Sie sagte, ihr würdet dafür sorgen, dass ich mein Haus zurückbekomme. Aber das will ich nicht, ich möchte lieber mit euch gehen. Sie sagte, dass ich das vielleicht bekomme.”

“Wie heißt denn deine Freundin?” fragte ich.

“Einfach Si”, antwortete der Junge. “Manchmal sehe ich Si neben mir gehen und manchmal träume ich von ihr. Sie ist ein Kind, wie ich. Geht ihr zu meinem Onkel? Könnt ihr Monja für mich holen? Sie denkt wahrscheinlich, dass ich tot bin, aber ich sehne mich nach Monja.”

“Zuerst werden wir dich waschen und dir saubere Kleider geben”, sagte Maorion. Der Junge schien zufrieden und sagte nichts, bis wir in ein Gasthaus traten. Als der Wirt ihn erblickte, schlug er erstaunt die Hände zusammen.

“Na, sieh mal an, wer da ist! Habt ihr den kleinen Bico gefunden?”, rief er aus. “Seine Verwandten sagten, er sei tot, und niemand hat ihn mehr gesehen, seit seine Eltern bei einem Bootsunfall ums Leben kamen." Er rief nach seiner Frau, die das Kind ebenfalls erkannte. Sie wurde sofort angewiesen, ihn zu baden, und Maorion buchte zwei Zimmer und fünf Betten für uns. Dann beauftragte er den Wirt, den Jungen mit neuer Kleidung zu versorgen.

Als wir uns zurechtgemacht hatten, gingen wir die Treppe hinunter in den Speisesaal des Gasthauses. Es war an der Zeit, unsere leiblichen Mägen zu füllen. Nach einer Weile kam Bico zu uns gelaufen und setzte sich vertrauensvoll auf meinen Schoß. Er roch frisch und sauber, sein Haar war noch ein Wirrwarr aus nassen Locken und er hatte saubere, schicke Kleidung an. Er bekam etwas zu essen und dann schlief er sehr schnell mit seinem Kopf an meiner Schulter ein. Ich wagte nicht, mich zu rühren, und war sehr gerührt. Ich erinnerte mich plötzlich daran, wie meine irdischen Kinder zu mir kamen und auf meinem Schoß sitzen wollten. Es schien sehr weit weg zu sein, aber ich erlebte den Geruch und die tiefen, ruhigen Atemzüge eines schlafenden Kindes wieder. Die Mädchen waren dieses Mal nur Zuschauerinnen.

"Er kann wahrscheinlich hellsehen", sagte Shala schließlich und strich dem Kind sanft über die Haare. "Werden wir seinen Onkel besuchen?"

"Natürlich", antwortete Maorion. "Wir werden morgen früh dorthin gehen. Dieses Kind soll nicht in einer Gruft schlafen und unter dem Müll nach Essen suchen. Sicherlich muss es in dieser Stadt Gerechtigkeit geben."

Ich lernte, dass nicht alle Planeten gerechte, gute Bewohner hatten. Diese exquisite Stadt mit ihren lebhaften, stilvollen Bürgern barg viele Geheimnisse. Maorion unterhielt sich noch eine ganze Weile mit dem Wirt, bevor wir zu Bett gingen, und ich verstand, dass er Fakten über Bico herausfand. Es gab drei Betten in unserem Zimmer, und ich deckte den kleinen Jungen zu. Er schlief so tief, dass ich verstand, dass sein Schlaf wahrscheinlich oft auf dem Friedhof gestört worden war.

Der kleine Junge überraschte uns wirklich. Er war altklug, aber das war nicht das Einzige. Er las unsere Gedanken und wusste, wohin wir gehen wollten, was er uns in seiner kindlich eifrigen Art mitteilte. Er war am nächsten Morgen quicklebendig und schien mich besonders ins Herz geschlossen zu haben.

“Du bist meinem Papa sehr ähnlich”, sagte er und gab mir einen Klaps auf die Wange. “Möchtest du jetzt mein Papa sein?” Ich nickte, denn es war schwierig, diese Frage zu beantworten. Er brauchte Sicherheit. Aber wir ließen ihn in der Obhut der Mädchen, denn wir wussten nicht, wie sein Onkel reagieren würde, wenn er seinen Neffen leibhaftig zu Gesicht bekäme, nachdem er das Gerücht verbreitet hatte, er sei tot.

Ein Dienstmädchen öffnete die Eingangstür zu dem prächtigen Haus. Dies war also Bicos rechtmäßiges Zuhause. Ich spürte Wut in mir aufsteigen und hoffte, dass ich sie beherrschen konnte. Maorions Gesichtsfalten waren völlig in Ordnung, als er sagte, dass wir mit dem Onkel sprechen wollten und dass es ums Geschäft ging. Das Mädchen sah uns von unten nach oben an, dann schlug sie die Tür zu. Wir blieben stehen, bereit, in den Kampf zu ziehen, wenn es nötig sein sollte.

Doch nach ein paar Minuten tauchte der Herr des Hauses auf. Er schien etwas wackelig auf den Beinen zu sein, was ich für zu früh am Morgen hielt. Er bat uns nicht herein, sondern kam auf den Hof - oder wie man den grünen, blumigen Fleck vor der Tür nennen soll - hinaus.

“Ich kenne euch nicht”, sagte er überheblich. Er sah uns suchend an, aber da wir genauso elegant gekleidet waren wie er, fuhr er fort. “Ihr wollt mit mir über Geschäfte reden? Habt ihr etwas zu verkaufen?”

“Nein”, sagte Maorion, “aber wir kannten deinen Bruder. Er

hat einen Sohn namens Bico hinterlassen." Der Onkel wurde blass, sammelte aber schnell seinen Verstand.

"Sie sind alle tot", sagte er, "mein Bruder, seine Frau und ihr Sohn, der das einzige Kind war."

"Du wohnst in seinem Haus?", fuhr Maorion fort, und sein Ton wurde strenger. "Hast du es geerbt?"

"Natürlich", antwortete der Mann hochmütig. "Das geht dich nichts an."

"Es ist dein Neffe, der der direkte Erbe ist", sagte Maorion. "Es ist sein Haus. Er ist am Leben. Er ist verschwunden, als du ihm sein Haus weggenommen und ihn auf die Straße gejagt hast."

"Nein, genug ist genug. Utana, komm!" Letzteres rief er ins Haus und eine Frau, die offenbar in der Nähe gewesen war, kam angerannt. Sie sah zwar gut aus, aber ihr Gesicht war unfreundlich - nun ja, bösartig. Der Mann erklärte ihr, dass wir Fremde seien, die behaupteten, dass Bico noch am Leben sei. Sie schnaubte und verschränkte die Arme vor der Brust.

"Zweifelsohne handelt es sich um einen Hochstapler. Bico ist tot, das weiß ich. Wir haben den Reichtum meines Schwagers geerbt und wir wollen nicht, dass sich jemand daran zu schaffen macht."

"Es gibt hier eine Justiz und wir haben uns um Bico gekümmert, der vielen bekannt ist. Der Junge hat im Grabhaus seiner Eltern gelebt und jetzt fordert er sein Zuhause zurück. Wir werden dafür sorgen, dass er es bekommt." Maorions Gesicht war sehr ernst.

Mehrere Diener waren aus dem Haus gelockt worden und hörten eifrig zu, trotz der Versuche der wütenden Utana, sie zu verjagen. Eine stämmige Frau mittleren Alters drängte sich zu mir vor.

"Lass mich dich begleiten", sagte sie. "Ich bin die Krankenschwester des Jungen und habe mich bis vor ein paar

Monaten um ihn gekümmert, als er verschwand. Die Frau dort drüben hat ihn mit einem Stock weggejagt. Dann hat sie uns Dienern gedroht und gesagt, dass sie uns umbringen würde, wenn wir in diesem Haus noch ein Wort über Bico verlieren. Sie ist eine Hexe!" Die Krankenschwester zeigte auf Utana, die zischte und schnappte und schrie, dass wir einer Dienerin nicht glauben sollten. Zusammen mit der Krankenschwester verließen wir schnell die schreckliche Frau und ihren unangenehmen Mann.

Wir eilten zurück zum Gasthaus. Bico saß im Garten und spielte eine Art Puzzle mit unseren Mädchen. Als er die Krankenschwester erblickte, stieß er ein Heulen aus und warf sich in ihre Arme. Es war wirklich ein rührendes Wiedersehen, und niemand konnte daran zweifeln, dass Bico der richtige Bico war. Die Krankenschwester, die Monja hieß, hatte miterlebt, wie Utana ihn weggejagt hatte. Sie hatte überall nach ihm gesucht und mit jedem gesprochen, den sie kannte, aber der Junge blieb verschwunden. Niemand ahnte, dass er sich im Grabhaus seiner Eltern versteckte und dass seine Angst vor der Tante und dem Onkel so groß war, dass er sich von dort nicht hinaus wagte. Kein Wunder, dass er Angst vor Frauen hatte, dachte ich. Wir bekamen viele wertvolle Informationen von Monja.

"Bico wurde in der Stadt der Toten in Frieden gelassen", sagte sie. "Dorthin geht man nur, wenn man etwas zu erledigen hat. Das Grabhaus seiner Eltern umfasst viele Räume und man kann sich darin leicht verstecken. Anfangs gab es Essen, wie es der Brauch ist, den die Toten bei sich haben sollten, aber ich glaube, es hat nicht lange gehalten. Viele haben nach Bico gefragt, und sein Onkel hat geantwortet, dass er tot ist und schriftlich bewiesen, dass ihm das Haus gehört. Das Schreiben ist gefälscht, denn ich habe gesehen, wie der Onkel und seine böse Frau es verfasst haben. Sie ist verhasst; sie behandelt uns

Diener wie die Pest. Kann ich für dich auf meinen kleinen Jungen aufpassen?"

"Der Junge ist hellsichtig", erklärte Maorion. "Wir würden ihn gerne zuerst auf eine Reise mitnehmen, aber es wäre ausgezeichnet, wenn du uns begleitest. In der Zwischenzeit werde ich das Gesetz in dieser Stadt in Gang bringen. Bico soll sein Haus zurückbekommen und den Reichtum, der noch übrig ist. Es gibt noch mehr Zeugen, dass Bico lebt, wie zum Beispiel der Gastwirt, der seinen Vater kannte."

"Ich bin ein wenig überrascht", sagte ich etwas später, als ich mit Maorion allein war. "In diesem Land scheinen die Dinge genauso zu funktionieren wie auf der Erde, zumindest als ich sie verlassen habe. Die Menschen täuschen und betrügen sich gegenseitig, und Hass ist genauso verbreitet wie Liebe. Warum wolltest du uns das zeigen?"

"Weil die Quellen nicht immer reines Wasser haben", antwortete er kryptisch. "Viele Seelen der Etrusker sind nach ihrem irdischen Leben hierher zurückgekehrt. Sie haben das weitergeführt, was sie auf der Erde gemacht haben. Aber nicht alle, Gott sei Dank. Der kleine Bico ist ein klarer Beweis für die Möglichkeiten, die es hier gibt. Er ist eine kleine Seele, die mit seinem Gepäck außergewöhnliche Gaben erhalten hat. Er muss sie nur richtig entfalten, und dafür werden wir sorgen. Das war der Zweck unseres Besuchs hier. Ich wusste es nicht von Anfang an, ich wusste nur, dass wir hierher kommen mussten. Bico wird eines Tages der Herrscher der Enisianer sein, und deshalb ist es wichtig, dass er das richtige Fundament bekommt, auf dem er stehen kann."

"Warum will er uns bis ins Zentrum folgen, nachdem was ich verstanden habe?" wunderte ich mich.

"Weil er dort sicherlich erkannt wird", antwortete Maorion. "Weil er einige Dinge wissen muss, die ich ihm nicht vermitteln kann. Es wird wohl einige Zeit dauern, den bösen Onkel aus

Bicos Haus loszuwerden, aber ich habe mit dem Gastwirt gesprochen, der uns helfen wird. Er kennt mehrere Leute innerhalb des Justizsystems hier. Jetzt werden wir noch zwei weitere Passagiere auf das Boot holen. Ich denke, wir werden sie in die Kabine verfrachten, wenn es Zeit ist, die Augen zu schließen!"

16. Taoismus - Die ursprüngliche chinesische Kultur

Bico flog wie eine kleine Hummel auf dem Boot herum. Er musste alles erforschen und Fragen über alles stellen. Schließlich verstand er, dass Shala und Tilla ziemlich harmlos waren und dass sie vielleicht gute Spielkameraden sein könnten. Er war sehr klein in seiner Statur, aber groß in seinem Denken. Bevor wir die Enisianer verließen, schickte Maorion die Krankenschwester, um Kleidung für die beiden zu kaufen. Auch die Essensvorräte wurden aufgestockt, da wir nun einen kleinen hungrigen Burschen zu füttern hatten. Die Krankenschwester übernahm das Kochen, und mit einem Seufzer der Erleichterung übergab Maorion ihr diese Aufgabe. Ich weiß nicht, ob sie verstanden hatte, was wir waren oder dass das Schiff eine andere Welt war, in der das Physische und das Nicht-Physische Seite an Seite gingen. Es stimmte, dass Tilla physisch war, aber sie hatte zuvor das Essen gekocht, das sie für sich selbst brauchte. Jetzt gab es drei physische Mägen an Bord. Um ehrlich zu sein, weiß ich nicht, wie physisch Maorion war. Zumindest aß er nur, wenn wir an Land waren, genau wie Shala und ich.

"Wir werden jetzt zwei verschiedene Kulturen besuchen", verkündete Maorion. "Die eine ist eine alte chinesische Lehre namens Tao. Die andere ist genauso alt, allerdings japanisch, und wird Shinto genannt. Es gibt so viele Ähnlichkeiten zwischen ihnen, dass man sich fragen könnte, warum wir einen Unterschied zwischen Chinesen und Japanern machen. Das wurde hier, in ihrem Ursprung, nicht gemacht. Aber als sie auf die Erde kamen, kam es zu einer Spaltung und sie wurden zu zwei verschiedenen Volksgruppen."

Ich erzählte Bico Märchen. Das gefiel ihm sehr und er wollte immer mehr davon hören. Dabei machte er zu allem, was ich ihm erzählte, sehr weise Aussagen. Er mochte Hänsel und Gretel nicht. Als die Kinder die böse Hexe in den Ofen warfen, machte Bico einen wütenden Schrei.

"Dumme Kinder!", schrie er. "Sie haben die Hexe getötet. Auch wenn sie böse war, hätten die Kinder sie nicht töten dürfen. Sie hätte vor einem Gericht verurteilt werden müssen, wie alle anderen Ungeheuer. Wir haben ein Gericht in unserer Stadt, und die Richter dort könnten sie zum Tode verurteilen, wenn sie es wollten. Kinder sollten solche Dinge nicht tun."

Ich schwieg und dachte, dass er vielleicht eines Tages in der Zukunft ein guter Anführer für sein Volk werden würde. Wir befanden uns gerade in der Zukunft, aber diese Zukunft hatte sicher auch eine Zukunft. Die Sache mit der Zeit wirbelte in meinem Kopf herum. Die Zeit war ein schwer fassbarer Schatten, der vorwärts oder rückwärts ging, wie es ihm in diesen Breitengraden gefiel. Ich fragte Bico, wie er die Zeit wahrnimmt.

"Sie existiert", nickte er, "aber sie existiert jetzt. Morgen wird sie auch jetzt sein, so wie sie gestern war. Si sagt mir normalerweise, dass die Zeit Lücken hat, durch die man reisen kann."

"Wir reisen gerade durch eine", sagte ich. Dann erzählte ich ihm, was ich über das irdische China und Japan wusste. Er hörte sehr aufmerksam zu, doch in diesem Moment erschien Maorion. Es war Zeit, die Augen zu schließen, und Bico durfte zusammen mit der Krankenschwester unten in der Kabine die Augen schließen.

Diesmal warfen wir den Anker in einer wunderschönen Lagune. Ich sah keine anderen Boote, also würden wir wohl unser eigenes Beiboot benutzen müssen. Die Vegetation rund um diesen schönen Ort war üppig, die Bäume bogen ihre Äste bis ins Wasser und weiter in Richtung Strand wuchsen große tiefrosa Lotusblumen. Unser kleines Beiboot musste sich seinen Weg durch die mächtigen, saftigen, grünen Lotusblätter pflügen. Wir fuhren zu dritt; die ersten, die an Land gingen, waren Maorion, Shala und ich. Dann holten wir Tilla und die anderen ab. Das Mädchen erwies sich als wahre Urgewalt, wenn es darum ging, das Boot festzumachen, das Beiboot zu rudern und solche Aufgaben zu erledigen. Wie wir wissen, war sie auch drüben bei den Hethitern eine gute Kutscherin gewesen.

"Keine Menschenseele", stellte ich fest, als wir alle versammelt am Strand standen. Bico hüpfte herum wie ein Hase, und nur Monja konnte ihn beruhigen. Er gehorchte ihr.

"Ich frage mich, ob das nicht ein Teil eines Gartens ist", sagte Marion. "Wenn wir diesen kleinen Pfad entlang gehen, kommen wir bestimmt zu einem Palast."

Maorion hatte recht. Wir brauchten nicht weit zu gehen, bis ein Märchenschloss vor unseren staunenden Augen lag. Eigentlich war es kein zusammenhängendes Gebäude, sondern mehrere pagodenartige Häuser, von denen ein blumengeschmückter Bogen in den Garten führte, in dem wir staunend standen. Derjenige, der sich zuerst auf den Weg machte, war natürlich Bico. Monja rief ihm zu, doch diesmal war er furchtbar ungehorsam. Maorion schüttelte den Kopf, aber ich bemerkte, dass er sich ins Fäustchen lachte. Ich rannte hinter dem Jungen her, der nun durch den Bogen gegangen war und direkt durch das Tor der mittleren Pagode huschte.

Als ich, schnaufend in meinem verschwitzten Menschenfleisch, dasselbe Tor erreicht hatte, hatten sich die Bewohner des Hauses bereits auf den Weg nach draußen gemacht, mit Bico an der Spitze.

"Juhu, es ist wirklich schön hier!", rief er. "Wir dürfen alle rein."

Etwa zehn Personen standen verbeugend vor mir. Es waren kleine Menschen, und es war nicht zu übersehen, dass sie Chinesen waren. Sie waren in pastellfarbene Kostüme gekleidet, und es waren sowohl Männer als auch Frauen. Als Maorion sich ihnen näherte, fielen sie auf die Knie und grüßten ihn. Natürlich dachte ich, dass sie das auch für mich hätten tun können, aber mein hässliches Gesicht und meine beachtliche Größe hätten sie vielleicht abgeschreckt. Wir wurden alle in die Pagode geführt. In der Halle zogen wir unsere Schuhe aus und bekamen stattdessen Hausschuhe, was mir Probleme bereitete. Es gab keine Hausschuhe, die für so große Füße wie meine passten. Ich lächelte und versicherte, dass ich in meinen Strümpfen eintreten könnte, aber anscheinend war das nicht angemessen. Zwei kleine Frauen eilten auf mich zu, jede mit ihrem eigenen schönen Stück Stoff, das sie mir um die Füße banden. Shala und Tilla kicherten mit Bico um die Wette.

Die große Halle, die wir betraten, ähnelte fast einer Kirche, nur dass es keine Heiligenbilder gab. Auf jeden Fall glitzerte es in allen möglichen Gold- und Glitzertönen. Sieben Personen saßen in einem Kreis auf einem Teppich in der Mitte des Saals. Darunter waren sowohl Männer als auch Frauen. Sie waren alle in Weiß gekleidet. Einer der Männer stand auf und kniete vor Maorion nieder - schon wieder!

"Willkommen, großer Meister!", sagte er. Da ich seine Worte verstand, nahm ich an, dass die "Übersetzungs-maschine" in uns wieder angeschaltet worden war. Offenbar war Maorion an diesem Ort bekannt. Die Sieben machten Platz und gaben uns ein Zeichen, uns auf den Teppich zu setzen. Wir setzten uns mit gekreuzten Beinen hin, was allen gut gelang, außer Monja. Sie war ziemlich mollig und hatte einige Schwierigkeiten, ihre Beine in die richtige Position zu bringen. Schließlich zog ein lachender Bico sie in jede Richtung, während die Schwester einen Schmerzensschrei unterdrückte.

"Ihr seid zu den Tao-Praktikern gekommen", erklärte der Chinese, der zuerst aufgestanden war. "Wisst ihr etwas über uns? Wir sind Verehrer der Natur."

Bico sprang auf und begann, die Halle zu untersuchen. Monja wollte ihn aufhalten, aber sie hatte Mühe, sich aus ihrer unfreiwilligen Lotussitzposition zu erheben.

"Bitte entschuldigt den Jungen", rief sie. "Er hat in einer Gruft gelebt, deshalb hat man ihm noch keinen Sinn und keine Manieren beigebracht." Der in Weiß gekleidete Mann lächelte freundlich.

"Es gibt nichts zu entschuldigen", antwortete er. "Wir machen keinen Unterschied zwischen richtig und falsch. Ein Kind, das von seiner eigenen spontanen Vitalität angetrieben wird, steht dem Gott und dem wahren Sinn des Lebens näher als wir anderen, die wir urteilen und verändern. Wir streben nach Unsterblichkeit, und wir versuchen ständig, dem Himmel einen Schritt näher zu kommen."

Er gab den anderen sechs ein Zeichen, und wie auf Kommando erhoben sich die sieben sitzenden Chinesen mehrere Meter hoch in die Luft.

"Die Taoisten sind Experten im Schweben", flüsterte Maorion. Selbst der kleine Bico war still geworden und starrte mit staunenden Augen auf die Gestalten, die sich zur Decke erhoben. Ihre weißen Kleider schienen durchsichtig zu sein, und sie befanden sich in einem unwirklichen Licht. Es dauerte ein paar Minuten; danach stiegen sie genauso langsam herab, wie sie aufgestiegen waren. Ein paar Minuten lang saßen sie vollkommen still, mit geschlossenen Augen und einem Lächeln auf den Lippen. Sie schienen vollkommen gesegnet zu sein. Ich fühlte mich ziemlich aufgewühlt von diesen weltfremden Menschen, und das war auch etwas, das sie auf die Erde brachten. Wir waren wirklich an der Quelle des Tao.

"Der große Dichter T'ao Ch'ien hat während seiner menschlichen Wanderschaft in dem, was ihr Zukunft nennt, Folgendes gesagt", fuhr der weißgekleidete Mann fort:

"Gib dich dem Kreislauf der Dinge hin,
ergebe dich den Wellen des großen Wandels,
weder glücklich noch ängstlich,
und wenn es an der Zeit ist zu gehen, dann gehe, ohne
unnötigen Ärger."

Das war alles ein bisschen zu viel für mich. Ich erhob mich und rief aus:

"Sind wir in der Vergangenheit, in der Gegenwart oder in der Zukunft? Haben Sie jegliche Wahrnehmung der Zeit verloren? Der Dichter, den Sie zitieren, ist noch nicht auf der Erde geboren, und wenn wir dort sind, wo ich denke, dass wir sind..."

"In diesem Moment sind wir dort, wo wir sein wollen", antwortete der kryptische Mann mit einem seltsamen Glanz in den Augen. "Tao ist die vollkommene, allumfassende Ganzheit, das Prinzip des Universums..."

"Ich bin hungrig!" Bicos Heulen und Schreien unterbrach die feierliche Rezitation. Das Seltsame war, dass die drei Frauen im kosmischen Kreis schnell auf die Beine kamen und verschwanden. Es dauerte nur wenige Minuten, bis sie zurückkehrten. Sie rollten niedrige Tische vor sich her, die mit Essen beschwert waren. Mit einem humorvollen Lächeln - das ich ihm nicht zugetraut hätte - gab der Weißgekleidete das Zeichen, dass wir uns die Köstlichkeiten einverleiben sollten. Die feierliche Atmosphäre verwandelte sich in ein lautes Schmatzen und eine zufriedene Versammlung von Menschen, die aßen und aßen.

Jede Mahlzeit war ein Genuss für mich. Als ich das erste Mal wieder essen konnte, traute ich mich kaum, es zu genießen, aber jetzt genoss ich es umso mehr. Niemand, der nicht lange auf Essen verzichtet hat, kann das Vergnügen verstehen, die Zähne in einem saftigen Apfel oder einer Birne zu vergraben, oder leckere Nüsse zwischen den Zähnen knistern zu lassen, eine himmlische Soße oder Suppe in den einladenden Bauch hinabfließen zu lassen.

Nach dem Essen machten die Sieben keine Anstalten, ihre Meditationen fortzusetzen, sondern führten uns hinaus in den prächtigen Garten, der mit Früchten, Beeren und Blumen nur so strotzte.

"Der Taoismus existiert noch auf der Erde", flüsterte mir Maorion zu, während wir einige Blumenbeete bewunderten. "Deshalb war es so wichtig, seine Ursprünge kennenzulernen. Die Menschen hier sind sehr glücklich. Sie verehren und lieben die Natur, und du siehst, was für eine Pracht sie vollbracht haben. Es gibt hier sehr viel Magie, aber sie wollen es nicht zugeben. Ihr Streben, unsterblich zu werden, zeigt sich in ihrer Fähigkeit zu schweben und in der Vollbringung anderer Merkwürdigkeiten, die ich dir nicht erlauben werde, daran teilzunehmen. Wir verlassen diesen Ort bereits heute Abend, um uns auf den Weg zu den Shinto-Anbetern, dem japanischen Ursprungsvolk, zu machen. Manchmal treffen sich Tao und Shinto, um ihre Erfahrungen innerhalb der beiden unterschiedlichen kulturellen Traditionen zu diskutieren. Es gibt ein starkes geschwisterliches Band zwischen ihnen, aber als sie auf die Erde kamen, wurde dieses Band verändert. Es wurde nicht gebrochen, aber es wurde sehr verändert."

Die sieben Taoisten kehrten zu ihrer Meditation zurück, nachdem sie sich von uns verabschiedet hatten. Die zehn jungen Chinesen, die offenbar eine Art Diener waren, begleiteten uns zur Lagune, beladen mit Bündeln, die Geschenke für uns enthielten.

"Das kann doch nicht im ganzen Land so sein, oder?" fragte ich mich auf unserem Weg zum Boot. Ich schleppte den schlafenden Bico, der während Monjas Aufsicht relativ ruhig geblieben war. "Dann würden sie ja gar nichts mehr erreichen."

"Das Seltsame ist, dass es so ist", erwiderte Maorion. "Sie kriegen die Dinge erledigt, auch wenn sie schwebend dasitzen. Sie haben natürlich ihre Helfer, all diese Diener. Sie sind nicht das, was wir als Diener bezeichnen würden, sie sind eher die Schüler der Sieben, die hoffen, irgendwann ihre eigenen Meditationsgruppen zu bilden. Dieses ganze Land ist auf den Beziehungen zwischen den Meistern und ihren Schülern aufgebaut. Es ist die Art von Beziehung, die man überall sieht, also war es genug, dass du sie hier gesehen hast. Jetzt werden wir weiterziehen!"

Mit einer gewissen Erleichterung, dachte ich. Der Besuch bei den Taoisten war interessant, aber er passte nicht zu meiner Mentalität. Ich bin nicht der Typ, der sich in träumerischen Gedanken verliert und er, der Junge, der über meiner Schulter hing, war es auch nicht. Er muss lernen, die Aktivitäten richtig zu handhaben für die Aufgabe, die ihn erwartet. Ich nahm die Ruder des Beibootes und ruderte uns zurück zu unserem eigenen geliebten Schiff, das in der zunehmenden Dunkelheit der hellen Lagune malerisch im Strandwasser dümpelte.

17. Shinto - Die ursprüngliche japanische Kultur

Wir waren noch nie am Abend losgefahren. Jetzt leuchteten die Sterne, aber es waren andere Sterne als die, die ich kannte. Zwei Monde kämpften um Platz am Nachthimmel, und sie warfen einen geisterhaften, aufregenden Doppelstreifen auf das Wasser, als wir die Lagune verließen. Ich verstand, dass wir diese Nacht an Bord schlafen würden, und unser Kapitän bestätigte die unausgesprochene Frage.

"Wir müssen die Nacht zwischen Janne und mir aufteilen", sagte er, als wir uns im Boot niederließen. "Du kannst die erste Schicht übernehmen, Jan, und dann werde ich mich eine Zeit lang ausklinken. Es wird kein Problem sein, unseren Kurs zu halten; wir fahren die ganze Zeit geradeaus. Weiche nur nicht ab; das Schiff schätzt das nicht!" Er lachte und übergab das Ruder in meine Hände. Wie bereits erwähnt, bin ich kein gelernter Segler und verwende vielleicht die falschen Schiffsbegriffe. Bitte, entschuldigt den Mangel an Seeverstand eines verwirrten Engels!

Ich saß wohl etwa eine Stunde lang und betrachtete den Kampf der beiden Monde um die Vorherrschaft am Firmament, als Bico auf nackten Füßen herbeigetrappelt kam.

"Monja schläft und sie schnarcht, deshalb kann ich nicht schlafen", erklärte er. "Darf ich eine Weile bei dir bleiben?"

Ich konnte es ihm nicht verwehren und er begann, das Heck systematisch zu untersuchen. Der Junge war ein Wunder an Neugier, aber das war auch gut so, denn er versprach ein guter Schüler zu werden. Nachdem er seine Nase in jeden Winkel gesteckt hatte, kam er zu mir und fragte, ob er das Boot steuern könne.

"Eine kleine Weile", nickte ich, "während ich dich beobachte. Du darfst das Ruder nicht eine Haaresbreite von der aktuellen Einstellung abweichen." Der Junge ergriff aufgeregt das Ruder und ich beschloss, ihn jede einzelne Sekunde zu beobachten. Doch es kam anders. Ich hatte vergessen, wie müde ich war, und als ich mich neben ihm auf einen Klapphocker setzte, schlief ich sofort ein. Doch Bico hielt sein Versprechen nicht ein.

Ich wurde durch einen schrecklichen Knall und ein rasselndes Geräusch geweckt. Das Schiff kippte um, als ein Sturm losbrach. Sturm und Regen peitschten gegen die Scheiben, und ich sah, wie das Meer an wütender Stärke zunahm und die Wellen gegen das Deck schlugen und die Masten zu brechen drohten. Bico lag bewusstlos da. Im selben Moment kam Maorion hoch, noch im Halbschlaf und wütend wie eine Biene.

"Kannst du das Ruder nicht halten, verdammter Engel!", schrie er. In diesem Moment wurde mir klar, dass er mehr Mensch als Geist war.

"Ich bin wohl eingeschlafen", rief ich, entsetzt über das, was Bico angerichtet hatte. "Der Junge hat das Ruder für einen Moment an sich gerissen, und er muss es verstellt haben."

Maorion antwortete nicht, sondern griff mit fast übermenschlicher Kraftanstrengung nach dem Ruder, denn es war vom Sturm beeinflusst und sehr steif. Bevor er Zeit hatte, mir noch etwas Beschimpfendes zuzurufen, nahm ich Bico in die Arme und zog mich schnell in die Kajüten zurück. Ich legte ihn in meine Koje und ging dann wieder hinauf zum Kapitän. Ich sollte mir eine ordentliche Standpauke gefallen lassen; ich hatte es verdient. Das Schiff lag wieder ruhig auf den Wellen. Der Sturm war vorbei und die beiden Monde warfen ein fahles Licht auf die Wellen. Die Sterne funkelten wie Diamanten und die Luft war klar und sauber. Ich schlich mich auf die Brücke des Kapitäns und sagte:

"Schimpf nur mit mir, Kapitän, ich habe es verdient." Zu meinem großen Erstaunen drehte sich Maorion um und schenkte mir ein strahlendes Lächeln.

"Ja, in der Tat!", sagte er. "Aber das werde ich nicht tun. Jetzt sind wir in ruhigen Gewässern und haben den richtigen Kurs, und alles ist gut. Ich hätte den Burschen wohl selbst eine Weile das Boot steuern lassen, wenn er mich darum gebeten hätte. Wenigstens weißt du jetzt, was neben unserem Kurs lauert. Hätte der Bursche in die andere Richtung gesteuert, wäre es noch schlimmer geworden. Wir befinden uns in einem Niemandsland zwischen den Welten, wo alles passieren kann. Geh ins Bett, Janne, dein Gesicht ist so weiß wie eine Hühnerfeder."

Ich schaute nach Bico, der eine üble Schwellung an der Stirn hatte, dann legte ich mich neben ihn und schlief sofort ein. Ich wachte erst wieder auf, als am nächsten Morgen eine entsetzte Monja an die Tür klopfte und sich fragte, wo das Kind geblieben war. Bico wachte auf und schien wieder munter zu sein, denn er sagte, dass er hungrig sei, sobald er seine Pflegerin erblickte.

Unsere menschlichen Mitreisenden schafften es gerade noch, ihr Frühstück zu beenden, bevor das Boot den nächsten Hafen anlief - dieses Mal bei den japanischen Urvölkern.

Hier gab es einen Steg, aber er sah sehr instabil aus. Es schien, als wäre er aus geflochtenem Bambus gemacht. Er war am Strand befestigt und auch an zwei Pfählen, die ins Wasser gestoßen wurden. Dazwischen war eine schaukelnde Hängematte über einen Steg, die ich mit einem Schaudern betrachtete. Angst wollte aufkommen, doch dann sammelte ich mich. Was hatte der alte Wächter auf der Brücke bei den Zulu-Leuten gesagt? Jetzt musste ich mich zusammenreißen. Mehrere Boote lagen dort, und es schien, als wären sie fest verankert. Diese Boote waren kleiner als unsere und aus einem leichten Material gebaut, das nicht besonders haltbar aussah - aber wahrscheinlich war es das.

Kleine Japaner in bunter Kleidung liefen hin und her. Zuerst dachte ich, dass ihre Gesichter völlig identisch mit den Gesichtern der Chinesen waren, aber bei näherem Hinsehen musste ich meine Meinung ändern. Sie stürmten auf unser Boot zu und warfen ihre Arme um uns und lächelten sonnig. Wir waren sicherlich auch hier willkommen. Zu meiner Überraschung kamen Shala und Tilla auf das Deck und sahen aus wie kleine Geishas. Naja, so klein natürlich nicht. Woher hatte Maorion all diese Kleider? fragte ich ihn.

"Aus dem kosmischen Vorrat, lieber Jan", antwortete er mit einem subtilen Lächeln.

"Ich stürze - und du weißt wahrscheinlich, was das ist."

Oh ja, ich hatte es gelernt und es einmal missbraucht. Ich lächelte bei der Erinnerung. Aber ich war nicht so gut darin, Dinge aus der Luft zu pflücken, zumindest nicht, wenn ich so zwischen einem Engel und einem Menschen hin und her pendelte. Oben an Deck kamen Monja und Bico, beide in japanischen Gewändern. Maorion, der ein weißes Tunikahemd mit seltsamen Schriftzeichen und eine weiße Hose trug, nickte mir zu, in die Kabine zu gehen. Dort hatte man mir Kleidung hingelegt, die ich sofort anzog. Ein weißes Hemd mit Schriftzeichen auch für mich und eine weiße Hose und Sandalen, die sehr bequem aussahen.

Maorion war der erste, der an Land ging, und es schien, als würde uns auch hier ein Begrüßungskomitee empfangen. Wahrscheinlich war die Dschungeltrommel von China nach Japan weitergereicht worden, dachte ich. Überall standen Häuser und ich dachte, sie sähen aus, als wären sie aus Papier. Später erfuhr ich, dass es hier eine Art von Baum gab, der ein zähes und beständiges Baumaterial mit einem luftigen

Aussehen abgab.

Wir durften in kleine Kutschen steigen, die von Eseln gezogen wurden (weiß und braun gesprenkelt), die uns an die Kutschen bei den Hethitern erinnerten, aber sie sahen nicht so aus. Zwar waren auch diese Kutschen Zweisitzer, aber sie hatten Sitze in Form von Blumen, sodass man sich in einen Kelch setzte. Manche waren gefaltet, steif und gerade und ähnelten Schmetterlingsflügeln oder Fächern. Es gab kein Ende, wie die Fantasie die Kutschen in diesem Reich schmücken konnte.

Die Fahrt ging durch eine endlose Stadt von "Papierhäusern" mit kleinen exquisiten Gärten, die sie umgaben. Wir fuhren bestimmt eine Stunde lang auf den engen Straßen, oder besser gesagt, den Wegen. Das Klima war angenehm und alle Menschen lächelten und winkten. Plötzlich kamen wir an einem größeren Garten an, der aber nicht dem ähnelte, zu dem wir in Tao China gekommen waren. Es gab kleine Seen mit gewölbten Brücken, und die Seen glitzerten mit seltenen Fischen. Jeder See, so erzählte mir Maorion, hatte eine besondere Form, die etwas bedeutete - zum Beispiel Seele oder Herz. Die Bäume und Sträucher schienen wild zu wachsen, aber sie waren in einem bestimmten Muster und so gepflanzt, dass die Sonne und der Schatten sich darauf einigten, die bezauberndsten Meditationsplätze zu gestalten.

Wir kamen auf eine breitere Straße, und plötzlich gingen wir durch ein wunderschönes Tor nach dem anderen. Die Tore waren rot und mit Gold, Drachen und anderen seltsamen Bildern verziert. Schließlich kamen wir an einem Tempel an. Ich sah deutlich die Ähnlichkeit zwischen dem heutigen Japan und diesem - zumindest in der Architektur. Es war etwas, das sie wirklich auf die Erde gebracht und dort entwickelt hatten. Hier hielten unsere Kutschen an.

Wir stiegen aus und fanden uns wieder inmitten von vielen

fröhlichen, sich verbeugenden Japanern wieder. Ich fühlte mich wie der Eiffelturm, und auch Maorions Gestalt erschien in dieser Gesellschaft groß. Die Mädchen glichen zwei Hopfenstangen auf Ausflug, und selbst Monja schaukelte wie ein Schlachtschiff mit ihrem Schützling fest in der Hand. Nur der kleine Bico passte gut in die Umgebung.

Die lächelnde Menge winkte uns in den Tempel. Jemand läutete einen Gong. Im Inneren war es kühl und dunkel, obwohl überall kleine Öllampen brannten. Die Tempelhalle war voll von Statuen mit Bildern von Göttern und Göttinnen. Die Skulptur, die unsere Aufmerksamkeit am meisten auf sich zog, war eine gigantische Frau, wahrscheinlich aus Stein gebaut. Sie war in leuchtenden Farben bemalt, aber am hellsten war der Strahlenkranz, den sie auf dem Kopf trug. Er funkelte und leuchtete so, dass man wunde Augen bekam; er schien fast lebendig. Später fand ich heraus, dass es eine Statue der Sonnengöttin war.

Ein alter Mann, der offenbar ein Priester war, kam auf uns zu und verbeugte sich. Er begrüßte uns alle und besonders "den Glorreichen". Zu meiner Überraschung bezog er sich auf Bico. Er umarmte den Jungen und küsste ihn auf die Stirn. Bico ließ sich küssen, aber dann lief er nicht sehr glorreich davon und verschwand in der großen Menge der Tempelbesucher.

"Mein Name ist Kokijo, und ich werde euch morgen auf den Berg Shimara bringen. Bis dahin bitte ich euch, in meinem einfachen Haus ein bescheidenes Mahl einzunehmen, und ich hoffe, dass ihr euch mit den Betten abfindet, die meine Frau vorbereitet hat."

Er verbeugte sich so tief, dass ich dachte, er würde in der Mitte brechen. Wir waren hungrig, also begleiteten wir den alten Priester, nachdem wir uns im Tempel umgesehen hatten. Der Priester, der ein Hohepriester war und anscheinend eine hoch angesehene Position in der Stadt hatte, brachte uns zu einem Haus in einiger Entfernung. Es war sehr gut gebaut mit einer unbekannten Art von Holz, das Rattan ähnelte und von eng stehenden robusten Stöcken gehalten wurde. Das Haus war innen sehr ansprechend. Es war mit Seide in verschiedenen Farben und Mustern tapeziert, was einen heimeligen und künstlerischen Eindruck machte. Frau Kokijo war ein Ass in der Küche, denn sie hatte an einem niedrigen Tisch mit Kissen rundherum ein köstliches Essen aufgetischt. Aber Monja war besorgt, denn Bico fehlte. Sie wollte hinausgehen und nach ihm suchen, aber der Hohepriester beruhigte sie.

"Jeder erkennt den Glorreichen", sagte er. "Die Sonnengöttin hat uns von ihm erzählt. Er wird bald hier sein; ich habe meinen Freunden gesagt, sie sollen nach ihm suchen."

Es dauerte nicht lange, bis Bico kam, oder besser gesagt, triumphierend hineingetragen wurde. Herr Kokijo nahm den "Was habe ich euch gesagt?"-Ausdruck an und wirkte selbstgefällig. Maorion saß in ein langes Gespräch mit ihm verwickelt, also widmete ich mich Bico, der sich steif und gerade zwischen die Mädchen gesetzt hatte. Er starrte irgendwie hinaus. Ich bemerkte, dass Monja besorgte Blicke auf ihn warf. Er war nicht sein übliches Ich. Normalerweise kicherte er und rannte herum und scherzte mit uns, aber jetzt starrte er einfach nur geradeaus vor sich hin. Auch die Mädchen schienen besorgt zu sein. Als Shala seine Hand nahm und sich vorbeugte, um etwas zu ihm zu sagen, schnappte er nach ihrer Hand und gab ihr einen Klaps auf die Wange. Sie starrte erstaunt auf unseren kleinen Burschen, der bis jetzt eine Quelle der Freude - und des Unfugs - für uns war. Dann sah sie mich an, und ich sah, wie traurig sie war.

"Jan", rief Maorion, "willst du etwas über Shinto wissen?" Ich nickte und setzte mich neben ihn.

"Shinto wurde von ein paar Auserwählten auf die Erde gebracht", sagte Kokijo. Der ursprüngliche Shinto, der die

Sonnengöttin ehrt, existiert dort nicht mehr, aber hier ist sie eine prominente Figur. Dies ist auch eine Kultur, die die Naturgeister mehr verehrt als die Ahnen. Es gibt mehrere Götter, aber sie ist die größte. Es gibt göttliche Wesen in den Bäumen, in den Bergen, im Wasser, also überall in der Natur. Es gibt auch böswillige Wesen, wenn man nicht aufpasst..."

"Halt!" rief ich aus. "Wo sind die Bösgesinnten, und woher wissen Sie, wer sie sind?"

Maorion starrte mich verblüfft an. "Du gibst dich doch nicht mit ihnen ab, oder?", fragte er mit einem kleinen Lachen.

"Nein, aber ich kenne jemanden, der das getan haben könnte", antwortete ich und nickte in Bicos Richtung. Der Junge saß immer noch starr geradeaus. Er hatte das Essen nicht angerührt. Er schien wie hypnotisiert.

"Bico", sagte ich, während ich mich über den Jungen beugte, "redest du mit Si?" Er antwortete nicht, er schaute nur geradeaus.

"Der Junge ist hypnotisiert", rief ich Maorion zu, der seinerseits Kokijo ansah. Er lächelte sanft, ein wenig peinlich berührt.

"Das mag sein", sagte er. "Unser Orakel, die Sonnengöttin, hat uns gesagt, dass der Glorreiche sich hier in der Gestalt eines kleinen Jungen offenbaren wird. Vermutlich haben einige meiner Priester den Jungen zu dem Zauberer an der Brücke gebracht. Die Dinge sind hier nicht immer so ruhig, wie sie scheinen. Die Chinesen haben über viele Jahrhunderte gegen uns um ein Landgebiet gekämpft, das zwischen unseren Königreichen liegt. Bislang hat niemand gewonnen, sodass es ein Niemandsland geblieben ist. Es gibt eine Brücke hinüber zu den Taoisten, aber sie wird ständig bewacht. Auf jeder Seite lebt ein Zauberer, der als Brückenwächter fungiert. Unser Zauberer ist ein geschickter Hypnotiseur, und er hat es sicherlich für nötig befunden, den Glorreichen zu hypnotisieren, also wird er bei uns bleiben. Wir werden ihn nicht gehen lassen, Maorion."

Das werden wir ja sehen, dachte ich. Es schien so, als ob Maorion ruhig blieb und ich fragte mich, was er nun tun würde. Unser kleiner Freund war einfach ein Gefangener der Shintoisten. Aber so wie ich Maorion kannte, war er bereits damit beschäftigt, einen Plan zu schmieden.

"Wir werden morgen früh nach Shimara gehen", sagte der unbekümmerte Kokijo und lächelte. "Der Glorreiche begleitet mich in meiner Kutsche, und heute Nacht schläft er in der himmlischen Kammer. In diesem Haus haben wir ein Zimmer für ihn vorbereitet. Ich habe draußen eine Wache aufgestellt."

Monja stand auf und schüttelte dem alten Mann ihre Faust.

"Ich bin die einzige Mutter, die er heute hat", rief sie, "und mein Junge wird mit uns anderen schlafen. Er ist kein glorreicher Mensch; ihr verwechselt ihn mit jemand anderem." Entschlossen ging sie auf das Kind zu und packte es, aber Bico schlug sie mit solcher Wucht weg, dass sie fast fiel. Da schritt Maorion ein. Er hob Bico in seine Arme und schritt kurzerhand mit dem Kind davon.

"Na gut", seufzte Kokijo. "Ich möchte einem so hohen Gast nicht auf die Nerven gehen. Wir sehen uns morgen früh wieder." Er lächelte und verbeugte sich. Wir würden alle im selben Raum schlafen. Maorion hatte Bico dorthin getragen, der tief zu schlafen schien.

"Morgen werden wir von hier fliehen", flüsterte mir Maorion zu. "Wir kommen nach Shimara und von dort aus ist es nicht mehr weit bis zum Hafen. Es ist ein ziemlich hoher Berg, aber ich werde mir einen Notausgang ausdenken. Sicherlich kann ich auch ein wenig zaubern!"

Für mich war es eine unruhige Nacht. Mir wurde erzählt, dass die Shinto-Leute ähnliche Traditionen hatten wie die Buddhisten. In der Meditation lernten sie ihren Anführer kennen, der immer ein Kind war und den man den Glorreichen nannte. Wenn der Führer des Landes ein bestimmtes Alter erreicht hatte, begann die Suche nach einem neuen Führer. Das war es, was hier vor sich ging. Doch dieses Mal brauchten sie nicht zu suchen, da Bico so passend erschien.

Der nächste Morgen sang seine Morgendämmerung mit einem eisblauen Ton aus. Wir fröstelten ein wenig, als wir am frühen Morgen von einem Diener geweckt wurden. Ich hatte nur ein paar Stunden geschlafen und fühlte mich ziemlich lausig. Maorion hatte wohl einen Plan für Bico und für uns, aber er hatte ihn mir nicht verraten, was mich ein wenig ärgerte. Die Mädchen waren nicht so fröhlich wie sonst, und Monja fröstelte in ihrem dunklen Mantel. Maorion schien ungerührt und aß sein Frühstück mit großem Genuss. Kokijo war nicht zu sehen, aber seine Frau sagte, dass er uns bald abholen würde. Und das tat er auch.

Bico war genauso abwesend wie am Vortag, aber nicht ganz so steif. Er ließ sich in die Kutsche heben, die in Form einer Taube gestaltet war. Er winkte sogar Maorion und mir zu, als wir uns in unsere Kutsche setzten. Die Mädchen quetschten sich mit Monja in eine Kutsche. So fuhren wir los.

"Shimara ist der heilige Berg der Japaner", erklärte uns Maorion. "Viele der Elementare, die sie verehren, leben dort. Wir steigen den Berg hinauf und folgen einem Pfad bis ganz nach oben. Ich kenne einen anderen Weg, und wenn ich ihn nehme, musst du mit mir kommen. Du musst nur Bico dazu bringen mitzukommen, denn Kokijo wacht über ihn wie ein Falke."

"Wir werden sofort verfolgt werden", wandte ich ein. "Ist das wirklich ein guter Plan?"

"Ich habe gewisse Fähigkeiten", erwiderte Maorion und zwinkerte mir zu. "Sicherlich wird alles gut gehen, aber wir werden es eilig haben. Meinst du, du kannst dich um das Kind kümmern? Ich muss meine Hände frei haben."

Ich versuchte zu glauben, dass es gut gehen würde. Wir saßen den Rest des Weges schweigend da, und ich war so tief in meine Gedanken versunken, dass ich aufsprang, als die Kutsche mit einem Ruck anhielt. Kokijo stand vor uns und hielt Bicos Hand fest. Jetzt hatte der Junge einen anderen Gesichtsausdruck. Er wirkte ängstlich und versuchte, sich aus dem festen Griff des alten Mannes zu befreien.

"Ich habe die ganze Zeit mit dem Jungen gearbeitet", flüsterte Maorion. "Er wird jetzt von der Hypnose befreit, aber das muss vorsichtig geschehen. Ich übertrage ihm die Gedanken der Flucht und bereite ihn auf das vor, was er tun soll."

Wir begannen, den Berg hinaufzugehen. Kokijo war mit Bico an der Spitze, dann folgte unsere kleine Gruppe, mit mir und Maorion am Ende. Nach uns kamen all die kleinen Diener, die Körbe mit Obst und anderen Leckereien schleppten. Wahrscheinlich wollten wir dort oben essen, sonst würden die Naturgeister mit Geschenken besänftigt werden. Es war ziemlich steil und es gab viele Steine, aber ich konnte es mir nicht verkneifen, die Aussicht zu bewundern. Unser Berg war einer in einer Reihe, die einen wunderschönen See umschloss, und einige der Gipfel waren mit Schnee bedeckt. Um uns herum war es unglaublich grün und frisch. Zu Hause sprechen wir von der Baumgrenze, aber hier schien es so etwas nicht zu geben.

Bico drehte sich plötzlich um und zwinkerte Maorion zu. Ein Seufzer der Erleichterung entkam mir. Der Junge hatte verstanden, er war nicht mehr hypnotisiert. Jetzt mussten wir ihn nur noch dazu bringen, mitzukommen. Dabei griff er auf einen Trick zurück, der so alt ist wie die Hügel. Als Maorion uns das vereinbarte Zeichen gab, vom Weg abzuweichen, sagte Bico, dass er pinkeln müsse. Kokijo musste ihn zur Seite treten lassen und Bico ging auf die rechte Seite. Ich eilte nach vorne und nahm ihn bei der Hand und so liefen wir alle den Weg rechts, den Maorion uns zeigte. Unser Hauptmann nahm Bico in seinen schützenden Mantel auf, doch was danach geschah, ist schwer zu beschreiben. Kokijo schrie seine Diener an, uns zu folgen, aber sie hatten keine Chance. Maorion hatte eine schützende Nebelwand hinter uns errichtet, und wir rannten sehr schnell.

Ich habe vor, einen Schleier des Vergessens darüber zu ziehen, wie wir zum Boot kamen. Wenn ich euch die Wahrheit sagen würde, würdet ihr glauben, dass dies ein Kinderbuch mit erfundener Magie ist - was es sicherlich nicht ist. Ihr müsst euch mit der Tatsache begnügen, dass wir uns plötzlich an Bord wiederfanden und das Schiff aus dem Hafen segelte, mit einer Geschwindigkeit, die ich den kleinen japanischen nussschalenartigen Booten nicht zugetraut hätte.

18. Ein Sprung zu den Tscherkessen

Bico war eng in meine Arme gepresst. Ich traute mich nicht, ihn loszulassen, aber dann musste ich es, denn ich war nicht sehr fest an Bord dieses Bootes. Bico war ein Mensch, aber ich war es nicht, zumindest jetzt nicht. Monja tauchte im Eiltempo auf und kümmerte sich um den Jungen. Welche Pläne könnte Maorion jetzt haben? fragte ich ihn.

"Im Moment versuchen wir, die Verfolger loszuwerden." Dabei lächelte er und ich schaute nach achtern. Eine ganze Flotte kleiner japanischer Boote flog so schnell wie der Wind hinter uns her, und wenn nicht ein Wunder geschah, würden sie uns bald einholen. Ich sah Maorion fragend an.

"Mach die Augen zu und halte dich fest! Beeil dich und sag den anderen Bescheid!", rief er und ich rannte buchstäblich wie verrückt. Unten in der Hütte rief ich Monja, Bico, Shala und Tilla zu, die Augen zu schließen und sich festzuhalten. Kaum hatte ich meine Botschaft ausgerufen, schien es, als würde sich das ganze Schiff umdrehen. Es muss eine Kehrtwende gemacht haben und in die Luft geflogen sein, und es schlingerte fürchterlich, als ob es Opfer eines Tornados geworden wäre. Wir erschraken. Ich glaube, wir wurden ohnmächtig, zumindest vorübergehend.

Ich erinnere mich an nichts mehr, bis Maorion rief, dass wir an Deck kommen könnten. Da waren wir und segelten in aller Ruhe auf einem schönen blauen Meer mit einer mäßigen Brise. Keine Verfolger weit und breit.

"Wie hast du das gemacht, und wohin fahren wir?" fragte ich.

"In den Kaukasus dieses Planeten", antwortete er fröhlich.

"Was glaubst du, warum ich dir als Kapitän für diese Reise zugeteilt wurde? Ich bin sehr erfahren in der Magie, mein junger Freund. Ich habe von ihr Gebrauch gemacht, sonst wären wir in Schwierigkeiten geraten. Jetzt werden wir die alten Tscherkessen besuchen, eine erstaunliche Kultur aus der Kaukasusregion. Les extremes se touchent!" (Extreme treffen aufeinander.)

"Ja, in der Tat", seufzte ich. "Aber es wird schön sein mit der majestätischen Natur, die es dort wohl gibt. Die Umgebung war bei den Japanern wunderschön, aber gleichzeitig auch beängstigend."

"Du hast mehr Recht als du denkst", nickte Maorion, während am Horizont Land auftauchte. Je näher wir kamen, desto gebirgiger schien die Küste zu werden. Es dauerte nicht lange, bis wir zwischen zwei hohen Bergen hindurchglitten und immer weiter zwischen den Bergen hindurchfuhren, während das Wasser das klarste und blaueste war, das ich je gesehen hatte. Es gab keinen anderen Anblick als Felswände, und trotzdem fühlte es sich nicht eintönig an. Die Felswände leuchteten feucht in verschiedenen Schattierungen von braun, gelb, rostig, neblig blau und grün. Der Kanal war nur etwa zwanzig Fuß breit und krümmte sich sanft, was es unmöglich machte, weit voraus zu sehen. Doch irgendwann muss er zu Ende sein, dachte ich laut. Bico hing über das Seitendeck und Monja hielt ihn ängstlich an seinem Hemd fest. Er drehte sich um und lachte.

"Was für eine tolle Art, sich vor Fremden zu schützen", bemerkte er, und ich staunte wieder, wie schlau der Bursche war. Dieser Kanal war eine Verteidigungseinrichtung sondergleichen. Niemand konnte besonders erpicht darauf sein, diese nackten, nassen Felsen zu erklimmen. Aber irgendwo müssen diese Felsen ein Ende haben.

Genauso plötzlich, wie wir in den Kanal hineingesegelt

waren, öffnete er sich zu einem Hafen. Auch der Hafen war von hohen Klippen umgeben, und es gab zwar einen langen, steinernen Steg, aber auch eine lange, niedrige Mauer, die von Berg zu Berg verlief. Wenn man da nicht durchkam, konnte man sich von diesem Besuch verabschieden. Es ähnelte keinem Hafen, den wir bisher gesehen hatten. Wir machten das Boot fest und stiegen auf den Steg. Fünf Erwachsene und ein Kind marschierten langsam auf die niedrige Mauer zu. Ich spürte, wie ich mit Menschlichkeit, oder wie auch immer man es nennen soll, erfüllt wurde. Jedes Mal, wenn wir von Bord gingen, wurden Shala und ich sozusagen "fleischiger". Ich weiß nicht, wie es mit Maorion war; ich konnte mir keinen Reim auf diesen Mann machen, obwohl er wunderbar war. Zauberer haben etwas unberechenbar Bezauberndes an sich.

Ein Mann kam durch ein Tor in der Mitte der Mauer heraus. Er stand breitbeinig, die Hände über der Brust gekreuzt, und schaute uns an. Er war in einen langen, hellen Mantel und eine hohe, lederne Mütze gekleidet, die Art, die die Kosaken tragen. Seine Haut war hell und er war schwarzhaarig, mit klaren blauen Augen. Maorion lächelte und verbeugte sich vor ihm. Der Mann verbeugte sich zurück, zeigte aber keine Anzeichen, zur Seite zu treten. Schließlich fragte er Maorion etwas - vielleicht wer wir waren und was wir wollten. Maorions Antwort in seiner eigenen Sprache schien ihn zu überraschen. Er verbeugte sich noch einmal und trat zur Seite, sodass unsere gesamte Gesellschaft durch das Tor eintreten konnte. Dort entfaltete sich eine andere Landschaft.

Die Berge waren zur Seite getreten und gaben den Blick auf ein Tal frei. Es war ein wunderschönes Tal, ein blühendes, grünes Tal, in dem sich ein kleiner Fluss auf fesselnde Weise durch das Grün schnitt. Auf beiden Seiten des Flusses standen Häuser, und hier und da führten altmodische Brücken aus gemauerten Steinen über den Fluss. Die Häuser waren aus entrindeten Baumstämmen gebaut, die mit Lehm und Flechtwerk verbunden waren, und jedes Haus hatte eine große Veranda. Auf diesen Veranden saßen Menschen; sie waren anscheinend Versammlungsorte für die Bewohner, denn es lag viel Gesang und Geschwätz und Musik in der Luft. Wir sahen wunderschöne Menschen, alle hellhäutig, mit dunklem Haar. Die Frauen trugen sehr schöne Kleider, meist langärmelige Kleider mit Stickereien, die mit Perlen und Steinen glänzten. Einige trugen hohe Kopfbedeckungen mit Tüchern darüber. Die meisten von ihnen sahen wohlhabend aus. Alle Männer trugen die langen Mäntel in verschiedenen matten Farben, aber nicht alle hatten eine Kopfbedeckung. Die Mehrheit war bärtig.

Ein Mann kam auf uns zu. Er trug einen weinroten Mantel, der mit goldenen Stickereien übersät war. In der Hand hielt er einen Stab, der sich bei näherem Hinsehen als eine Art langer Säbel entpuppte. Das Seltsame war, dass er kleine Orgelpfeifen in einem Gürtel über der Brust trug - doch bei näherer Betrachtung entpuppten sie sich als Patronen. Demnach gab es in diesem Dorf Schusswaffen. Er hatte eine lange, altmodische Pistole an seinem Gürtel befestigt. Er bemerkte meine Blicke und lächelte. Sein Mund, der genau wie sein Gesicht hinter Unmengen von schwarzem Bart verborgen war, entblößte eine Reihe kleiner, gleichmäßiger, weißer Zähne. Zur Begrüßung streckte er die Hände in die Luft, gefolgt von einer kurzen Verbeugung, und schließlich nahm er Maorion in den Arm. Jetzt war ich an der Reihe. Er schaute die Damen nicht einmal an. Noch ein Frauenfeind, dachte ich wütend. Einige Frauen, die hinter ihm gegangen waren, umringten unsere Frauen- und Kinderabteilung und brachten sie weg.

"Hier gibt es Schusswaffen", sagte ich laut, und das Lächeln des Mannes wurde noch breiter.

"Das ist etwas, das wir auf die Erde mitgebracht haben", antwortete er in einer Sprache, die ich wie immer verstand, ohne sie zu kennen. "Du bist in meinem Haus willkommen. Es steht dir zur Verfügung."

Wenigstens war er höflich. Er führte uns zu einem der Holzhäuser, und Maorion hatte Zeit, mir etwas zuzuflüstern:

"Er ist der Herrscher der Tscherkessen. Sie sind ein gastfreundliches Volk, und ich bin mir sicher, dass wir unsere Damen bald zu Gesicht bekommen werden. Mach dir keine Sorgen um sie. Der Herrscher heißt uns in seinem Dorf willkommen und bietet uns Essen und Unterkunft bis morgen an. Ich habe einige Empfehlungen ausgesprochen, die ihm gefallen haben; deshalb hat er uns eingeladen."

Schon früher auf unserer Reise hatten wir Häuser gesehen, die in einem Kreis angeordnet waren, und hier war es nicht anders. Ich glaube, dass es in den alten Kulturen als Sicherheit angesehen wurde, die Häuser im Kreis zu bauen. Zum Teil brachte es die Menschen näher zusammen, zum Teil konnten sie so ihre Götter besser einkreisen. An diesem Ort haben sie stattdessen ihr Vieh eingekreist, sowohl Pferde als auch Kühe. Beinahe das ganze Tal verschwand in dem riesigen Kreis. Um das Ganze hatten sie eine Mauer aus Flechtwerk und Lehm gebaut, und diese Mauer reichte bis hinunter zum Ufer.

Der Herrscher lud uns ein, das Haus zu betreten. Es war etwas größer als die anderen und hatte einen Wimpel auf dem Dach. Eine Menge Menschen bewegten sich darin hin und her. Der Herrscher, der Ahrmud genannt wurde, nahm den Ehrenplatz an der langen Tafel ein, die sich über den ganzen Raum erstreckte. Sein Stuhl war kunstvoll geschnitzt und die gesamte Lehne war mit burgunderrotem Samt ausgefüllt, der auf raffinierte Weise geflochten war. Offensichtlich waren diese Leute versiert im Herstellen von Zöpfen und Kordeln, denn solche waren überall zu finden. An den Wänden hingen seltsame Gemälde, eingerahmt in Schnüre aus Seide oder dicker Wolle, je nach Größe und Gestaltung des Bildes. Ahrmud bemerkte, dass ich mir die Kunstwerke mit großem Interesse ansah.

"Diese Gemälde sind aus unserer Vergangenheit, die ebenso unsere Zukunft ist", informierte er mich mit einem höflichen Lächeln. "Unsere Künstler haben das Talent, sowohl die Vergangenheit als auch die Zukunft auf eine sehr intensive Art und Weise zu erleben."

Wie kann man das machen? dachte ich, traute mich aber nicht zu fragen. Maorion konnte es mir sicher später erklären. Ich hatte andere Dinge im Kopf, als das Essen hereingetragen wurde. Es war so kunstvoll angerichtet, dass jeder Teller ein Gemälde war. Es gab sowohl vegetarische Gerichte als auch Fisch- und Geflügelgerichte, aber ich sah keine deftigen Fleischgerichte. Als ich darüber nachdachte, hatten wir in Sachen Essen Glück gehabt, wo auch immer wir gewesen waren. Aus lukullischer Sicht war es eine hervorragende Reise gewesen!

Als unsere Mädchen endlich in den Raum kamen und am anderen Ende des Tisches platziert wurden, war ich ziemlich zufrieden. Sie waren neu eingekleidet worden, und Tilla und Shala sahen in ihren bestickten Kleidern wie immer entzückend aus. Auch die runde Monja sah gut aus, und ich sah, dass einige der anderen Herren die Neuankömmlinge mit Interesse betrachteten. Auch Bico hatte einen langen Mantel, den er nicht zu schätzen schien. Er schlenderte auf uns zu und zog und zwickte an seinem Mantel. Für ein Kind war es offensichtlich unangenehm. Maorion warf ihm einen strengen Blick zu und stellte ihn zwischen uns, sodass wir ihn beobachten konnten. Er war zu oft in der Stimmung für Unfug.

"Der Rest von uns, der auf der Erde geblieben ist, ist stark verdünnt", erzählte uns Ahrmud. "Aber als die Tscherkessen ihre ersten irdischen Wanderungen erlebten, waren sie ein edles Volk. Sie hatten viele unserer Bräuche von hier mitgebracht. Ich bin ein Pschi, ein hoher Adliger, und einige von uns besuchten die Erde, um unsere Gemeinschaft zu pflegen. Ich war für einige Jahre dort und baute das System auf. Die Erde ist unserem eigenen Planeten recht ähnlich, und es gibt nur wenige Planeten in unserem Universum, die eine solche Natur haben, wie sie dort existiert. Wir haben bald die richtigen Regionen für uns gefunden, in denen wir leben können. Wir haben einen Vasallenadel, die Usden, die über einen niederen Adel herrschen. Es gibt hier mehrere verschiedene Täler, in denen die Niederadeligen leben und arbeiten. Der niedrigste Adel wird tschofokotl genannt, und darunter gibt es das freie Bauerntum, tokav. Das ist unser System hier, aber auf der Erde hat es auf Dauer nicht gehalten. Wir wurden aufgespalten und in Sippen aufgeteilt, und es entstanden große Differenzen zwischen den verschiedenen Blutfamilien. Es gab Fehden und alle Arten von Konflikten, die wir hier nicht haben. Die Familienväter auf der Erde verkauften ihre Töchter zu hohen Preisen. Hier haben wir eine hohe Meinung von der Frau und hören auf ihren Rat. Aber sie ist auch mit Talenten begabt, die Männer nicht haben. Diese haben wir uns zunutze gemacht."

"Also wurde hier das Schießpulver erfunden?" fragte ich und deutete auf seine Pistole. Er nickte.

"Viele der Erfindungen, von denen du denkst, dass du mit ihnen auf der Erde allein bist, sind auf den Planeten in diesem Universum bereits veraltet. Es gibt auch viele neue Erfindungen, aber meistens bevorzugen wir die alten Arbeitsweisen. Den Tieren müssen Aufgaben gegeben werden, sonst gibt es zu viel Beute, und das ist nicht gut. Intelligente Tiere sollten stimuliert werden, nicht zurückgehalten werden. Die Natur braucht die Tiere, aber auf der Erde werden sie heutzutage nur noch sehr wenig genutzt, zumindest im Vergleich zu uns. Also lasst uns ein bisschen Spaß haben!"

Er klatschte in die Hände, und sofort erklang Musik. Es war Musik von verschiedenen Streichinstrumenten, und sie klang ganz anders als die himmlische Musik, an die sich meine Ohren heutzutage gewöhnt hatten, aber sie war auch schön, sehr schön sogar. Eine lange Reihe von jungen Frauen, die in Schleier gehüllt waren, marschierten in die Halle. Sie begannen zu tanzen. Es war ein exquisiter Tanz, bei dem die Schleier in Bewegungen bewegt wurden, die verschiedene Muster erzeugten. Es war ungeheuer schön und beeindruckend. Ich hatte angefangen, die Tscherkessen zu mögen. Schöne Musik, gutes Essen und hinreißend tanzende Frauen! Außerdem tranken wir einen hervorragenden, köstlichen Wein.

Ich bemerkte nicht, dass Maorion mich mit einem gemischten Ausdruck von Sorge und Lachen beobachtete. Ich bemerkte auch nicht, dass ich selbst immer fröhlicher und lebhafter wurde. Ich nahm Bico bei der Hand, erhob mich vom Tisch und begann inmitten der Tänzer zu tanzen. Ich muss zugeben, dass ich von all den schönen Formen hinter den Schleiern sehr erregt wurde. Die Musik klang so sinnlich einladend, dass mein menschlicher Körper... menschlich wurde! Ich streckte meine Hände aus, um irgendein verlockendes hervorstehendes Teil zu ergattern, aber die Tänzerinnen wichen meinen eher ungeschickten Fingern gekonnt aus. Maorion und der Herrscher tauschten einen Blick des gegenseitigen Verständnisses aus. Tilla und Shala kicherten hysterisch, aber Monja runzelte die Stirn über ihren Schützling, der es sofort kapierte und in rasender, trotziger Freude herumtanzte. Allerdings war der Unterschied zwischen ihm und mir ziemlich groß. Er tanzte in spontaner Kindlichkeit; ich tanzte, weil ich einen Tropfen zu viel gehabt hatte! Die verschleierten Tänzerinnen um uns herum waren natürlich durch diesen unerwarteten Ausbruch gestört und versuchten, mich mit ihren Schleiern zu beruhigen. Ich wurde von luftigen

Falten umgarnt und es dauerte nicht lange, bis ich taumelnd auf dem Boden lag.

Danach erinnere ich mich nur noch daran, dass ich in einem Bett lag und Monja einen wild um sich tretenden Bico davon trug. Ich schlief so schnell ein, dass ich den Aufruhr, den mein Streich verursacht hatte, gar nicht mitbekam. Glücklicherweise hatte Ahrmud einen Sinn für Humor. Er forderte Maorion auf, sich auf ein hohes Kissen am Feuer zu setzen und bot ihm an, Wasserpfeife zu rauchen. Wasserpfeife zusammen mit dem Herrscher zu rauchen war ein großer Gefallen. Danach erzählte Maorion ihm von mir und unserer Mission. Der Herrscher gab zu, dass ich extra starken Wein erhalten hatte, weil er sehen wollte, wie er auf mich wirkte. Um ehrlich zu sein, ich glaube, er wollte untersuchen, wie ein Engel auf den Wein reagieren würde - was nicht sehr nett von ihm war.

Als ich am nächsten Morgen aufwachte, hatte ich starke Kopfschmerzen. Auf Anweisung des Herrschers bot mir ein Diener ein Getränk an, das ein starker Muntermacher war, und ich wurde zu einer Badeeinrichtung gebracht, die sich im Dorf befand. Es war eine heiße Quelle, die aus der Erde entsprungen war, und sie war der Grund, warum das Dorf genau an dieser Stelle gebaut wurde. Sowohl Menschen als auch Tiere badeten in der Quelle, und dennoch war das Wasser kristallklar. Maorion und der Herrscher waren gerade aus dem Wasser gestiegen, als ich mit dem Kopf voran ins Wasser taumelte. Frauen und Männer badeten zu unterschiedlichen Zeiten. Ich schwamm eine lange Zeit unter Wasser und hoffte, dass die beiden Herren schon weg waren, bevor ich wieder auftauchte. Ich schämte mich so sehr.

Am Rande der Quelle waren Stühle für den Herrscher und seine Gruppe aufgestellt. Maorion winkte mir, mich neben sie zu setzen. Eingehüllt in ein warmes Handtuch und mit meinen nassen Haaren, die mir in die Augen tropften, kniete ich vor dem Herrscher nieder und bat um Vergebung für mein Verhalten am vergangenen Abend. Die Antwort kam in Form eines herzhaften Lachens. Ahrmud richtete mich auf, und mir blieb nichts anderes übrig, als mich neben ihn zu setzen.

"Ich bitte dich um Vergebung", sagte Ahrmud und schaute mir in die Augen. Seine Augen waren braun und leicht grünlich gefärbt. "Der Wein war stark, und ich hatte ihn bestellt. Ich mag Herausforderungen, und ich halte einen Engel, der von diesem Wein trinkt, für einen solchen."

"Wir sind zwei Engel", bemerkte ich trocken. "Shala ist genauso ein Engel wie ich, wenn nicht sogar mehr. Dann lass uns einander verzeihen, Ahrmud, und damit ist die Sache erledigt. Wir werden unsere Reise heute fortsetzen, und wir danken dir für den Aufenthalt."

"Noch nicht ganz, Jan", unterbrach Maorion. "Ich habe versprochen, dass wir uns bald ein paar Sportvorführungen ansehen werden. Die Tscherkessen sind fantastische Reiter, und sie veranstalten sehr edle Turniere mit verschiedenen Waffen. Sie erinnern an das Pendant der Ritter, aber sie sind nicht so einseitig."

Eine Tasse starker Kaffee wäre mir sehr willkommen gewesen, aber das edle Getränk war in diesen Teilen des Universums unbekannt. Stattdessen bekam ich ein weiteres Getränk und ein paar brotähnliche Früchte, die mich völlig erholen ließen. Danach wurde ich zusammen mit dem Herrscher und unserem Hauptmann in etwas gebracht, das einer Arena ähnelte. Die Männer saßen auf der einen Seite und die Frauen auf der anderen.

"Wir respektieren die Frauen und hätten sie gerne zusammen mit uns sitzen sehen", vertraute uns Ahrmud an. "Leider haben sie sich entschieden, selbst auf der Frauenseite zu sitzen, aber während des Hauptganges werden wir mit ihnen zusammen in der großen Halle sitzen."

"Habt ihr keine Frau?" fragte ich.

"Oh doch, eine richtige Kratzbürste!" antwortete Ahrmud und lachte. "Sie ist intelligent wie kaum eine andere und kann die meisten Dinge gut, aber sie macht völlig, was sie will. Sie wird sich dir präsentieren, wenn sie es will. In vielerlei Hinsicht herrschen hier die Frauen, wir Männer haben andere Aufgaben."

Vielleicht tragen sie deshalb Gewehre, dachte ich. Aber ich hatte andere Dinge im Kopf. Ein unvergleichliches Drama spielte sich in der Arena ab. Männer in bunten Anzügen auf Pferden, die mit prächtigen Pferdedecken geschmückt waren, ritten ein. Einige von ihnen saßen stolz in ihren Sätteln, andere standen auf ihren Sätteln auf, ein paar führten akrobatische Bewegungen auf den Pferderücken vor. Es war wie im Zirkus, dachte ich, und ich habe Zirkusse immer gemocht. Doch bald wechselte es zum Fechten. Ja, in der Tat: Die Männer fechteten paarweise mit Lanzen und Schwertern, stehend auf den Pferderücken. Das hatte ich noch nie gesehen, und es war tatsächlich ziemlich spannend. Das Ziel war es natürlich, den Gegner aus dem Gleichgewicht zu bringen, sodass er zu Boden fiel. Es dauerte allerdings sehr lange, bis einer der Männer abfiel. Er musste dann mit seinem Pferd die Szene verlassen. Sie würden weitermachen, bis nur noch einer übrig sei, erklärte Ahrmud. Ich dachte, dass dies ein langwieriges Turnier werden würde, und so wurde es auch. Es gab keine Pause für die Darsteller, aber es wurden uns einige Erfrischungen angeboten - Wein und andere Getränke und leckeres Gebäck. Ich habe keinen Wein getrunken. Kichernd bot uns der Herrscher ein Getränk an, das wie Beerensaft schmeckte, aber viel leckerer.

"Meine Herren, es ist Zeit, sich gegenseitig zu begrüßen. Ich hoffe, ihr genießt die Unterhaltung."

Die Stimme kam von hinter mir, und als ich mich umdrehte, stand dort eine Frau, die außerordentlich schön aussah. Sie war groß und schlank und trug ein dunkelrotes, besticktes Kleid. Ihre Augen waren eisblau und ihr Haar war rabenschwarz. Auf ihrem Kopf trug sie eine hohe Kappe mit einem glitzernden Schleier darauf. Hinter ihr standen Shala und Tilla und kicherten wie immer.

"Ich bin die Herrscherin Borina", fuhr die elegante Dame fort. "Wenn ihr dieses Spektakels überdrüssig seid, seid ihr in unserem Haus willkommen. Dort wird das Abendessen serviert werden. Nach dem Essen können wir uns unterhalten."

Es war ein Befehl, keine Einladung. Ich sah Ahrmud an, der vielsagend nickte und einen Seufzer von sich gab. Ich glaube nicht, dass die Frauen das Land beherrschten, ich denke, sie teilten sich diese Last mit den Männern, aber die Frau hatte eine sehr starke Position bei den Tscherkessen. Wir schauten den tapferen und geschickten Reitern noch ein wenig länger zu. Gelegentlich wurden sie von Schleiertänzen unterbrochen, aber danach machten sie genauso wild und ungehemmt weiter. Von zwanzig Männern waren nur noch drei übrig, als wir die Arena verließen.

"Ich habe über etwas nachgedacht", sagte ich nach dem Essen, als wir gemütlich zurückgelehnt vor dem knisternden Feuer im Kamin saßen. "Wir haben viel über die Tscherkessen gesehen und gehört, aber habt ihr eine Religion? Woran glaubt ihr?"

Es war Borina, die zu sprechen begann:

"Wir haben eine alte Naturreligion. Wir feiern in besonderen Hainen Feste für unsere Götter, Schible, Tieps und Scosseros. Heute Abend haben wir ein solches Fest. Willst du mitmachen?"

Ich schaute Maorion an. In Anbetracht dessen, was in der Nacht zuvor passiert war, hatte ich keine Lust, an irgendwelchen religiösen Orgien teilzunehmen. Zu meiner Überraschung nahm Marion die Einladung an.

Einige Stunde später saßen wir auf Bänken in einem schönen Wäldchen, zusammen mit Borina, den Mädchen und Monja mit Bico. Es war dunkel, aber nicht kalt. Der Hain war von Fackeln erleuchtet, und allein der Himmel war ein herrliches Schauspiel von Milliarden von Sternen.

In der Mitte befand sich ein steinerner Altar, zu dem eine kleine Treppe hinaufführte. Die gleiche Musik, die wir am Vortag gehört hatten, wurde nun sehr leise und schön gespielt. Viele Menschen waren versammelt, sowohl Männer als auch Frauen zusammen.

"Das erinnert mich an die alten Druiden", sagte ich, und der Herrscher nickte.

"Es gibt viele Gemeinsamkeiten mit ihnen", antwortete er. "Weißt du, woher sie kamen oder ihren Ursprung?"

"Irgendwo in Frankreich", antwortete ich. "An der Küste, glaube ich."

"Siehst du da eine Verbindung?", fragte der Herrscher weiter.

"Ob die Religion der Tscherkessen etwas mit den Druiden zu tun hat?" fragte ich. "Der Kaukasus ist sowohl von Frankreich als auch von England weit entfernt."

"Jan, das war viel früher als die Zeit, an die du denkst", warf Maorion ein. "Wir reden doch die ganze Zeit über den Ursprung, oder? Viele alte Religionen haben Ursprünge, die von alters her mit einander verbunden sind. Danach haben sie sich aus verschiedenen Gründen, vermutlich durch das Denken der Menschen, voneinander getrennt und neue gebildet. Dennoch sind Teile der alten Kultur und Weisheit oft bis zu einem gewissen Grad erhalten geblieben."

"Meinst du, dass die Druiden eine solche Subkultur sind?" fragte ich erstaunt.

"Die Völker wandern", antwortete der Herrscher. "Der Ursprung der Druiden ist in ein Geheimnis gehüllt. Nun wirst du eine ihrer Subkulturen erblicken - oder was denkst du?"

"Halt dich gut fest, Janne!" Maorion lächelte. "Es gibt eine feste Verbindung zwischen den Tscherkessen und den Druiden, die durch die Skythen zusammengehalten wird!"

"Nein!", rief ich, "das kann nicht wahr sein! Sag es mir!"

"Das werde ich tun", antwortete Borina mit einem Funkeln in den Augen. "Die Frauen wissen mehr über die Religion als die Männer. Was auf der Erde die Religion der Druiden genannt wurde, begann hier und nirgendwo anders als hier. Die Form war nicht dieselbe, wie sie später wurde, mit dem Einfluss von so vielen anderen Völkern, wie den Skythen, den Franzosen und den Kelten. Aber es war und ist von Anfang an eine Anbetung der Natur, und sie findet in Eichenwäldern statt. Hier haben wir nicht die gleichen Eichen wie auf der Erde, aber wie du sehen kannst, sind wir von großen, schönen Bäumen mit Blättern umgeben, die an die der Eiche erinnern.

"Du wirst bald ein Ritual erleben, das hier durch alle Zeiten hindurch existiert hat. Dieses hat mein Mann auf die Erde gebracht und es hat sich dort später verändert, als es in die Hände der verschiedenen Kulturen fiel. Die Druiden, die hier Droiden genannt werden, waren die letzten, die es benutzten.

"Ich habe dir bereits von unseren drei Göttern erzählt. Sie sind die Urgötter, obwohl wir noch viele weitere haben. Wir teilen sie nicht nach Jahreszeiten ein, wie es die Druiden taten. Wir verehren einen am Anfang des Jahres, Schible; in der Mitte des Jahres kommt Tieps; und am Ende des Jahres Scosseros. Der Gott von unmittelbarem Interesse ist Tieps, da es hier Sommer ist.

"Unsere drei höchsten Götter helfen unserem Stamm, zu wachsen und sich zu entwickeln, jeder auf seine Art und Weise. Schible gibt uns Kraft für das kommende Jahr. Er gibt Leben für die Aussaat und die Ernten. Tieps gibt uns Wärme und die Möglichkeit, für uns das zu schaffen, was unmöglich ist, wenn die Kälte in Form von Scosseros kommt. Aber auch er trägt ein Geheimnis in sich, denn er ist der magische Gott. Macht, Kreativität und Magie sind die Leitprinzipien in unserer Gesellschaft. Macht und Kreativität überlassen wir den Frauen, die Magie ist Männersache.”

“Also sind die Jahreszeiten hier im Einklang mit denen der Erde?” fragte ich. Die Nacht war lauwarm, aber doch recht kühl, und ich sah, dass sich die Mädchen große Schals um die Schultern gewickelt hatten, während Bico in Monjas Schoß eingeschlafen war.

“Nein”, antwortete der Herrscher. “Wir haben nur drei Jahreszeiten: den Anfang, die Mitte und das Ende. Und es ist die Macht, die Kreativität und die Magie, die ihr heute Abend hier sehen werdet.”

Er hielt ein wenig abrupt inne, denn nun spielte die Musik eine Art Marschlied. Von den entferntesten Bäumen kam ein langer Zug von marschierenden, weiß gekleideten Menschen. An der Spitze ging ein hässlicher kleiner alter Mann. Alle außer dem alten Mann trugen Fackeln. Seine weiße Kutte schleifte auf dem Boden, er hatte eine gebückte Haltung und sein verbittertes Gesicht hatte tausende und abertausende von Falten. Sein Kopf war rund, und einige weiße Haare hingen in spärlichen Büscheln über seine Schultern. Aber als er näher kam, sah ich seine Augen. Sie waren scharf wie die eines Falken, klar und tief. Und sie strahlten Magie aus.

Eine denkwürdige Zeremonie

“Bei den Druiden wird er Erzdruide genannt”, flüsterte der Herrscher. “Bei uns wird er Arkaion genannt, und er ist der höchste spirituelle Führer bei den Tscherkessen. Der Arkaion leitet alle unsere religiösen Zeremonien, und er hat magische Kräfte. Er ist ein echter Zauberer, wie du bald erfahren wirst.”

Ich sah ein kleines Lächeln auf Maorions Lippen spielen, aber der Herrscher wusste wohl nicht, dass unser Hauptmann ein Zauberer war. Der Arkaion trat langsam auf das kleine Podest, auf dem der Altar stand. Dort nahm er seinen Platz ein, verneigte sich leicht vor uns und hob seinen Stab in die Luft. Zwei junge Frauen, ebenfalls in Weiß gekleidet, trugen ein Tablett mit Obst und ein weiteres Tablett mit Blumen heran, die sie auf den Altar stellten. Ich atmete erleichtert auf, denn ich hatte Menschenopfer befürchtet. Die weiß gekleidete Prozession hatte sich unter den Altar gestellt.

Der Arkaion stellte die beiden Tabletts auf jede Seite des Altars. Ein junges blondes Mädchen in der Prozession warf ihren weißen Mantel ab, trat die Treppe hinauf und ging auf den Arkaion zu. Er hob seinen Stab und das Mädchen sprang - oder flog sie? - auf den Altar und stellte sich zwischen die Früchte und die Blumen. Sie war ganz nackt. Ihr Gesicht war nach oben gerichtet und ich fand, dass sie wie hypnotisiert wirkte. Der Arkaion kniete vor dem Altar und rief, mit einer erstaunlich starken Stimme, um von einer so kleinen Person zu kommen:

"Hörst du mich, großer Tieps?"

Das Mädchen antwortete in einem singenden Ton: "Ja, Verehrter, ich höre dich. Ich bin bereit für die Opferung."

Nun begann ich zu zittern. Würde dieses schöne Mädchen vor meinen Augen getötet werden? Dem konnte ich nicht zustimmen. Die Ritterlichkeit schwoll in meiner Brust an, und ich fühlte mich wie ein junges Schlachtross. Ich griff nach der Armlehne des Stuhls, um aufzustehen, doch Maorion hielt mich auf.

"Beruhige dich, Janne!", flüsterte er. "Das Mädchen wird nicht sterben. Das ist nur symbolisch."

"So schenke ich dein Herz Tieps!", rief der Arkaion mit Donnerstimme. Er brach eine rote Blume vom Tablett und legte sie auf ihre Brust. (Ich fragte mich, wie man sie befestigen konnte).

Das Mädchen sang: "Ich schenke mein Herz Tieps!"

Danach rief der Arkaion die verschiedenen Chakren auf, wo er auf die gleiche Weise verschiedene Blumen anbrachte. Er endete mit einer wunderschönen lila Blume, die einer Orchidee ähnelte, auf ihrem Scheitel. Ich hörte auf, mir Sorgen zu machen, dass sie abfallen könnten; sie schienen an dem Mädchen zu kleben. Dann war es Zeit für das Obst. Er gab ihr einen Apfel, in den sie hineinbiss.

"Ich gebe dir das beste Essen, Tieps", brummte der Arkaion, sodass die Luft bebte.

"Ich verschlinge die beste Nahrung aus dem himmlischen Vorrat", sang das Mädchen. Danach folgte eine ganze Reihe von Früchten, einige davon waren uns unbekannt. Jede Frucht repräsentierte verschiedene innere Teile. Sie nahm einen Bissen davon und warf dann die Reste hinter sich. Dort wurden sie von den Teilnehmern der Prozession aufgesammelt und eifrig verzehrt. Offensichtlich befanden sich Nüsse auf den Tabletts, geknackte Nüsse und Mandeln. Sie repräsentierten verschiedene Teile des Skeletts. Dann taten sie das Gleiche mit den Getränken. Eine Frau trug kleine Becher hoch, in der Größe von Schnapsgläsern. Das Mädchen auf dem Podium trank sie aus, einen nach dem anderen. Jedes Mal sang sie, bevor sie das Glas leerte. Ein Becher war für das Blut, ein anderer für andere Flüssigkeiten im Körper, und der letzte war für das lebensspendende Wasser.

Wahrscheinlich war in keinem der Becher Wasser, dachte ich, als ich sah, wie sich das Mädchen plötzlich auf eine geheimnisvolle Weise zu bewegen begann. Ihr Körper schlängelte sich in unglaubliche Positionen, ihr goldenes Haar stand wie ein Himmel um sie herum auf und sie zeigte eine gymnastische Bandbreite, die einen Schlangenmenschen neidisch machen würde. Als das Mädchen Purzelbäume schlug, die sie für lange Zeit in der Luft schweben ließen, verstand ich, dass eine Menge Magie dahinter steckte. Der Arkaion verfolgte die Vorführung mit einem hohen Maß an Konzentration. Gelegentlich hob er seinen Stab, vor allem, wenn das Mädchen schwebte.

"Vor langer Zeit war dies eine sehr grausame Zeremonie", sagte Borina. "Die Frauen haben sich dagegen gewehrt, denn keine Mutter würde gerne sehen, wie ihre Töchter in Stücke geschnitten und wie Vieh geschlachtet werden. Unser damaliger Arkaion wurde durch einen weniger blutrünstigen Herren ersetzt, und schließlich wurde diese Zeremonie ausgearbeitet. Wir haben den Mord gegen Magie ausgetauscht. Manchmal, bei kleineren Zeremonien, werden Tiere 'geopfert'. Das wurde auf ähnliche Weise geregelt, nachdem wir ein Gesetz gegen zeremonielles Töten eingeführt hatten. Wir sind ein sehr friedlicher Stamm, und Gewalt und Töten darf nur vorkommen, wenn der Stamm ernsthaft bedroht ist.

Das junge Mädchen war nun fertig mit ihren Schlangenbewegungen. Sie trat von dem Podium herunter, während ein gelbes Pulver auf ihren schweißglänzenden Körper geworfen wurde. Das Pulver war goldener Sand! Als das Mädchen endlich auf uns zukam und vor Borina und dem Herrscher kniete, sah sie aus wie eine goldene Statue.

Danach folgte eine Zaubershow, bei der der Arkaion eine Magie unter Beweis stellte, die alles übertraf, was ich bisher gesehen hatte. Es würde viele Seiten brauchen, um dem Leser zu beschreiben, was wir gesehen haben, aber dafür haben wir keine Zeit. Unser kleiner Mann Bico wachte auf und schaute mit großen Augen verblüfft auf die erstaunliche Zaubershow. Ausnahmsweise war er ruhig und still. Der Geruch von Weihrauch und die liebliche Musik erfüllten die frische Nachtluft. Tausende von Fackeln brannten und die Träger schwebten umher und bildeten verschiedene Muster. Es war ein verzauberter Abend.

Als der nächste Morgen seine klaren Augen öffnete und eine leichte Brise in den Baumwipfeln spielte, waren wir bereit, uns von diesem magischen Stamm zu verabschieden. Diese Nacht bei den Tscherkessen würde ich nie vergessen und ich dachte noch lange darüber nach, dass Strenge und Ordnung nicht unbedingt Langeweile und Unfreiheit bedeuten müssen. Es war wirklich schwer, sich von Borina und Ahrmud zu verabschieden, und wir mussten ihnen versprechen, irgendwann wiederzukommen. Zurück auf dem Boot, glitten wir leise in die enge Passage zwischen den Bergwänden. Das Boot war mit herrlichem Gemüse, Obst und Weinfässern beladen worden, während wir an Land waren. Und nun waren wir auf dem Weg zur letzten Kultur, bevor wir zum Ziel unserer Reise aufbrachen: Die WingMakers im Zentraluniversum.

19. Die Basken

"Fahren wir wirklich zu den Basken?" fragte ich, als Maorion uns über das nächste Ziel unserer Reise informierte. "Ich habe auf der Erde oft eine Baskenmütze auf dem Kopf getragen. Das ist das Einzige, was ich über die Basken weiß, und das kann sicher nichts mit der alten Kultur zu tun haben."

"Es ist nicht die Baskenmütze, die wir erforschen wollen", sagte unser Kapitän und lächelte. "Die Basken stammen aus Atlantis auf der Erde und aus einem ähnlichen Land auf diesem Planeten. Du wirst schon sehen."

Es dauerte eine Weile, bis ich es sehen konnte. Wir pflügten ein paar Stunden lang durch die Wellen des Meeres, bevor wir aufgefordert wurden, die Augen zu schließen. Ich würde sehr gerne wissen, was Maorion machte, als wir die Augen geschlossen hatten, aber vielleicht war es nur eine Nebelbank, in die wir hineinfuhren und auf der anderen Seite in einer anderen Zeit wieder herauskamen. Wenn man gelernt hat, die verschiedenen Kanäle der Zeit zu kontrollieren und mit den unzähligen Falten, die in ihr existieren, vertraut ist, sind Zeitreisen vielleicht gar nicht so seltsam, wie es klingt. Ich schlief wie immer ein und wurde vom kleinen Bico geweckt, der an einer meiner Hände zog und zerrte.

"Komm mit, Jan, und du wirst sehen!", rief er aufgeregt. "Wir sind irgendwo angekommen, und es ist ein sehr schönes Irgendwo..."

Diesmal kamen wir in einen sehr großen und schönen Hafen. Es lag ein Hitzeschleier darüber, und alles funkelte und glitzerte. Als unser Boot am langen Steg festgemacht werden sollte, tauchte ein Dutzend leicht bekleideter Jungen auf und wollte helfen. Alle lächelten fröhlich und entblößten weiße Zähne in ihren hellbraunen Gesichtern. Alle trugen Baskenmützen auf dem Kopf: kleine, weiße Baskenmützen! Wir sprangen an Land und freundliche Hände streckten sich uns entgegen. Ein Junge nahm Bico in den Arm und setzte ihn sanft auf dem Steg ab und gab ihm einen Klaps auf die Wange. Außerdem nahm der Junge seine weiße Baskenmütze ab und setzte sie Bico auf den Kopf. Unser kleiner Kerl strahlte. Das war wirklich ein freundlicher Empfang!

Die Jungs umringten uns und zeigten uns mit Gesten und Rufen, dass wir ihnen folgen sollten. Wir kamen an Land, und vor uns lag eine riesige Klippe. Eine breite Treppe führte hinauf zur Spitze der Klippe, und viele Menschen liefen die Treppe hinauf und hinunter. Alle schienen glücklich und zielstrebig und grüßten uns mit freundlichen Gesten. Die Treppe war so hoch, dass es sicherlich Zeit kosten würde, ganz nach oben zu kommen, aber die Jungs führten uns an die Seite der Treppe. Ich bin mir sicher, dass mir niemand glaubt, wenn ich sage, dass es einen Aufzug gab? Der Aufzug erinnerte mich an die Aufzüge, die auf modernen Baustellen verwendet werden: also eine breite Platte mit Wänden an drei Seiten, in der man stehen musste und die ziemlich langsam hochgezogen wurde. Ich kann nicht sagen, ob es durch Handkraft oder durch eine Art Maschine hochgezogen wurde, aber es ging hoch.

Dort oben war die Stadt. Wir waren nun an niedrige Häuser einer primitiveren Art gewöhnt. Diese Gebäude waren kaum primitiv. Es waren hohe Häuser in vielen Farben, gebaut aus einem marmorähnlichen Stein. Es war ein ansprechender Anblick, nicht zuletzt weil es überall breite Straßen und Parks gab. Wir wurden eine Allee hinaufgeführt, die von Häusern, grünen Bäumen und Springbrunnen zwischen den Bäumen gesäumt war. Wir kamen an einem runden, moscheeähnlichen Gebäude an, und dort wollten die Jungs, dass wir eintreten. Es war von mehreren Säulenreihen umgeben, und wir folgten den Jungen zwischen den Säulen hindurch und durch eine mit Mosaik eingelegte Eingangstür in wunderschönen Farben.

"Deine Botschaft hat uns erreicht, lieber Maorion!", sagte der Mann, der uns begrüßte. Es war ein älterer Mann, gekleidet in einen langen, hellgelben Mantel, der steif und starr mit Ornamenten und Stickereien versehen war. Er trug eine ebenso steife, hohe Mütze, und das Einzige, was man von ihm sah, war ein freundliches, faltiges Gesicht mit grauen Augen und ein Paar eifrig gestikulierender schlanker Hände. Die Mütze schien von hinten eine Baskenmütze zu sein, die vorne einen hohen, bestickten Schirm hatte.

"Ihr seid willkommen in der Wiege von Atlantis, der Ursprungskultur, die später zur Mutter so vieler verschiedener Kulturen unter den Irdischen wurde. Ihr seid in den Teil unseres Planeten gekommen, aus dem die Basken stammen. Wir hoffen, dass ihr einen angenehmen Aufenthalt hier haben werdet."

Er umarmte zuerst Maorion und dann mich, und es fühlte sich sehr steif und klobig an, als sein steifes Gewand gegen meinen hellen, leichten Mantel gedrückt wurde. Danach umarmte er die Mädchen und Monja und hob Bico in die Luft und gab dem Kind einen Kuss auf die Stirn. Ich fühlte mich ein wenig verwirrt von all den verschiedenen Haltungen, denen wir beim Ausschiffen auf diesen enorm unterschiedlichen Welten begegneten. Gleichzeitig war es sehr spannend, die unterschiedlichen Ursprünge der Kulturen zu erleben. In diesem Fall habe ich versucht, die Basken hier mit denen in Spanien gleichzusetzen - aber es war schwierig. Bis jetzt waren die Baskenmützen das Einzige.

Der Mann wurde Euphem genannt. Er herrschte über das Reich der Basken, das hier Baskenland genannt wurde und das ein Teil eines großen Kontinents war. Es schien ein geordnetes und wohlhabendes Land zu sein, wie so viele andere, die wir auf unserer Reise kennengelernt hatten. Dennoch fühlte es sich nicht so an, wie zum Beispiel die Eskimos oder die Tscherkessen oder die Ägypter oder die anderen schönen Orte, die wir besucht hatten. Ich weiß nicht, was es war - vielleicht fehlte die Magie.

Euphem hatte keine Frau, aber eine Enkelin, die er uns vorstellte. Ihr Name war Jaina, und sie kümmerte sich um Shala und Tilla. Jaina war ein süßes Mädchen mit aschblondem Haar. Ihr Großvater war anscheinend sehr kinderlieb, denn er wollte, dass Bico jederzeit bei uns war. Monja musste im Bedienstetenhaus auf ihren Liebling warten. Ich glaube, das gefiel ihr gar nicht.

Über das Essen und die Unterkunft werde ich dieses Mal nicht berichten, da sie in jeder Hinsicht zufriedenstellend waren. Es ist schwierig, diese Stadt mit den anderen zu vergleichen, die wir gesehen haben. Auch wenn meine Beschreibung der Städte ähnlich erscheinen mag, sind die Unterschiede sehr groß. Ich kann sie mit dem Unterschied zwischen einem großen, hohen Lachspudding (mit Butterschmalz wie Sonnenschein, mmm!) und einem Rhabarberkuchen (mit Vanillepudding wie fahles Mondlicht) vergleichen. So unterschiedlich sind all diese Städte tatsächlich.

Wir waren mitten am Tag im Königreich der Basken angekommen, und das Klima war hell und warm. Berge waren offensichtlich Teil ihrer Kultur, denn wir sahen Berge, egal in welche Richtung wir schauten. Es gab viele Seen, und das Meer war dort drüben, wo der Hafen mit all den Booten lag. Es gab Wiesen, aber kaum Wälder. Auch Pferde trabten in dieser Kultur herum, also ist das Pferd wirklich ein alter Freund des Menschen. Natürlich hatten diese Tiere in den verschiedenen Kulturen ein anderes Aussehen, aber es waren keine großen Dinge, die sie vom modernen Pferd unterschieden. Baskische

Pferde, meist schwarz oder dunkelbraun und stämmig, ausgestattet mit dicken Sätteln mit erhöhtem Rücken, erwarteten uns unterhalb der Stadt. Denn wir fuhren mit einem Aufzug auf der anderen Seite des Berges hinunter. Mit dabei waren auch die Mädchen, Euphems Enkelin Jaina und Bico, der vor Maorion in den Sattel gehievt wurde. Monja war offenbar zu Hause geblieben. Bevor ich Zeit hatte zu fragen, wohin wir gingen, setzten wir uns in Bewegung mit dem alten baskischen Volksführer Euphem an der Spitze. (Er nannte sich selbst einen Volksführer.)

Ich entschied mich, mich einfach führen zu lassen. Da wir alle zusammen waren, nahm ich an, dass wir zu irgendeiner Sehenswürdigkeit fahren würden. Ich genoss die Fahrt über die prächtigen grünen Felder und dann ab auf eine Straße, die durch eine Reihe von Plantagen führte. Die Menschen, die wir sahen, schienen sehr hart zu arbeiten - fast wie Sklaven, dachte ich. Die Freundlichkeit und Freude, mit der wir in der Stadt begrüßt worden waren, war auf dem Land überhaupt nicht zu spüren. Dort hatten die Menschen nicht einmal Zeit, uns zu grüßen. Ich fragte Euphem, warum das so war. Er schien sich mit der Frage etwas unwohl zu fühlen.

"Hier arbeiten die Leute gerne", antwortete er mit einem Stirnrunzeln. "Wer arbeitet, um das Land, das er bewirtschaftet, zu erwerben, will damit so schnell wie möglich Erfolg haben. Das ist der einzige Ehrgeiz des Bauern; trotzdem sind noch nicht viele von ihnen unabhängig. Vielleicht ein paar Tausend im ganzen Land. Ich lasse sie normalerweise nach fünf Jahren Arbeit Land kaufen. Bis dahin habe ich gesehen, was für eine Art von Mensch sie sind. Manche arbeiten zehn Jahre lang, ohne etwas zu erreichen. Sie bleiben Knechte."

Ich schwieg und dachte an die Demokratie. Vielleicht war es nicht wert, diese Frage zu stellen; es gab ja viele Möglichkeiten, ein Volk zu führen. Wenigstens schien Euphem kein Tyrann zu sein.

Wir waren jetzt vielleicht eine halbe Stunde geritten. Soweit ich mich erinnerte, hatte ich über die Basken gelernt, dass einige von ihnen Bergbewohner waren, andere Fischer. Aber das war auf der Erde, natürlich. Wir waren nichts Magischem begegnet - noch nicht. Das sagte ich Maorion.

"Magie gibt es nicht überall", antwortete er. Ein Lächeln spielte in seinen Augen, ich hatte in dieser gemeinsamen Zeit gelernt, sie zu deuten. "Das ist ein bodenständiges Volk, genau wie die Basken auf der Erde. Aber sie sind auch ein freiheitsliebendes Volk, Menschen, die keine zu engen Zügel dulden."

"Wie passt das mit den Sklavenarbeitern auf den Feldern zusammen?" fragte ich, ein wenig sarkastisch.

"Sie sind keine Sklaven", antwortete er. "Du hast gerade gesehen, dass sie sich von uns abgewandt haben, weil sie die Hände voll Arbeit hatten. Sie schuften für niemanden, sie haben einen guten Lohn und werden gut behandelt. Glaube nichts anderes."

Die Landschaft veränderte sich. Wir ritten immer noch auf einer Straße, aber sie wurde bergiger. Nach einer Weile kamen wir an einen Ort, an dem ich mir einen wilden Schrei des Erstaunens und der Freude verkneifen musste. Wir kamen zu einem Wasserfall, der die Mutter des Niagara sein könnte. Er war riesig. Das Wasser schien direkt vom Himmel herab zu stürzen. Man sah nur einen Streifen des Himmels dort oben, wo das Wasser große schwere Nebel aus bunten Wasserperlen aufwirbelte. Maorion erklärte, dass die wunderbaren Farben mit der Höhe des Wassers im Verhältnis zum Spiegel des Himmels zu tun hatten. Ich verstand gar nichts, aber anscheinend funktionierte der kleine Streifen Himmel wie ein Prisma. Auf jeden Fall war es wunderschön. Wir stiegen von den Pferden ab und liefen zum Wasserfall hinauf. Auf dem steilen Weg, der hoch hinauf zu den tanzenden Wassermassen führte, gab es überall Geländer. Obwohl dies das Werk der Natur selbst war, standen wir alle in stummem Staunen vor dieser unglaublichen Schönheit.

Ich wollte Euphem gerade fragen, ob dieser Ort unser Ziel sei, als der alte Volksführer sich lächelnd umdrehte und sagte:

"Ihr habt sicher schon Wasserfälle gesehen, auch wenn dieser hier einer der größten im Kosmos ist. Aber es ist nicht nur ein Wasserfall, es ist auch ein Spielplatz für unsere Genmeister. Schau zu!"

Er deutete auf einen schlanken Mann, der etwas weiter oben stand. Er hielt ein silbern glänzendes Knäuel aus Schnur in der Hand. Mit einer eleganten Bewegung hob er sich wie ein Balletttänzer auf die Zehenspitzen und warf das Schnurknäuel quer über den Wasserfall. Wir sahen, wie der kleine glitzernde Punkt schnell und geschmeidig quer über die Wassermasse ging und auf der anderen Seite in einem Felsvorsprung stecken blieb - so weit weg, dass wir nur einen kleinen glitzernden Punkt sahen, nicht größer als ein Tischtennisball. Was dann geschah, war noch erstaunlicher.

Der Genmeister schwang sich über den Wasserfall hinaus. Er hielt das fadendünne silberne Glied und zog mit einer Geschwindigkeit von wahrscheinlich 140 Meilen pro Stunde durch die sprudelnden Kaskaden davon! Wir hatten keine Zeit zu blinzeln, bis er auf der anderen Seite stand und das kleine Schnurknäuel aufhob, das wie eine Perle in seiner Hand aussah. Er winkte uns zu und schwang sich wieder über den Wasserfall hinaus. Das Manöver wiederholte sich bis zu den wenigen Metern über uns. Er verbeugte sich tief vor uns, als er auf festem Boden stand. Erleichtert atmete ich tief durch.

"Tomu hat das schon als Kind geübt", erklärte Euphem. "Jetzt wirst du seine Zwillingsschwester in einer anderen Wassernummer sehen. Beide Geschwister sind unsere besten

Akrobaten, und ich hänge sehr an ihnen.”

Tomu lehnte sich rückwärts über die Reling und winkte jemandem zu, der hoch oben am Rande des Himmels angerauscht kam. Zuerst sah man nur einen dunklen Kopf. In der Mitte des Wasserfalls, auf dem obersten “Regal”, stand eine junge Frau mit ausgestreckten Armen. Als Tomu ihr zuwinkte, stürzte sie kopfüber nach unten. In der zischenden Gischt sprang sie hin und her, und mein Herz blieb mir in der Kehle stehen. Das junge Mädchen würde bald sterben; anders konnte es nicht enden. Aber schau, da sprang sie wie ein Delfin in einem weiten Salto hoch und entblößte einen engen silberfarbenen Badeanzug mit langen Beinen. Sie flog über das Wasser und fiel in den nächsten Teil des Wasserfalls hinunter. Wieder kam ihr Kopf hoch und ihre langen schwarzen Haare schwebten um ihre silbernen Schultern. Doch sie war zu hoch oben, als dass wir ihr Gesicht hätten erkennen können. Tomu warf ihr einen roten Ball zu. Sie fing ihn geschickt, und dank ihm konnten wir ihre Bewegungen ständig verfolgen. Der Ball schwebte in einer Spirale umher, und wir erkannten, dass die Hände des Mädchens mitmachten. Jetzt ging es schnell, die Spirale drehte sich in der Mitte des Wasserfalls.

“Das ist unglaublich”, murmelte ich, während Shala und Tilla wie ein paar Heuhaufen über dem Geländer hingen und Jaina hinter ihnen stand und sich kaputtlachte. Ich fand das wirklich nicht zum Lachen; das Mädchen da draußen war die ganze Zeit in tödlicher Gefahr.

Nun hatte sie den Boden erreicht, und nun gesellte ich mich zu den Heustapeln. Der rote Ball hüpfte auf und ab wie eine Guttapercha, aber ihr schwarzes Haar sah ich nicht mehr. Die wütenden Wellen, die entstanden, als die Wassersäule den Grund erreichte, mussten das junge Mädchen zu Tode verletzen können. Ich schnappte mir sowohl Tilla als auch Shala, als ob ich Trost bräuchte. Was für eine alberne Situation: der Engel

Janne, bestürzt und ängstlich um ein völlig fremdes akrobatisches Mädchen!

Während wir da standen und dem Kopf mit den dunklen Haaren nachschauten, wurde es dunkel. Die rabenschwarze Dunkelheit kam sehr schnell über dieses Land. Und nun kam das nächste Spektakel. Die rote Kugel leuchtete, und nun sahen wir sie wieder und den dunklen Mädchenkopf wie einen Schatten daneben. Ich atmete aus. Doch nun war etwas anderes geschehen. Überall brannten Fackeln, sowohl auf unserer Seite des Wasserfalls als auch auf der anderen Seite. In Abständen von etwa einem Meter flammten die Fackeln auf. Dunkel gekleidete Gestalten hielten sie, wahrscheinlich Hunderte von Fackelträgern. Zu unserem Erstaunen sahen wir auch Fackeln in der Mitte des Wasserfalls, Fackeln in einer langen Reihe. Keine menschlichen Hände hielten sie; sie waren an einer wirklich langen Strickleiter aus irgendeinem schwimmfähigen Material befestigt. Die rote Kugel leuchtete in den erhobenen Händen des Mädchens, als sie, auf leichten Füßen, auf der Strickleiter erschien und schneller als ein Reh nach oben lief. Wahrscheinlich musste das Laufen so schnell gehen, dass die Sprossen nicht unter ihren Füßen versanken. Es sah so aus, als wäre sie aus Luft gemacht. Wir sahen sie kaum mehr als einen silbernen Streifen, der schnell nach oben stieg, zum höchsten Punkt des Wasserfalls, wo der Himmel seinen dünnen Streifen offenbarte, mit einer Fülle von Sternen.

Oben und in der Mitte des Wasserfalls stand nun Tomus Schwester mit einer leuchtend roten Kugel in jeder Hand. Tomu nahm seinen silbernen Ball mit der Schnur heraus und warf ihn ihr zu. Auf irgendeine geheimnisvolle Weise war sie so befestigt, dass ein Draht zwischen der Stelle, an der wir standen, und dem Mädchen gespannt war. Sie begann, auf dem silbernen Faden zu laufen. Mit beiden Armen ausgestreckt und mit den roten Kugeln noch in den Händen, ging sie wie ein Linedancer direkt zu der Stelle, an der ihr Bruder stand. Wie sie es geschafft hatte, auf dem dünnen Draht zu laufen, war völlig unmöglich zu begreifen, aber sie hatte es geschafft. Und nun stand sie lächelnd in ihrem silbernen Anzug vor uns.

"Mein Name ist Tomasine", sagte sie. "Willkommen im Baskenland."

Ungewöhnliche Forschung

Es war schwer, uns vom Wasserfall, den Fackeln und den agilen Zwillingen loszureißen. Euphem begann den Rückweg in einem gemütlichen Tempo, denn wir drehten uns ständig um, während wir dem Weg entlang des Wasserfalls folgten. Wir kamen an den Fackelträgern vorbei, die dicht beieinander standen, und die mit Fackeln bestückte Strickleiter in der Mitte des Wasserfalls lag immer noch da. Die Zwillinge waren verschwunden. Bico, der zwischen mir und Maorion lief, plapperte weiter. Er wollte praktische Erklärungen für die Leistung der Akrobaten, die nur schwer zu geben waren. War es eine Art Illusion, die Euphem vollbracht hatte? Nein, Maorion versicherte uns, dass es echt war.

Natürlich hatten die Zwillinge schamanisches Wissen der sehr fortgeschrittenen Art benutzt, dachte ich. In diesen Welten sollte man wahrscheinlich nicht zu viel über die Wunder, die man erlebt hat, nachdenken. Der Erdenmensch ist in Wirklichkeit sehr einfach und nicht bereit, die Möglichkeiten zu entwickeln, die wir alle in uns haben. Das war etwas, was mir alle meine Lehrer eingeprägt hatten. Aber Euphem hatte Tomu Genmeister genannt. Diesen Ausdruck hatte ich noch nie gehört. Als wir nach einem leckeren Essen in der lauwarmen Nachtluft saßen und uns unterhielten, nutzte ich die Gelegenheit, um nach den Genmeistern zu fragen.

"Das ist ein interessantes Thema", nickte Euphem.

"Vielleicht weißt du, dass es möglich ist, die Gene zu manipulieren, sowohl bei Pflanzen, Tieren als auch bei Menschen? Man kann zum Beispiel ein Gemüse dazu bringen, größer und saftiger zu werden. Das ist die häufigste Art, die Gene zu beeinflussen. Wir haben ein Forschungslabor hier auf dem Planeten, genauer gesagt auf dem ursprünglichen Atlantis. Sie geben ihre Forschungsergebnisse an alle Stämme oder Menschen weiter, die hier leben. Sie beschäftigen sich mit genetischer Manipulation..."

"Das war einer der Gründe für den Untergang von Atlantis auf der Erde, nicht wahr?" unterbrach ich ihn. Er nickte.

"Aber das ist hier nicht der Fall. Unsere Wissenschaftler verursachen nicht die Art von Problemen, die ihr auf der Erde hattet und haben werdet. Wir gehen aufs Ganze und prüfen, welche Folgen unsere Forschung haben kann, sowohl im Einzelfall als auch in der Vielfalt. Wir sind ganz gut zurechtgekommen. Natürlich sind auch Fehler passiert, aber nicht so schlimm, dass man sie nicht wieder gut machen kann.

"Im Labor gibt es eine Abteilung, die sich ausschließlich mit Kindern beschäftigt. Die Mutter der Zwillinge war meine Nichte und eine enge Freundin meiner Tochter, der Mutter von Jaina. Meine Tochter arbeitet in diesem speziellen Labor, das sich auf einem anderen Teil des Planeten befindet. Zu dieser Zeit lebte auch meine zutiefst vermisste Frau. Die Mutter der Zwillinge war sehr krank, als sie sie gebar. Die Kinder waren untergewichtig, und wir dachten nicht, dass sie überleben würden. Wir haben spezielle Regeneratoren für solche Kinder, und das sind Geräte, die wirklich Leben retten. Das Leben der Zwillinge wurde in einem solchen Gerät gerettet. Aber was wir nicht wussten, war, dass in diesem speziellen Regenerator ein Fehler aufgetreten war. Er war nicht feststellbar, nicht sichtbar und eigentlich auch nicht gefährlich. Dank dieser Maschine bekamen die beiden Kinder zum Teil ihr Leben zurück und zum

Teil einen Satz von Genen, die bei Menschen nicht üblich sind. Es ist ein Genmolekül, das den Gleichgewichtssinn beeinflusst und auch die Fähigkeit, die Muskeln in deinem Körper auf ungewöhnliche Weise zu benutzen. Wir haben das zunächst nicht entdeckt; die Kinder waren etwa ein Jahr alt, als wir bemerkten, dass sie sich seltsam verhielten. Sie krümmten ihre Körper in unmöglichen Winkeln und sie balancierten auf schmalen Vorsprüngen, wo immer es sie gab.

"Wir erkundigten uns beim Krankenhaus. Der Fehler, den das Gerät angezeigt hatte, war behoben worden, und sie wollten uns nicht mit dem Wissen erschrecken, dass die Gene der Zwillinge betroffen gewesen sein könnten. Meine Frau war sehr aufgeregt, ganz zu schweigen von meiner Nichte. Aber schließlich stellte sich heraus, dass die fremden Gene von Vorteil waren. Sie halfen diesen beiden genialen und abenteuerlustigen Kindern, alle halsbrecherischen Spiele und Streiche zu überleben. Aber es gibt auch eine andere Seite dieses Genspiels. Die Kinder müssen sich auf die Abenteuer einlassen dürfen. Die Gene beeinflussen sie so stark, dass sie sterben werden, wenn sie kein Ventil für ihre Energie bekommen. Das ist die Kehrseite der Medaille. So sind sie im Laufe der Zeit zu unseren ganz eigenen Akrobaten geworden, und deshalb nenne ich sie Genmeister."

"Wenn man bedenkt, dass es so seltsame Dinge gibt!" rief Tilla aus. "Ich wünschte, ich wäre so ein Kind gewesen; dann hätte ich es vielleicht vermieden, ein Esclamp zu werden."

"Dann wären wir uns nicht begegnet", gab Shala vernünftig zu bedenken. "Ich glaube, dass alles geschieht, was geschehen soll. Gleichzeitig glaube ich, dass wir in der Lage sind, unser Leben zu beeinflussen, wenn wir es nur wollen. Das hast du getan, Tilla. Das ist nur möglich, wenn es keine Angst gibt. Angst ist unser Feind Nummer eins."

Bico hatte wohl nicht so viel von Euphems Geschichte

verstanden, denn er war wie immer in Monjas Schoß eingeschlafen. Ich überlegte eine Weile, dann fragte ich:

"Können wir uns das Forschungslabor mal ansehen?"

"Morgen", antwortete Euphem. "Du wirst wahrscheinlich denken, dass es Äonen von dem Wissen der Basken entfernt ist, die derzeit auf der Erde leben. Ihre irdische Herkunft reicht bis zu den Höhlenmenschen. Davon hast du keine Ahnung, oder? Wenn du an das Ende der Eiszeit zurückdenkst, gab es mehrere Höhlen im Baskenland, von denen wir wissen, dass es eine Kultur gab, die Franco-Kantabrer genannt wurde. Die Wissenschaftler auf der Erde haben festgestellt, dass diese seltsame Höhlenkultur der Vorgänger der Basken war. Außerdem hat man herausgefunden, dass es intelligente Menschen gab, die dort lebten. Sie hatten ihre eigene Sprache und sie schrieben und zeichneten auf den Höhlenwänden. Hier wissen wir, dass dies richtig ist. Wir schickten Seelen von hier auf die Erde hinunter und hofften, dass sie etwas von der Kultur, die hier existiert, wieder aufbauen würden. Das geschah nicht. Die Erinnerung an ihre Ursprünge wurde natürlich mit ihnen praktisch ausgelöscht, und sie mussten ganz von vorne anfangen. Die Reste des Wissens, das es noch gab, sind an den Höhlenwänden zu sehen."

"Kannst du uns etwas über ihre Religion auf der Erde erzählen?" fragte ich.

"Die meisten Basken lebten, nachdem sie ihren Weg aus den Höhlen gefunden hatten, in isolierten Berggemeinschaften. Sie hatten viele Götter: Andere, Nescato, Gizon, Leherenn, und Baigorrix. Hier wissen wir nicht, woher diese seltsamen Namen stammen. Sie verehrten das Feuer und das tun sie immer noch, sowohl hier als auch auf der Erde. Irgendwie hatte die Tradition des reinigenden Feuers in ihren Seelen Fuß gefasst. Wenn ein Todesfall eintrat, entzündeten sie ein reinigendes Feuer an der nächstgelegenen Kreuzung des Sterbehauses. Wenn ein Kind einen Zahn verliert, wirft man, bis heute, den Zahn auf das Feuer, damit das Kind einen neuen Zahn bekommt. Aber jetzt ist es Zeit für uns, uns zurückzuziehen. Wir brechen morgen früh auf."

Der nächste Morgen kam, mit bedecktem Wetter und feinem Nieselregen in der Luft. Nach dem Frühstück, das in unseren Zimmern serviert wurde, versammelten wir uns in der Haupthalle. Euphem und Jaina zeigten uns eine nach unten führende Treppe, die sich in der Mitte der Halle befand.

"Werden wir heute nicht reiten?", fragte Shala, die einfach nur gerne reiten wollte. Jaina schüttelte den Kopf.

"Es ist zu weit", antwortete sie. "Wir müssen den unterirdischen Flug nehmen. Folgt mir."

Ich wieherte erfreut vor mich hin. Die Stockholmer U-Bahn kannte ich gut, aber mit dem unterirdischen Flug zu reisen, war eine neue Erfahrung. Offenbar war man in diesem fremden Land schon einen Schritt weiter als auf der Erde. Wir gingen die lange Treppe hinunter und kamen in etwas an, das zumindest einer U-Bahn-Station ähnelte. Aber es gab keine Schienen, die in den Bahnsteig eingelassen waren. Es gab mehrere Bahnsteige nebeneinander, und auf diesen standen Schilder mit der Aufschrift: "Unterirdischer Flug 1, 2, 3" und so weiter. Die Fahrzeuge waren ovale Schiffe, wie kleine Zeppeline, mit Platz für ein Dutzend Passagiere. Wir besetzten ein solches Schiff, zu dem uns Jaina brachte. Ich konnte nicht anders als mich zu wundern, wie wir fliegen würden, ohne im Luftraum zu sein. Ich war gerade dabei, das zu erleben.

Unser Schiff hob in der Tunnelpassage direkt in die Luft ab. Kaum hatten wir Zeit zu bemerken, dass wir ein paar Meter nach oben gestiegen waren und noch ein paar Meter bis zur Decke hatten, als es quietschte und das Schiff blitzschnell abhob. Es dauerte etwa eine halbe Stunde, bis es, wie es schien, in demselben Tunnelgang landete. Das konnte natürlich nicht sein. Wir gingen eine Treppe hinauf und fanden uns in einem großen offenen Raum wieder. Ich rief in die Luft hinaus. Ob ihr es glaubt oder nicht, aber so weit das Auge reichte, waren Wolkenkratzer zu sehen. Euphem sah mein Erstaunen und hörte meinen Ausruf. Er legte seine Hand auf meinen Arm.

"Das ist auch der Kontinent der Wolkenkratzer", sagte er und lächelte. "Orte wie diesen gibt es hier und da im Universum, aber nicht auf dem irdischen Atlantis. Die Menschen, die hier leben, haben die Berge vermisst, von denen wir auf unserer Seite des Planeten reichlich haben. Stattdessen begannen sie, hochgeschossige Gebäude zu bauen, die später zu Wolkenkratzern wurden. Es wurde ein Wettbewerb unter den Bauherren dieses Landes. Aber als diese riesigen Gebäude fertig waren, erwiesen sie sich als recht praktisch. Endlich gab es Platz für die Forschung. Hier findet man fähige Wissenschaftler und Ingenieure aus der ganzen Welt. Nun lasst uns direkt in die Gen-Abteilung für Kinder gehen."

Wir tauchten in einen der Wolkenkratzer ein und betraten einen Fahrstuhl, der tatsächlich ein echter Fahrstuhl war. Ich habe keine Ahnung, wie er nach oben und unten befördert wurde, aber offensichtlich überwand er die Schwerkraft, auch wenn er keine Kabel hatte. Ich zählte zwanzig Stockwerke, bevor wir anhielten.

Wir betraten einen großen Raum, in dem viele Menschen an der Arbeit waren. Alle waren in bodenlange pastellfarbene Hemden gekleidet, und auch wir mussten uns in eines davon umziehen. Eine große, schlanke Frau führte uns herum. Es ist schwer zu erklären, was wir gesehen haben, denn die Forschung auf der Erde ist noch nicht so weit fortgeschritten, und es gibt keine Worte, die ich für all die Experimente und Studien, die wir gesehen haben, verwenden kann. Ich bekam ein Regenerationsgerät für missgebildete und frühgeborene Babys zu sehen, und zusätzlich durfte ich ein Baby begleiten, das erbärmlich klein und in schlechtem Zustand war. Das kleine Mädchen wurde in das Gerät eingesetzt. Danach liefen wir eine Weile herum und kamen zurück. Dann wurde das Mädchen aus dem Gerät genommen, und nun sah sie ganz anders aus. Sie atmete normal, ein Paar leuchtend hellblaue Augen öffneten sich und ihr kleiner Mund lächelte uns an. Sie war immer noch sehr abgemagert, aber unsere Führerin sagte, dass sie sich in einer Woche vollständig erholen würde.

Es gab Geräte, die zur Heilung verschiedener Krankheiten eingesetzt wurden und andere, die nur auf das Gehirn einwirkten. Als ich fragte, wie sie funktionierten, bekam ich keine andere Antwort als "auf vielfältige Weise". Einige Geräte waren große metallische oder glasartige Ungetüme mit Türen, andere waren Behälter mit Flüssigkeit, aber die durften wir uns nicht näher ansehen. Ich war froh, dass Bico mit Monja zu Hause geblieben war. Er hätte zu viele Fragen gestellt.

"In den Genmaschinen werden die Gene auf unterschiedliche Weise behandelt", erklärte uns Euphem. "Das findet in einem speziellen Labor statt. Es ist eine anstrengende Arbeit mit großer Verantwortung."

Ich bat darum, einen Blick in dieses Labor zu werfen. Unsere dünne Führerin schien nicht besonders amüsiert zu sein, aber anscheinend ließ sie sich von Euphem überreden. Zögernd öffnete sie eine dicke Tür mit vielen Schlössern. Darin befanden sich lange Reihen von Tischen und Geräten. Die unterschiedlichsten Menschen oder Wesen saßen an den Tischen, es war eine reine Science-Fiction-Sammlung. Ich traute meinen Augen nicht.

Auf einem Stuhl im Hintergrund saß ein kleiner Junge. Er hielt den Kopf gesenkt und es schien, als würde er schlafen. Eine Frau gab ihm etwas zu trinken. Aus seinem Körper kam ein Bündel von Kabeln, die mit einem Gerät neben ihm verbunden waren.

"Was ist das?" fragte ich, aber unsere Führerin brachte uns schnell von dort weg. Sie flüsterte Euphem ein paar wütende Worte zu und führte uns in einen anderen Raum, der offenbar eine Art Restaurant war. Wir wurden an einen Tisch gesetzt. Tilla sah aus, als ob sie sich gleich übergeben müsste und Shala schaute mich besorgt an. Auch Jaina schien aufgeregt zu sein. Man servierte uns ein süßes Getränk und ein süßes Brot.

"Es tut mir leid", sagte Euphem, "aber die Absicht war, dass ihr nur die Wissenschaftler sehen solltet, die an ihren Tischen saßen. Es war ein unglücklicher Zufall, dass sie den Jungen dort hatten. Das wusste auch unsere Führerin nicht."

"Willst du damit sagen, dass sie den Jungen töten wollten?", rief Maorion aus.

"Nein", antwortete Euphem. "Sie töten nicht, es sei denn, es gibt einen Unfall. Sie haben andere Gene in den Körper des Jungen eingeführt, die ihn völlig verändern würden. Das war das Einzige, was mir gesagt wurde. Eine solche Behandlung ist vertraulich, und unsere Führerin hatte Angst, dass sie streng gemaßregelt wird, weil sie uns dorthin gebracht hat. Wir sollten diesen Ort besser verlassen."

Schweigend fuhren wir den Aufzug hinunter. Wir hatten eine gute Sache gesehen - das kleine Babymädchen - und eine schlechte. Ist es auf diesen Planeten also genauso wie auf der Erde? Gibt es hier böse Absichten, und arbeiten die Forscher unter dem Deckmantel "zum Besten der Zukunft" mit irgendwelchen schmutzigen Tricks? fragte ich.

"Nein", antwortete Euphem. "In gewisser Weise hast du Recht, denn die Gier nach Macht ist in dieser großen Stadt nicht beseitigt. Jeder will als Erster ankommen und berühmt werden. Aber es ist kein absichtlicher Angriff auf die menschliche Natur. Der Junge, den du gesehen hast, war geistig zurückgeblieben. Es ist erlaubt mit solchen Kindern Experimente zu machen."

"Wie schrecklich!" unterbrach Shala. "Sie sollten

stattdessen Hilfe bekommen.”

“Aber genau das bekommen sie doch”, wandte Euphem ein. “Durch das Vertauschen von einige Gene in dem Jungen, kann er eine normale Intelligenz entwickeln. Natürlich kann das Experiment scheitern.”

“Und der Patient stirbt”, fügte ich verärgert hinzu. Euphem zuckte mit den Schultern.

“Vielleicht war es doch nicht so gut, euch diese Stadt zu zeigen!”, kommentierte er. “Jetzt werden wir wieder nach Hause in unsere schönen Berge gehen.”

Als wir zu Hause ankamen, war es dunkel und Zeit für das Abendessen. Nach dem Essen saßen wir zusammen in dem schönen Zimmer in Euphems Haus und ich fragte:

“Fabriziert ihr auch Menschen in diesem Genschaber?”

“Das kann vorkommen, aber es ist extrem selten”, antwortete Euphem langsam. “Das Problem ist, dass es zwar möglich ist, menschliche Körper zu erschaffen, aber nicht, ihnen eine Seele zu geben. Die Seele geht in das Innere der Mutter ein, manchmal kurz nach der Geburt, aber niemals bei hergestellten Menschen.”

“Ich weiß, wo das gleiche Problem besteht”, sagte Maorion. “In Luzifers Welt, einer weit entfernten Welt, in der der gefallene Engel herrscht. Es ist ihm gelungen, Menschen zu erschaffen, aber es fehlen die Seelen. Luzifers Name bedeutet ”der Lichtträger”. Er führt eine ganze Welt von mehr oder weniger mechanischen Kreaturen, die nach dem Vorbild des Menschen erschaffen wurden. Aber darüber wirst du wahrscheinlich am nächsten Ort mehr erfahren, wo wir morgen hingehen werden.”

“Hast du nicht gesagt, dass dies die letzte Kultur ist?”, wunderte sich Shala.

“Ja”, antwortete Maorion. “Jetzt reisen wir zurück ins Zentrum. Dort ist die ganze Reise miteinander verbunden.”

"Ich habe immer davon geträumt, ins Zentrum zu gehen", seufzte Jaina sehnsüchtig. "Großvater hat gesagt, dass nur bestimmte Personen dorthin gehen dürfen. Ich beneide euch!"

"In meinem Boot ist noch Platz für eine Person!" Maorion lachte. "Wenn du von deinem Großvater die Erlaubnis bekommst, mitzufahren, bist du herzlich willkommen."

Bevor ich einschlief, fasste ich den Aufenthalt hier bei den Basken mit dem Rest unserer Reise zusammen. Die Basken waren in vielerlei Hinsicht eine gute Kultur. Ich weiß nicht wirklich, was ich von Atlantis hielt. Sicherlich waren die lebensrettenden Maschinen eine gute Sache. Die Kinder wurden in einer einzigartigen Weihnachtsmannwerkstatt repariert, in der alles passieren konnte. Doch in meinem eingleisigen Kopf tauchte eine andere Frage auf: Was ist der Sinn von Anfang an? Wenn ein Kind mit schweren Defekten geboren wird und dazu noch im Sterben liegt, soll dann das Leben gerettet werden? Was passiert mit der Seele? Was hatte die Seele von Anfang an entschieden, bevor sie in den Körper hinabstieg? Hatte sie sich entschieden, geboren zu werden und sofort zu sterben? Hatte das Karma etwas damit zu tun? Wie würde die Mutter reagieren, wenn man das Kind auf natürliche Weise sterben lassen würde?

Diese Fragen tanzten noch eine ganze Weile in meinem Kopf herum, bevor ich schließlich in einen unruhigen Schlaf versank. Ich träumte, dass ich in einer großen Maschine massakriert wurde und meine vom Schrecken gezeichnete Seele in eine andere Maschine sprang, die mich wieder zusammenflickte. In dem Raum mit den Maschinen fand ein schrecklicher Handel mit Menschen statt. Jeder wollte hohe Geldbeträge zahlen, um geheilt zu werden. Es gab tote Menschen und verstümmelte Menschen und Menschen, die keine Menschen waren... Mit einem Schrei wachte ich auf. Als Mensch konnte man noch Albträume haben, dachte ich. Jetzt sehnte ich mich nach dem Boot zurück, nach meinem Engelskörper. Er passte besser zu mir.

20. Zurück zur Zentralen Rasse

Maorion beobachtete mich am nächsten Morgen genau. Er fragte mich, ob ich irgendwelche Albträume gehabt hätte. Es stellte sich heraus, dass sowohl er als auch die Mädchen schreckliche Dinge geträumt hatten, die mit dem zu tun hatten, was wir im Labor gesehen hatten. Wenn sich jemand vorstellt, dass Engel keine Gefühle haben, liegt er völlig falsch. Stattdessen werden unsere Gefühle in tiefe Empathie und Liebe für alle Lebewesen umgewandelt. Als wir nun - zumindest Shala und ich - vorübergehend in menschlichen Körpern gelebt hatten, mussten wir die unfreiwilligen Unannehmlichkeiten in Kauf nehmen. Vielleicht war es ein Weg für unsere Freunde unter den Meistern, uns für unsere Rolle als Engel dankbar zu machen. Was oder wer Maorion wirklich war, kümmerte mich nicht mehr. Er war ein netter und fürsorglicher Freund und Führer, das war das Wichtigste. Wenn er auch Alpträume träumen konnte, dann war er ein Mensch, zumindest in diesen Breitengraden.

Bico benahm sich auf unserem Schiff wie ein richtiger kleiner Seemann. Als Maorion ihn fragte, ob er gut geschlafen habe, antwortete er: "Aye, aye, Kapitän!" und salutierte. Während wir in den Laboratorien auf Atlantis waren, waren er und Monja im Hafen herumgewandert und hatten all die schönen Boote beobachtet. Sie wurden an Bord eines hübschen kleinen Schiffes eingeladen, wo der Kapitän, ein Mann in den Fünfzigern, die beiden liebgewonnen hatte und wollte, dass sie ihn auf eine Reise begleiten. Bico erzählte uns aufgeregt, dass Monjas Gesicht rot wie eine Pflaume geworden war, als der "alte Kapitän" ihnen alle möglichen Leckereien anbot und ihr zusätzlich sagte, wie süß sie sei. Bico meinte, dass sie gerne zu den Basken zurückkehren würde. Ihr Verehrer kam an den Kai, als wir gerade abreisen wollten. Er war ein großer, stämmiger, schwarzbärtiger Seemann. Er hatte ein freundliches, trolliges Gesicht, und ich hoffte für mich, dass Monja hierher zurückkehren könnte, wenn Bico stationiert war.

Auch Jaina kam an Bord. Eigentlich verstand ich nicht, warum Maorion das baskische Mädchen in das Zentraluniversum brachte. Sicherlich war sie lieb und nett, aber ich dachte, dass Shala und Tilla ausreichen würden. Doch allmählich wurde mir klar, dass es eine gute Sache war, denn Jaina und Tilla schienen sich gut zu verstehen, während Shala, wie wir wissen, ein Engel mit einer Mission war. Shalas und meine Mission war es, vor den Meistern in unserer Realität Rechenschaft über unsere Reise abzulegen, aber auch, daraus zu lernen. Ich erkannte auch, dass Tilla Jainas Unterstützung für den letzten Teil unserer Reise brauchte, der vor uns lag. Wir mussten einen Rat einholen, wie wir die Esclamps retten konnten, und diesen Rat würden wir im Zentrum einholen. Tilla hatte ihre Mission, und dann würde sie zurück zu ihrer eigenen Hochzeit reisen. Ich konnte gut verstehen, dass sie sich nach diesem Tag sehnte. Ich bemerkte ihre versteckten Seufzer und schmachtenden Augen. Währenddessen litten ihre Mitschwestern unter dem grausamen Joch der Hethiter.

Ich hatte gehofft, dass die Reise zum Zentrum schnell gehen würde. Wie dumm von mir, schon wieder in Zeitbegriffen zu denken! Ich hatte natürlich keine Ahnung, wie lange wir die Augen geschlossen hatten, als Maorion uns transportierte. Wir verließen das Baskenland gleich nach dem Frühstück, als die Sonne hoch am Himmel stand. Euphem schien wirklich traurig zu sein, dass wir so bald aufbrechen würden, aber er erlaubte Jaina, uns zu begleiten; sie brauchte neue Eindrücke. Außerdem war sie ungeheuer interessiert daran, zu sehen, wie andere Universen aussahen. Sie stellte so viele Fragen an ihn, die er nicht beantworten konnte. Ich spürte, dass er mit der Reise nach Atlantis nicht ganz zufrieden war, denn er lobte immer wieder sein geliebtes Baskenland.

"Es gibt einen Geheimbund mit den heutigen Basken auf der Erde, genauer gesagt in den Pyrenäen", erzählte er uns, kurz vor unserer Abreise. "Sie wissen alles über unsere Herkunft und halten Teile unserer alten Sprache am Leben. Sie halten auch unsere alte Religion in Ehren, die alte, die hier weiterlebt. In dem Teil von Atlantis, den du besucht hast, hat die alte Religion keine Spuren hinterlassen, wegen der modernen wissenschaftlichen Entwicklung. Aber sie existiert immer noch im Herzen eines jeden wahren Basken."

Ich hatte begonnen, den alten Mann mehr und mehr zu mögen. Er wünschte sich, dass wir auf dem Rückweg zu Besuch kämen und Maorion sagte nicht nein, sondern "vielleicht." Leider ist es nicht dazu gekommen. Das letzte, was ich vom Baskenland sah, war Euphem, der uns mit einem Zipfel seines weißen Mantels zuwinkte. Und nun saß ich an Bord des Bootes und wartete auf das Kommando "Augen zu!".

Ich döste vor mich hin und sprang hoch, als mir Bico in kindlicher Manier ins Ohr brüllte: "Janne, wach auf! Wir sind da, wir sind wirklich da!"

Das waren wir. Wir befanden uns an dem privaten Steg, an dem Maorion sein Boot aufbewahrte, wenn er es nicht benutzte. Ich konnte nichts anderes verstehen, als dass wir zu seiner eigenen Kultur, den Maori, zurückgekehrt waren. Wie üblich fragte ich, ob das der Fall sei.

"Das ist richtig", antwortete Maorion mit einem Lächeln. "Leider müssen wir das Boot hier verlassen und ein anderes Transportmittel zum Zentrum nehmen. Ihr seid viel zu viele, ich kann euch nicht in meinen Mantel stecken, also habe ich eine Art Hubschrauber bestellt, den wir hier benutzen, wenn wir auf längere Reisen gehen. Folgt mir!"

Wir waren nun eine lange Reihe, die den Weg vom Steg aus ging. Das, was Maorion einen Hubschrauber genannt hatte, ähnelte tatsächlich einem solchen, wenn auch stromlinienförmiger und glatter in seiner Bauweise. Er stand auf einer Wiese in der Nähe, sodass wir nur noch das Fahrzeug wechseln mussten. Als wir abhoben, war kein lautes Motorgeräusch zu hören, nur ein ziehendes, zischendes Geräusch. Außerdem erhob sich das Fahrzeug gerade in die Luft, wie eine Mondrakete. Wir sahen keinen Piloten und Maorion erklärte, dass es von unserem Zielort aus ferngesteuert wurde. Als Bico nach dem Namen unseres Ziels fragte, lächelte Maorion und schüttelte den Kopf. Es wird viel geschwiegen über die Zentrale Rasse, dachte ich.

Shala hatte sich neben mich gesetzt. Sie hatte sich ausgestreckt und war nicht mehr das kichernde Mädchen. Jetzt begann der Ernst des Lebens, das wusste sie, und jetzt mussten wir beide zusammenhalten. Wir waren zwei kleine Instrumente in der großen, kreativen Sinfonie.

Ich war nicht überrascht, dass wir auf einem Flughafen landeten. In der Tat gab es einige Flugzeuge, die nicht wie Flugzeuge aussahen, Hubschrauber, die nicht wie Hubschrauber aussahen, und Ballons, die nicht wie Ballons aussahen... aber auf jeden Fall war es eine Art Landeplatz für Flugreisen. Unser Fluggerät landete leicht und problemlos, und eine Leiter wurde heruntergelassen. Ein Empfangskomitee erwartete uns bereits am Fuße der Leiter und begrüßte uns mit freudigem Beifall. Es waren Menschen in langen, bunten Gewändern, wie wir sie bei unserem ersten Kurzbesuch hier gesehen hatten. Ein paar junge Männer hoben Bico hoch und trugen ihn auf ihren Schultern, was er laut und deutlich als "der Knaller" bezeichnete (ein Ausdruck, den ich ihm in meiner Dummheit beigebracht hatte).

Wir wurden liebevoll in eine fliegende Untertasse geschoben. Nun, wie soll ich es nennen? Sie war rund, aber sie sah nicht gerade wie eine Untertasse aus. Sie ähnelte dem unteren Teil einer Kugel, in der die Passagiere auf Bänken entlang der Wände saßen. Der obere Teil der Kugel war durchsichtig, vielleicht aus Glas gefertigt. Ich wage es nicht, in irdischen Begriffen zu denken, wenn ich überirdische Materialien beschreibe. Der Ball schwebte davon, zu Bicos großer Freude. Er konnte nicht stillhalten; er rannte über Füße und Knie herum und spähte in alle Richtungen aus. Irgendwann musste Monja ihn richtig ermahnen. Er setzte sich neben mich und lutschte an seinem rechten Zeigefinger. Das machte er immer, wenn er aufgeregt und voller Tatendrang war, aber still sein musste. Ich zwinkerte ihm zu, und er zwinkerte zurück. Es war unser Zeichen der heimlichen Verständigung, dass alles in Ordnung war.

Vermutlich entsprach dieses Transportmittel einem Taxi. Vielleicht war es sogar ihr Äquivalent eines Rolls Royce zu unseren Ehren. Ich flüsterte diesen Gedanken Shala zu, aber da sie nicht wusste, was ein Rolls Royce war, lächelte sie nur etwas zögerlich. Wir schwebten nicht lange, vielleicht etwa zehn Minuten in Erdzeit. Wir hatten zu Beginn unserer Reise schon kleinere Teile der Stadt gesehen, durch die wir fuhren, aber jetzt hatte ich etwas, womit ich sie vergleichen konnte. Es war unbestreitbar super schön. Eine Architektur, die über Jahrtausende verfeinert worden war, konnte nichts anderes sein, dachte ich, als wir durch das helle, glitzernde Portal schritten, das uns offensichtlich zu unserem Ziel führte. Und dort erwartete uns ein alter Bekannter: Melchizedek. Er umarmte uns alle ebenso herzlich und warm, und wir setzten uns in die weißen Samtsofas (oder was auch immer das war) in einem geschmackvoll eingerichteten Raum. Ich seufzte vor Erleichterung. Es fühlte sich an, wie nach Hause zu kommen, auch wenn es sehr weit weg war.

"Heute dürft ihr euch ausruhen, und ich würde mir gerne anhören, was ihr zu erzählen habt", sagte Melchizedek.

"Das wird lange dauern, lieber Meister", erwiderte ich und schaute zu den anderen.

"Jan, bitte nenn mich nicht Meister", korrigierte er mich. "Hier bin ich ein anderer. Es gibt keine Meister im Zentrum, wir gehören zusammen in einer göttlichen Einheit ohne Titel. Die Dinge mit den Meistern, Erzengeln usw. sind Bezeichnungen, die die Menschheit auf uns übertragen hat. Wir sind nicht in Klassen eingeteilt, und keiner hier ist besser oder schlechter als der andere. Es herrscht hier eine perfekte, globale Einheit, aber natürlich sind wir alle Individuen in dieser Einheit. Die Aufteilung, die in deinem ersten Buch existiert, Jan, gilt hier nicht. Auf der anderen Seite gilt sie immer noch für diejenigen, die noch nicht durch das Große Portal getreten sind. Jeder, der hier ist, hat dies getan. Aber jetzt musst du es mir sagen!"

Ich begann zu erzählen, aber da wir in einer Atmosphäre so hoher Energien saßen, gefroren mir die Worte im Mund und ich konnte nur stammeln. Melchizedek lachte und klopfte mir auf die Schulter.

"Komm, komm Jan, alter Knabe, nimm es nicht so ernst. Sei du selbst. Keiner hat etwas dagegen, dass du du bist, also erzähl einfach!"

Wir erzählten, abwechselnd Maorion und ich und manchmal Shala. Sanfte, freundliche Hände trugen uns Essen und Getränke herein, auch wenn ich mir nicht mehr sicher war, ob wir Menschen oder Engel waren. Bico war ohne Zweifel ein ganz normales kleines Kind. Er wurde in ein Spielzimmer geführt, wo andere Kinder waren, die wie "normale" Kinder aussahen. Außerhalb des Raumes war ein Spielgarten, sodass wir ihn mit gutem Gewissen seinen Kameraden und Monja überlassen konnten. Heute mussten keine Entscheidungen getroffen werden. Wir durften einfach sein.

Unvergessliches Sein

In dieser Nacht schliefen wir wie Murmeltiere. Ich weiß nicht, ob es an der schönen Umgebung lag oder an der Luftveränderung - ich weiß nicht einmal genau, wo wir waren. Ich weiß, dass wir bei der Zentralen Rasse waren, aber ich kann den Ort nicht auf einer Karte zeigen. Und warum sollte das auch nötig sein? Das Sein war völlig ausreichend. Dennoch gab es eine Frage, die ich mir nicht verkneifen konnte, Melchizedek zu stellen:

"Natürlich, Shala und ich sind Engel. Aber was genau bist du?"

"Engel sind eine irdische Erfindung", sagte Melchizedek mit einem Lächeln. "Das Wort 'Engel' bedeutet eigentlich 'Bote' und ist eine menschliche Erfindung. Es umfasst alle Arten von guten Geistern, die sich der menschliche Verstand vorstellen kann. Hier gibt es keine Engel oder Meister. Alle sind Menschen, wie ich dir gestern gesagt habe. Die Entwicklung der Menschen ist auch hier unterschiedlich, aber sie sind viel weiter fortgeschritten als ihr auf der Erde. Da die Zentrale Rasse das Modell für die Menschen in 700-800 Jahren ist, wäre es furchtbar, wenn sie immer noch auf demselben alten Stand wären wie die jetzigen Erdenmenschen."

"Wie können wir in 700 Jahren mit uns selbst kommunizieren?" fragte ich, verwirrt. "Liegt es daran, dass es die Zeit nicht gibt?" Er nickte.

"Die Zeit existiert nicht, aber dennoch findet eine fortschreitende Entwicklung statt, wenn du so willst. Bei dir spreche ich von gestern, heute und morgen. So kannst du leichter verstehen, weil diese Begriffe so tief in dir eingeprägt sind. Worte von der Erde sind wie Narben von einer Wunde. Sie sind noch da, aber sie schmerzen nicht mehr und verursachen keine Probleme. Entwicklung und Zeit sind verschiedene Dinge."

"Können wir mit Menschen sprechen, die uns acht bis neun Generationen voraus sind?" Ich zerbrach mir den Kopf über diese seltsame Frage. "Wenn wir jetzt in die Stadt gehen, kann ich dann meinen Ur-Ur-Ur-Ur-Ur-Ur-Ur-Ur-Ur-Ur-Enkel begrüßen oder so ähnlich?" fragte ich krampfhaft. Melchizedek lachte.

"Das ist genau das, was wir tun werden, mein Freund. In die Stadt gehen, meine ich."

"Noch eine Frage", beeilte ich mich zu sagen. "Bico und seine Krankenschwester und Tilla und Jaina sind jetzt lebende Menschen, auch wenn sie auf anderen Planeten leben. Wie reagieren ihre Körper auf so eine Umstellung? Ich erinnere mich an das wunderbare Buch *"Der verlorene Horizont"* von James Hilton. Ein paar Überlebende eines Flugzeugabsturzes im Himalaya fanden ein Wunderland, das sie Shangri-La nannten. Einer verliebte sich dort in ein Mädchen und brachte sie zurück in die Zivilisation. Als sie außerhalb von Shangri-La ankam, wurde sie in eine extrem alte Frau verwandelt und starb. Es war wirklich beängstigend. So etwas kann doch hier nicht passieren, oder?"

"Shangri-La existiert vielleicht", antwortete Melchizedek, "aber was du erzählst, stimmt nicht. Um sicher zu gehen, sprichst du mit mir, Maorion und den anderen. An diesem Ort, in diesem Universum und mit der Zentralen Rasse sind Geist und Materie auf eine erhabene Weise vereint. Es macht keinen Sinn zu erklären wie, denn deine Leser sind vielleicht noch nicht an dem Punkt angelangt, an dem sie verstehen, dass Zellen und DNA auf eine völlig neue Art und Weise koexistieren können. Wir haben uns etwas einfallen lassen, während ihr geschlafen habt, nur um die Körper zu verstärken, die ihr hier haben müsst. Ich möchte euch auch sagen, dass die Menschen mich fälschlicherweise als eine Art Meister in eurer selbst gestalteten Geistigen Welt platziert haben. Ich gehöre hierher und ich bin ein Schöpfer des Lichts der Zentralen Rasse. Ich möchte, dass du das verstehst, bevor wir uns auf eine Expedition begeben."

"Esst und trinkt ihr hier?", erklang eine bescheidene Frage. Es war Shala.

"Man tut, was man will." Daraufhin lachte Melchizedek und umarmte sie. "Wenn man Hunger hat, dann gibt es Essen und Trinken. Manche essen, andere nicht. Die einen schlafen, die anderen nicht. Wir waren darauf bedacht, dass du schläfst, da wir einige Veränderungen an deinem Körper vornehmen mussten. Daher nehme ich an, dass du sehr tief geschlafen hast."

Jetzt war es an mir zu lachen. Ich erinnerte mich daran, dass ich mich auf ein weiches und bequemes Bett in einem schönen Zimmer gelegt hatte und dann nichts mehr wusste, bis ich aufwachte. Aber es ist ziemlich offensichtlich, dass man nicht so herumlaufen kann wie in der letzten Zeit (oder sollten wir es Periode nennen?), ohne die Struktur des Körpers zu verändern, zumindest in den inneren Teilen. Maorion hatte das natürlich jedes Mal veranlasst, wenn wir auf unserer Reise von Bord gingen. Vielleicht war es gar nicht so seltsam, wie es sich anhört. In ein paar Jahren waren die Computer mit ihrem komplexen Innenleben zu einer Notwendigkeit für die Erdenmenschen geworden. Davon wussten wir auf der Erde noch nichts. War es komplizierter, mit DNA und Zellstrukturen zu zaubern? Nein, sicher nicht.

"Wir haben hier einiges zu erledigen", sagte Maorion, als wir uns in der Halle versammelten, um einen Blick auf die Stadt zu werfen. "Wir müssen uns um Bico kümmern, wir müssen eine Lösung für die Sklaverei der Esclamps finden, und Jan wird seinem Kollegen auf der Erde eine bestimmte Nachricht übermitteln. Ich selbst würde gerne nach Hause gehen. Ich vermute, dass Semeta dort auf mich wartet, also werde ich euch für eine Weile verlassen, meine Freunde.”

Oshio, den wir am Anfang unseres Abenteuers kennengelernt hatten, kam uns entgegen, als wir aus dem Gebäude traten. Er umarmte uns alle ganz herzlich.

“Ich habe von eurer erstaunlichen Reise gehört”, sagte er. “Ich denke, wir werden mit der Lösung der Probleme beginnen. Der junge Mann, der euch begleitet hat, braucht etwas Führung und ihr solltet mir folgen.”

Natürlich bezog er sich auf Bico. Er nahm den Jungen an die Hand und Bico war offenbar sehr beeindruckt von dem blau und grün gekleideten Mann mit den langen Haaren und dem Bart. Er sah Oshio an, als wäre er der Weihnachtsmann.

“Bist du ein Zauberer?” Fragte Bico. “Du siehst aus wie einer.”

“Jeder hier kann zaubern”, antwortete der alte Mann mit einem Lächeln, “und hier ist alles verzaubert. Sogar du!”

Wir gingen auf der schönen Straße, von der ich euch am Anfang des Buches erzählt habe. Von irgendwoher war Musik zu hören, und sie tauchte irgendwie in das Herz ein; sie wärmte, berührte und liebte. Ja, liebte! Musik, die die Menschen liebte, nicht umgekehrt. Ich weiß nicht, wie lange oder wohin wir gingen, ich lebte in den zarten Armen der Musik. Ich schlängelte mich wie ein Wurm, als Oshio plötzlich vor einem Tor stehen blieb. Wir betraten einen Garten und Oshio schloss das Tor sehr sorgfältig hinter sich. Der Duft und die Farben übernahmen den nächsten Teil von mir. Ich ging neben mir her und genoss einfach nur.

In der Mitte des Gartens stand ein langer Tisch aus einer Art durchsichtigem Material, an dem sieben Personen auf Bänken saßen. Es waren vier Männer und drei Frauen, oder?... Dass es drei Frauen und drei Männer waren, war für mich klar. Einer der Männer war Melchizedek, der lächelte und mir zuwinkte. Es war das Individuum Nummer sieben, das das Problem war. Es war weder eine Frau noch ein Mann. Es war ein schönes Wesen mit drei Köpfen. Alle drei Köpfe hatten schöne menschliche Züge, alle identisch bis auf den Gesichtsausdruck. Aber ich sprang hoch, als ich die Halskette sah, die der mittlere Hals trug. Sie bestand aus winzigen knochenfarbenen Kugeln mit hieroglyphenartigen Zeichen darauf. Wo hatte ich so eine Kugel schon einmal gesehen?

Das Medium, das meine Gedanken und Geschichten vermittelt, trägt eine solche Kugel um ihren Hals. Wenn ich ihr das erzähle, weiß ich, dass es eine starke Reaktion von ihr geben wird. Gleichzeitig erzählte mir Oshio, dass dieses seltsame, dreiköpfige Individuum eigentlich nur einen Kopf hat, aber bei Bedarf die beiden anderen abnehmen kann, die eine Art Hologramm sind. Der mittlere repräsentiert das Physische und die anderen beiden das Psychische und Mentale.

"Hier ist der Rat", erklärte Oshio. "In der Mitte sitzt Tu-Tula Manaki, der die drei Köpfe hat. Er ist das, was ihr einen Vorsitzenden nennen würdet. Hier wird er Ratsherr genannt." Er zog zwei Sofas heran, auf denen wir Platz nehmen durften. Ich fühlte mich ziemlich erschüttert, aber Bico war in seinem Element. Er ging um den ganzen Tisch herum, tauschte Grüße aus und schüttelte Hände. Als er auf den Ratsherrn zuging, warf er sich ihm um den Hals. Tu-Tula hielt ihn einen Moment lang zärtlich an sich gedrückt, und Bico rief aus:

"Ich bin so froh, dich zu treffen. Du bist derjenige, der in meinen Träumen immer zu mir kommt, und wir haben so viel Spaß!"

"Du bist ein kleiner WingMaker, deshalb bist du hier", antwortete Tu-Tula und setzte den Jungen auf seinen Schoß. Monja sah aus, als wüsste sie nicht recht, was sie tun sollte.

Oshio holte mich ab, und ich war an der Reihe, alle zu begrüßen. Es fühlte sich nicht feierlich an, sondern eher wie eine Versammlung mit freundlichen, fröhlichen Menschen in einem schönen Garten.

"Der Rat ist hier versammelt, wegen unserer lieben Gäste", sagte Tu-Tula Manaki. "Ihr seid wichtige Personen für uns, wichtige Verbindungen zur Erde. Die Zeit ist gekommen, in der eine Zusammenarbeit zwischen uns und euch dringend notwendig ist. Von der Zentralen Rasse, auch bekannt als die WingMakers, wurde eine Zusammenarbeit mit den Menschen gegründet, durch die Technologie, die ihnen zur Verfügung steht. Die Zeit ist nicht nur angemessen für diese Form der Zusammenarbeit, sondern es ist auch höchste Zeit. Es sind so viele negative Veränderungen auf der Erde eingetreten, dass wir uns verpflichtet sehen, einzugreifen, um den Erdenmenschen zu helfen. Wir wissen, dass uns nicht mehr als vielleicht 10-20% der Menschen auf der Erde glauben, aber das kann uns nicht aufhalten. Wir sind der Meinung, dass du, Jan, mit deinem Hintergrund als Autor in einem nordischen Land und heute als Engel, in der Lage sein solltest, uns zu helfen, unseren Brüdern und Schwestern in der schwierigen Situation der Erde Wissen zu vermitteln.

"Ihr sitzt hier und diskutiert über uns Erdbewohner?" fragte ich erstaunt und vergaß für einen Moment, dass ich kein Mensch mehr war. Der Dreiköpfige gab ein warmes, herzliches Lachen von sich, und die anderen stimmten mit ein. Ich verstand natürlich nicht, was daran so lustig war.

Oshio kam mit einem Stuhl, und ich wurde neben den Ratsherrn gesetzt.

"Wir sind alle Menschen", sagte eine Frau, die an seiner anderen Seite saß. "Wir sind aus Fleisch und Blut, erschaffen nach dem Ebenbild der Großen Mutter/Vater, genau wie du, als du auf der Erde gelebt hast. Unsere Kultur ist weiter fortgeschritten als die der Erde, deshalb versuchen wir, die Erdenmenschen zu erreichen und mit ihnen zu kooperieren. Wir haben bereits einige Ergebnisse erzielt.”

“Übertreibe es nicht, Gia-La”, sagte der Vorsitzende mit einem Lächeln. “Für Jan muss sowieso alles verwirrend genug sein. Ich schlage vor, dass Shala sich zu uns setzt, und die anderen in deiner Begleitung einen Rundgang durch den Garten machen. Oshio wird sie begleiten.”

“Ihr habt wahrscheinlich gehört, dass es sieben Universen gibt und noch ein weiteres in der Mitte, wo ihr euch gerade befindet”, fuhr der Ratsherr fort. “Als der, den ihr Gott nennt, eine Kraft im Kosmos wurde, wurde er physisch. Die Universen und die Galaxien, die in ihnen eingeschlossen sind, sind physische Phänomene. Sie könnten nicht von einer nicht-physischen Kraft kontrolliert werden. Folglich war Gott schon von Anfang an physisch.”

“Sprechen wir beide von demselben Gott?” fragte ich. Selbst bei den Engeln erlebte ich Gott oder den Vater als eine enorme nicht-physische Kraft. Vielleicht ist unser Gott im Reich der Geister ein anderer. Vielleicht gibt es mehrere Götter, dachte ich, wurde aber von Tu-Tula unterbrochen.

“Daran besteht kein Zweifel”, erklärte er mit Bestimmtheit. “Da die Erdbewohner dazu neigen, sich verschiedene Götter von unterschiedlicher Qualität zu geben und auch mehrere Namen für sie haben, wollen wir das Wort Gott hier lieber nicht verwenden. Stattdessen sagen wir der Ganzheitsnavigator oder der Urschöpfer. Er war der Anfang, aber nicht ganz so wie der Gott, von dem ihr in der Bibel sprecht.”

“Dort ist nur von einem Universum die Rede”, wagte ich einen Zwischenruf. “Wären es sieben, ich meine acht, wenn man das Zentrum mitzählt?”

“Sicher”, antwortete Tu-Tula mit entschlossener Stimme. “Als der Urschöpfer die sieben uns umgebenden Universen erschaffen hatte, erkannte er, dass auch sie jeweils ihren eigenen Navigator haben mussten. Also erschuf er sieben davon durch eine Art Teilung seiner selbst. Ich kann das nicht erklären; es ist auf einer sehr hohen Ebene, selbst für uns.”

“Mit anderen Worten, es gibt also sieben Götter”, unterbrach Shala, “plus den ursprünglichen, den wahren?”

“Da diese sieben ein Teil von ihm sind”, antwortete Tu-Tula mit einem sanften Lächeln, “sind sie alle so wahr wie er. Außerdem hat jeder Mensch aus Fleisch und Blut ein Fragment von Gott in sich. Es kommt nur darauf an, wie er es einsetzt.”

“Meinst du damit, dass jeder Mensch ein Höheres Selbst hat?” fragte ich.

“Ja, so könnte man es auch ausdrücken. Allerdings ist das Bewusstsein dafür sehr unterschiedlich ausgeprägt. Die meisten Menschen bewegen sich davon weg.”

“Auch diejenigen, die in die Kirche gehen und an Gott glauben?” fragte Shala.

“Wir haben es nicht mehr mit demselben Gott zu tun.” lächelte Tu-Tula. “Der Gott der Bibel, des Korans oder anderer sogenannter heiliger Schriften ist nicht dasselbe wie der Urschöpfer.”

“Dann war die Inkarnation von Jesus auf der Erde völlig umsonst?” fragte ich mich. “Er sprach von seinem Vater, seinem Gott. Auf wen hat er sich bezogen?”

“Euer Jesus gehört zur Zentralen Rasse”, antwortete die junge schöne Frau namens Gia-La. “Wir haben lange überlegt, ob wir einen Mann oder eine Frau schicken sollen, denn bei uns sind sie gleichberechtigt. Trotz seiner Bemühungen wurde er missverstanden. Er sprach die ganze Zeit vom Ganzheitsnavigator, aber es war einfacher für die Menschen, das Wort Gott zu verstehen. Dann wurde es noch einfacher, Gott auf eine profane Ebene zu senken.”

“Als wir das letzte Mal hier waren”, sagte Shala, “waren wir im Inneren des Herzens Gottes. Ist der Ganzheitsnavigator so gewaltig groß? Wenn er physisch ist, wie kann man dann in ihn eintreten?"

"Liebe kleine Freundin", antwortete Gia-La und strich mit ihrer Hand über Shalas Wange. "Wir haben hier im Rat einen Raum, den wir das Herz Gottes nennen. Das war der Raum, den du besuchen durftest, denn dort finden mächtige Bewusstseinserhebungen statt. In diesem Raum treffen wir den Ganzheitsnavigator, wenn er uns physisch besucht."

"Wie sieht er aus?" Ich konnte es mir natürlich nicht verkneifen, zu fragen. Tu-Tula lachte sein warmes Lachen.

"Er ist strahlend!", antwortete er. "Er sieht ganz menschlich aus, groß, schlank und gut aussehend. Ich nehme an, er kann verschiedene Formen annehmen, aber hier ist sein Haar sehr hell und seine Augen sind groß und schön. Sie wechseln ständig ihre Farbe. Er ist meist in schimmerndes Weiß gekleidet. Du nimmst sein Aussehen nicht wahr, denn er strahlt etwas so unglaublich und ewig Schönes aus, dass man es nicht beschreiben kann. Das ist es, was man Liebe nennt, nehme ich an."

"Wird Gott jemals zornig werden?" Es war Bico, der aufgewacht war. Er hatte die ganze Zeit auf Tu-Tulas Schoß gesessen und seinen Kopf an seine Brust gelehnt. Ich fühlte mich fast eifersüchtig, da Bico früher oft auf meinem Schoß geschlafen hatte.

"Vielleicht wird er das", nickte Tu-Tula dem Kind zu. "Aber nicht auf die gleiche Weise wie du und ich. Man kann auf viele Arten wütend werden, weißt du. Manchmal wird man zornig-traurig, und dann kommt es dem nahe, was Gott fühlt. Man ist enttäuscht, und man hofft, dass derjenige, von dem man enttäuscht ist, sich bessern wird."

"So wie wenn jemand die größte Orange nimmt", stellte Bico zufrieden fest. "Dann hoffst du, dass er es nicht noch einmal tut, denn dann bekommt er eine Abreibung.”

Alle lachten. Die feierliche Stimmung, als es um die körperliche Erscheinung des Urschöpfers ging, war völlig verflogen, aber noch waren wir nicht fertig mit dem Thema.

“Wer genau seid ihr, die Zentrale Rasse?”, fragte Shala.

“Wir wurden vom Obersten Schöpfer erschaffen, nachdem die sieben Universen ihre sieben Anführer bekommen hatten”, antwortete Tu-Tula. “Man könnte sagen, dass die Zentrale Rasse die älteste erschaffene Menschenrasse überhaupt ist. Wir haben auch eine ähnliche Entwicklung durchgemacht, wie sie auf der Erde stattgefunden hat. Wir waren sehr unvollständig, und wir hatten große Schwierigkeiten, uns aneinander und an unsere Führer anzupassen. Daher sagen wir jetzt, dass ihr Erdenmenschen dort seid, wo wir selbst vor etwa 700 Jahren waren. Wenn 700 Jahre vergangen sind und die Erde auf den kosmischen Landkarten verbleibt, werden die Erdenmenschen folglich auf der Entwicklungsstufe angekommen sein, auf der wir jetzt sind.”

“Und wo werdet ihr dann sein?” Ich konnte mir die Frage nicht verkneifen.

“Wahrscheinlich sind wir dann immer noch hier”, sagte Melchizedek lächelnd, der sich noch nicht geäußert hatte. “Da der Ganzheitsnavigator Millionen von Jahren überlebt hat, sind 700 Jahre für seine erste Schöpfung nichts. Es kann aber auch sein, dass die Erde dann in unserem Universum ein Stück näher an uns herangerückt ist.”

“Er muss sehr stark sein, um die Erde bewegen zu können”, grübelte Bico. “Wie schafft er das?”

“Es gibt keinen Menschen, der die Erde bewegt, sie erhebt sich aus eigener Kraft, wenn die Menschen freundlicher werden”, sagte Gia-La.

“Ich habe Hunger!”, verkündete Bico und sprang vom Schoß des Ratsherrn herunter. “Habt ihr denn nichts zu essen hier?"

"Da haben wir unseren kleinen Herrscher!" Tu-Tula lächelte. "Wir sind Menschen und wir essen natürlich. Aber unsere Nahrung ist nicht tierisch. Es basiert auf dem, was die Natur uns gibt. Wir werden die Diskussion über den Ganzheitsnavigator nach dem Essen fortsetzen. Willkommen an unserem Tisch, meine Freunde."

Als wir danach plaudernd in einem schieren Garten Eden saßen, einer Art Gewächshaus, das im Inneren des Ratsgebäudes existierte, erinnerte ich mich an die Probleme, die ich mitgebracht hatte: Tillas Eskapaden und Bicos Erfahrungen nach dem Tod seiner Eltern. Beide waren hierher gekommen, um Rat und Hilfe zu bekommen, und ich musste sicherstellen, dass sie diese auch bekamen. Ich vermutete, dass Bico lieber bei den WingMakers bleiben wollte, aber die Frage war, ob er nicht eine große Aufgabe in seinem Heimatland hatte. Wir saßen in einem weiten Kreis im tropischen Grün, und die schöne Musik floss um uns herum in der Luft, mäßig laut, um Gespräche zu ermöglichen. Ich dachte, dass ich nie wieder in das Engelreich zurückkreisen wollte. Ich wollte hier bleiben.

Melchizedek und Tu-Tula saßen nebeneinander, und Shala und ich saßen am nächsten bei ihnen. Die schöne, angenehme Frau Gia-La saß auf der anderen Seite von Shala, und ich bemerkte, dass die beiden Frauen sich sehr gut verstanden. Monja hatte uns verlassen, um Bico für die Nacht zuzudecken, und außerdem hatte sie offen erklärt, dass sie unsere Gespräche für viel zu tiefgründig hielt. Sie war eine Kinderfrau und Dienerin, die nie etwas anderes als ihren Beruf gelernt hatte. Nun sehnte sie sich nach ihrem Seekapitän, das verstand ich. Liebe gibt es in den ruhigsten Gewässern, und selbst eine kleine, runde Etruskerin kann angetörnt werden.

"Ich wollte gerade nach Bico fragen", sagte ich. "Wir wissen nicht, was wir mit ihm machen sollen. Maorion ist bereit, ihn nach Hause zu den Enisianern zu bringen und sich mit seinen Verwandten auseinanderzusetzen, die sein Haus annektiert und ihn fast umgebracht haben. Es scheint mir, als ob das Leben in den meisten der siebzehn Kulturen, die wir besucht haben, nicht immer so einfach ist. Man erkennt sich selbst von der Erde wieder. Ich habe mir vorgestellt, dass das Leben auf den Planeten im siebten Universum eine Art heiliges Leben ist, sogar sakrosankt.”

“Wir sind uns absolut im Klaren darüber, was mit Bico zu tun ist”, lächelte Tu-Tula als Antwort. “Wir wissen schon lange alles über diesen Jungen, denn er stammt von hier und wurde nach Enisia geschickt, um eine wichtige Aufgabe zu erfüllen. Seine Eltern wussten das auch, aber ihr Unfall war nicht Teil unserer Pläne. Es wurde von seinen Verwandten arrangiert, aber das ist schwer zu beweisen. Bico darf hier bleiben, und er wird von uns für die Aufgabe, die er wirklich hat, erzogen werden. Er darf gelegentlich nach Hause nach Enisia zurückkehren, damit die Menschen ihn nicht vergessen. Was seine bösen Verwandten betrifft, so haben wir bereits Maßnahmen ergriffen. Was du vollbracht hast, Jan, ist sehr gut. Du hast Bico hierher gebracht. Selbst für uns schien er verloren, als er sich in der Gruft versteckte. Wir sind nicht allwissend, auch wenn wir sehr viel wissen.”

Ich atmete erleichtert auf und ging zum schwierigsten Problem über: den Esclamps. Tilla wollte nicht in das Reich der Hethiter zurückkehren, da wir wissen, dass sie einen Zulu, Tjai, Sohn von Beli, heiraten wollte. Wie konnten die Esclamps gerettet werden? Nun begann Melchizedek zu sprechen:

“Du kennst mich nun schon eine ganze Weile, Jan”, sagte er, und es schien mir, als hätte seine dunkle Stimme einen neuen Klang bekommen. “Es ist an der Zeit, dass ich dir sage, wer ich bin. Wie du gehört hast, gibt es sieben Navigatoren, göttliche Kräfte, oder wie auch immer du sie nennen möchtest, die alle Teile des Großen Schöpfers sind. Ich bin einer von ihnen. Ich kümmere mich um das siebte Universum, und dorthin bist du in letzter Zeit gereist. Es war einfach noch nicht Zeit, dir das zu sagen, bis jetzt.”

“Dann - dann bist du also Gott?” stotterte ich. Melchizedek lachte.

“Ein Teil von ihm, Jan, nur ein Teil des Vaters wie wir alle”, sagte er. “Ich wurde mit der Macht ausgestattet, in die Zukunft zu sehen, als Hilfe, um Probleme zu lösen. Ich weiß, dass es auf meinen Planeten Probleme gibt und ich weiß, dass sie gelöst werden müssen, bevor weitere Kulturen auf die Erde geschickt werden. Viele Ursprungskulturen in meinem Universum sind auch bis zu einem gewissen Grad degeneriert. Ich darf nicht eingreifen; die Menschen müssen aus eigener Kraft lernen. Die Esclamps sind ein großes und schwieriges Problem, weil sie auch auf der Erde unter dem Deckmantel der Religion furchtbar unterdrückt wurden. Aber ich kann nicht untätig sein, wenn ich Leid sehe. Tilla hat mir erzählt, wie es ihr ergangen ist. Ich verstehe, wenn sie versucht, von dort wegzukommen, aber gleichzeitig ist sie fest entschlossen, ihren Mitschwestern zu helfen. Ich weiß nicht, wie sie darauf gekommen ist, denn die hethitischen Männer sind so kriegerisch und rachsüchtig.”

“Ein Aufstand”, schlug ich vor. “Das ist der einzig mögliche Weg.”

“Ich glaube nicht, dass ein Aufstand helfen wird, solange die Frauen nicht verstehen, dass ihnen die gleiche Wertschätzung zusteht wie den Männern”, antwortete er besorgt. “Sie müssen erst erzogen werden, bevor sie handeln können.”

“Die Esclamps sind innerlich stolz und bewusst”, rief Tilla von der anderen Seite unseres Kreises. “Viele von ihnen sind bereit für einen Aufstand. Wir brauchen nur einen Rat, wie wir beginnen sollen.”

“Ein Kreuzzug”, schlug ich vor, halb im Scherz. “Gibt es

nicht irgendeinen Ort, zu dem ihr wandern könnt?"

"Die Männer haben einen heiligen Berg", antwortete Tilla nachdenklich. "Normalerweise reiten sie dorthin, um sich Rat für ihre Kriege zu holen."

"Wer ist der Berater?" fragte ich.

"Es gibt einen alten Mann, der am Fuße des heiligen Berges Manuu sitzt und spricht", antwortete Tilla. "Daran glauben wir nicht. Wir glauben, dass die Männer sich für etwas Heiliges ausgeben, um sich im Geheimen zu treffen und Pläne für Gewalt und Terror zu schmieden - und natürlich für böse Taten gegen uns Frauen."

"Tilla", sagte Melchizedek, während er sich zu ihr nach vorne lehnte. "Ist dir klar, dass du gerade die Lösung für deine Probleme gefunden hast?" Tu-Tula nickte und lächelte, während der Rest von uns erstaunte Blicke austauschte.

"Ich garantiere", sagte der Ratsherr in einem entschlossenen Ton, "dass die hethitischen Herren sich demütigen und eine Kehrtwende in ihrer Haltung gegenüber den Esclamps vollziehen werden, eine Wende zu Ehrfurcht und Bewunderung, ja, vielleicht sogar Liebe!"

Tilla schniefte. "Wie soll das denn gehen?", fragte sie schmollend.

Der Plan, der in diesem Moment in Melchizedeks Kopf erdacht wurde, war außergewöhnlich. Die Idee des Plans war es, einen bestimmten Magier aus der Zentralen Rasse zum Manuu-Berg zu schicken. Er würde die Männer nicht nur bedrohen, wenn sie die Frauen weiter belästigen, sondern er würde auch zeigen, dass er es ernst meint. Der Berg würde rumpeln, der Wind würde zu einem Taifun werden und das Wasser würde die Küsten überfluten. Wenn die Männer in ihrer Verzweiflung den Magier um Rat und Hilfe bitten mussten, würden die Bedingungen festgelegt werden. Jede Frau im ganzen Land sollte ihre Position als Ehefrau und Mutter wiedererlangen und dem Mann gleichgestellt werden.

Wir applaudierten. Der Beschützer der Planeten hatte gesprochen. Jetzt mussten wir uns nur noch an die Arbeit machen und Tilla konnte heiraten, ohne ein schlechtes Gewissen gegenüber ihren Mitschwestern zu haben.

Melchizedek versprach, dass bereits am nächsten Tag ein Magier zum Heiligen Berg der Hethiter, dem Manuu, geschickt werden würde. Von dort aus würde der Magier eine Einladung an die Männer im Königreich schicken, sich sofort am üblichen Versammlungsort einzufinden. Wenn sie nicht erscheinen würden, warnte er sie vor den Konsequenzen. Tilla brach in Gelächter aus. Sie bedauerte, dass sie nicht zu Hause sein konnte, um Zeuge der unglaublichen Veränderung zu werden, die sich anbahnte. Doch Melchisedek seufzte:

"Ich drohe nicht gerne, aber manchmal ist es notwendig, sowohl zu drohen als auch zu erschrecken, zumindest, wenn es um Schurken und Mörder geht. Ich wünschte nur, dass ich all den armen Frauen auf der Erde helfen könnte, die ein ähnliches Leben wie die Esclamps führen. Dort können wir nicht die gleiche Prozedur anwenden. Wir haben Frauen von den WingMakers heruntergeschickt, die zur Zeit versuchen, die Gesellschaft, in der sie leben, zu beeinflussen. Sie geraten oft in Schwierigkeiten und müssen dann zu uns zurückkehren, aber wir geben nicht auf. Es wird immer mehr geben, die sich für die Freiheit der Frauen in diesen Ländern einsetzen."

"Wie macht ihr das?" Fragte ich ungeduldig. "Ihr 'schickt' Leute auf die Erde, die im Geheimen für das Positive arbeiten. Werden sie dort geboren oder materialisieren sie sich plötzlich an einem trostlosen Ort, um später in unsere Gesellschaften zu springen?"

"Meistens werden sie dort geboren", antwortete Tu-Tula Manaki. "Aber wir haben auch Lehrer, die so arbeiten, wie du es beschreibst - obwohl das mit dem trostlosen Ort nicht ganz stimmt. Es ist besser für sie, sich in die Warteschlangen einer großen Stadt einzureihen. Die Menschen schauen nur in eine Richtung, wenn sie in der Schlange stehen oder in einer Menschenmenge stehen. Wenn plötzlich jemand unter ihnen oder hinter ihnen auftaucht, wird niemand darauf achten.”

“Wie sieht es mit der Kleidung aus?” fragte ich praktisch.

“Das wird von hier aus geregelt. Wir wissen ziemlich gut, wie die Erdlinge gekleidet sind. Hosen und Hemden sind nicht so schwer zu produzieren!” Tu-Tula fügte mit einem Augenzwinkern hinzu: “Und sie sind absolut modern!”

Die Zentrale Rasse - das Paradies?

Es war wieder ein unvergesslicher Abend, wie so viele andere, die ich auf dieser Reise erlebt hatte. Uns wurde versprochen, dass wir am nächsten Tag ein bisschen mehr vom Reich der Zentralen Rasse sehen würden. Unsere Schlafräume befanden sich im Ratshaus, ganz hinten in einem anderen Teil des Gebäudes. Sie waren komfortabel, ausgestattet mit einem eigenen Bad und einer Art Fernseher, allerdings mit einem größeren Bildschirm als unserem und zudem in die Wand eingebaut. Er nahm fast die gesamte Wand ein. Es zeigte die fantastischsten Gemälde in Farben, die alles toppten, was ich in dieser Hinsicht gesehen hatte. Ich hatte zu viel zum Nachdenken, also legte ich mich grübelnd hin, während ich den Wandfernseher betrachtete. Oshio hatte mir gezeigt, wie man ihn ein- und ausschaltete, und er zeigte mir sogar, wie man die Erde einstellt. Natürlich tat ich das.

Es war seltsam, dass ich, während ich mich im Reich der Zentralen Rasse befand, die Entwicklung der Erde beobachten konnte, die 700 Jahre früher stattfand. Ich befand mich in der Zukunft, und aus meiner Perspektive schien das Leben auf der Erde nur Steinzeit zu sein. Wenn ich in die Engelsrealität zurückkehren würde, die mein jetziges Zuhause war, würde ich mich viel näher an der Erde befinden, etwa 700 Jahre früher. Hier gefiel es mir wirklich besser. Ich schaute mir die Bilder von der Erde an, und was ich sah, waren Städte voller Verkehr, Menschen, die kämpften, ohne eigentlich zu wissen warum, Menschen, die Verbrechen und Gewalttaten begingen. Ich sah Kirchen und Moscheen und andere heilige Gebäude, und Menschen, die beteten... nun, es tut mir leid, aber in meinen Augen waren es Götzen. Jede Menge Götzen im 21. Jahrhundert, nicht zuletzt der berüchtigte Gott Mammon.

Es wurde zu viel für meine müden Augen und ich schlief zu dem Bild des Hungers und der extremen Armut irgendwo in Afrika ein, wo mich das Leid in den Augen der Kinder quälte. Wenn das doch nur so einfach zu heilen wäre wie die Probleme von Bico und Tilla. Aber vielleicht sollte es nicht geheilt werden. Vielleicht sollte es einfach von selbst abklingen.

Es schien, als wäre die Gesellschaft der WingMakers eine rein menschliche Gesellschaft. Am nächsten Tag gingen Shala und ich mit Tu-Tula, Gia-La, mit dem langen, glänzenden, hellbraunen Haar mit einem Hauch von Rot darin, Tilla und Jaina auf einen Touristenspaziergang. Es war nicht die erste Stadt, die ich auf unserer Reise gesehen habe, in der kein Verkehr herrschte. Doch hier war es anders. Die einzigen erlaubten Fahrzeuge waren Boote. An vielen Stellen gab es Kanäle und Brücken über die Kanäle wie bei den Mayas. In der Luft sah ich auch verschiedene Fahrzeuge in unterschiedlichen Ausführungen, aber es waren keine Personenfahrzeuge. Die Stadt, oder wie auch immer wir sie nennen sollten, war nicht besonders groß. Tu-Tula erklärte, dass es viele Städte dieser Art gab: klein, übersichtlich, schön und ohne jegliches Gedränge. Die Familien schienen glücklich zu sein, und alle sahen wohlhabend aus. Überall kamen uns Eltern und Kinder entgegen, die uns alle begrüßten, indem sie einen Arm hoben und mit den Fingern ein Zeichen machten, das dem irdischen Friedenszeichen ähnelte. Die Kinder sprangen herum und sangen und schienen sicher zu sein. Es waren Kinder, die Kinder sein durften.

Überall gab es Anlegestellen, und unsere Gastgeber führten uns zu einer von ihnen. Es gab sowohl Segelboote als auch Ruderboote. Tu-Tula wählte ein langes Boot, das in seinem Design fast ägyptisch wirkte. Allerdings hatte es keine Ruder. Wie es sich vorwärts bewegte, war mir ein Rätsel, aber sobald wir auf Bänken darin saßen, setzte es sich in Bewegung. Tu-Tula saß achtern, und es gab ein kleines Steuerrad, nicht größer als ein Handy, für eine Art Fernsteuerung. Das Boot war eine gute Wahl, da wir einen freien Blick in alle Richtungen hatten und die umliegende Landschaft bewundern konnten.

Wir waren aus der kleinen Stadt herausgekommen und glitten nun durch einen Gürtel aus Vegetation auf beiden Seiten. Bäume, Büsche und hohe, bunte Blumen schienen wie aus einem englischen Gartenbuch ausgeschnitten zu sein. Es war so gut geplant und schön gestaltet, dass es uns den Atem raubte. Dann tauchten die hohen Berge auf - sie glänzten im Hintergrund mit schneebedeckten Gipfeln, und sie waren nicht grau, sondern vielfarbig. Wir glitten durch einen kleinen See, wo große Fische elegante Sprünge machten und ein schäumendes Wasserrauschen um das Boot erzeugten. Sie sahen aus wie eine Art Delfine, aber ihre Köpfe waren noch menschlicher ausgeprägt. Sie konnten lachende und ernste Gesichter machen, verschmitzte und schmachtende Liebesbekundungen. Vielleicht waren sie die Ursprungsbrüder der Delphine, dachte ich.

Das Boot steuerte auf die Rocky Mountains zu - so fühlte ich mich versucht, sie zu nennen. Es war kein weiter Weg dorthin. Die ganze Gesellschaft war bisher ungewöhnlich ruhig gewesen, und ich dachte, dass sie wahrscheinlich all die fantastischen

Eindrücke verdauten. Als das Boot mit einem Ruck anhielt und unser dreiköpfiger Gastgeber ins Wasser sprang und uns aufforderte, es ihm gleich zu tun, sprangen wir alle in die Höhe. Tu-Tula hatte heute nur einen Kopf, und das fühlte sich bequemer an, das muss ich zugeben. Die Mädchen sahen etwas erschrocken aus, als sie ihre langen Röcke hochzogen und an Land wateten, aber es war sehr seicht, und ich half Tu-Tula beim Hochziehen des Bootes an den Strand.

Wir befanden uns sehr nahe an einer hohen Klippe. Der Strand war vielleicht fünf Meter breit und bestand aus grobem Kies, der wie Glas aussah, aber erstaunlich weich zum Laufen war.

Die Klippe war in natürliche Terrassen mit niedriger Vegetation unterteilt. Sie ähnelten Stufen, sodass wir ohne große Schwierigkeiten hinaufkletterten. Auf dem Kamm der smaragdgrünen, granatroten, bernsteingelben Klippe bot sich uns ein seltsamer Anblick. Auf dem sehr breiten Gipfel, der neben einer noch höheren Klippe lag, befand sich eine uralte Stadt, eine Burg, ein großes Dorf, oder was auch immer es sein mochte. Halb vermoderte, zeitlich geformte Mauern lagen wie ein Kranz um diesen seltsamen Anblick... oder eine Fata Morgana?

"Ich weiß, was du denkst", flüsterte Tu-Tula mir zu, und Gia-La übermittelte die gleiche Information an die Mädchen. "Dies ist unser Shangri-La, unsere verzauberte Welt in der Welt. Was du hier siehst, sind die Überreste der ältesten Gebäude, die in unserem Universum existieren, es ist mehr als tausend Jahre alt. Ich wage nicht zu sagen, wie alt es ist. Du wirst hier nicht nur Zeuge von Ruinen; viele der Gebäude sind in gutem Zustand, besonders im Inneren. Hier leben die Weisesten der Weisen, und hier wirst du auch deinen alten Freund finden."

Es war, natürlich, Melchizedek. Es fühlte sich fast wie ein

Trost an, ihn hier zu sehen, lächelnd und unbeschwert wie immer. Er kam uns entgegen, als wir durch ein Loch in der Mauer gingen, was vielleicht ein Tor war, vielleicht auch nur ein heruntergekommener Ort.

Die Häuser waren atemberaubend. Es ist schwer, sie in gewöhnlicher irdischer Sprache zu beschreiben, da ihre Formen nichts glichen, was ich je gesehen habe. Melchizedek umarmte uns alle, und wir durften eines der Gebäude betreten. Darin ruhte ein Licht, das sich vollständig anfühlte. Ja, vollständig, anders kann man es nicht beschreiben. Ich spürte, dass dies der Höhepunkt meiner Reise war. Shala ging an meiner Seite, und die Mädchen folgten mit Gia-La. Wir gingen dort hinein, als ob es ein Heiligtum wäre - und vielleicht war es das auch. Das Licht, das dort drinnen existierte, war nicht von dieser Welt, und ich weiß eigentlich nicht, welche Welt das war! Man fühlte sich gut, man fühlte sich erhoben, und die Freude stieg in einem auf, bis hin zu Tränen. Die Art von Freude, die einen von innen warm werden lässt und einen leicht und glücklich werden lässt. Sogar Tu-Tula schien ganz aufgeregt zu sein.

Melchizedek führte uns in einen Raum, dem die Mädchen nicht folgen durften. Sie gingen woanders mit der charmanten Gia-La herum. Als wir den Raum betreten hatten, schloss er vorsichtig die schöne, verzierte Tür hinter uns. An einem hohen Fenster saßen ein alter Mann und eine alte Frau. Das Licht fiel auf ihre rosafarbenen Gesichter, aber zusammen mit ihrem Alter war da eine immense Schönheit. Melchizedek und Tu-Tula knieten vor ihnen nieder und gaben Shala und mir ein Zeichen, es ihnen gleich zu tun. Der alte Mann lächelte sanft und wies uns mit einer Geste an, aufzustehen und auf der kleinen Couch, die neben ihnen stand, Platz zu nehmen.

“Darf ich vorstellen, Amu Teiron und Ma Zira, die ältesten Mitglieder dieses Universums”, sagte Melchizedek. “Dementsprechend sind sie auch die ältesten der Zentralen

Rasse. Außerdem halten sie sich in der Stadt auf, die sie selbst erschaffen haben. Sie ist Millionen von Jahren alt. Zur gleichen Zeit, als sie erschaffen wurden, entstand das weiße Licht. Es ist ein Licht, das unser Schöpfer selbst uns gegeben hat, weil es das Leben selbst vermittelt. Sicherlich hast du schon seine heilenden Kräfte erfahren, und du verstehst wahrscheinlich auch, dass wir hier keine Krankheiten haben. Dieses Licht durchdringt alles, und du hast wahrscheinlich einen Abglanz davon bei der Zentralen Rasse erlebt. Es existiert im gesamten Zentraluniversum."

Ma Zira lächelte und streckte mir ihre Hand entgegen, und Amu Teiron winkte Shala zu sich heran. Ich küsste höflich die Hand der schönen alten Dame wie ein anmutiger Kavalier des 18. Jahrhunderts, und Shala küsste die faltige Hand des feinen alten Mannes. Mit Methusalem ist es vorbei, dachte ich. Er war wahrscheinlich nicht so schön wie die beiden.

"Das war deine Einweihung in diesen Ort und in dieses Universum", erklärte Tu-Tula. "Ich glaube, Melchizedek hat dir etwas zu sagen."

"Wie ich schon sagte, hat der Schöpfer den Raum in sieben Universen aufgeteilt, die sich gegen den Uhrzeigersinn um das Zentraluniversum drehen", erklärte Melchizedek. "Er schuf auch sieben Teile von sich selbst, einen für jedes Universum, und ich bin einer davon, wie ich bereits erwähnt habe. Da ich seinen Körper teile, teile ich auch seine Kräfte. Yin und Yang sind notwendig, denn sonst würde mein Universum stagnieren. Also erschuf ich diese beiden - ich gebe zu, dass mein Vater mir ein wenig geholfen hat - und ließ sie beide zu Seelenträgern für kommende Generationen werden. Wie du gesehen hast, hat das gut funktioniert."

"Und wo kommt Jesus ins Spiel?" fragte ich.

"Jesus inkarnierte auf der Erde, um seine Vision auszudrücken und zu verbreiten. Diese Vision, die er aus den geistigen Dimensionen und vom Urschöpfer mitbrachte, wollte er den Menschen zugänglich machen und sie kennen und lieben lernen. Wir wissen, was passiert ist. Er wollte sicherlich keine Kirche oder Götteranbetung, aber so ist es geworden. Heute arbeitet er als einer der Anführer für die Zentrale Rasse."

"Kannst du seine Vision ein wenig deutlicher ausdrücken?" fragte ich.

"Ja. Er wünschte sich, dass die Menschen eine Reise machen, und zwar jeder einzelne in seiner persönlichen Weisheit. In allen Menschen ist ein Stück Gott heruntergeladen, und das ist es, dem du dich zuwenden sollst, nicht dem äußeren Glanz."

"Hat der Gedanke etwas damit zu tun?" fragte ich erneut.

"Natürlich. Solange die Menschen nicht gelernt haben, dass der Gedanke sie frei macht und sie dorthin bringen kann, wohin sie wollen, können sie nicht durch das Portal gehen", antwortete er. "Die nächsten drei Generationen auf der Erde werden es nach und nach entdecken, und dann werden sie als SECU bekannt sein: Souveräne Entitäten des Zentraluniversums. Das bedeutet, dass sich die Menschen von der Erde mit der Zentralen Rasse vereinigen."

"Was ist mit den Außerirdischen?" fragte Shala. "Wo kommen sie ins Spiel und wo sind sie?"

"Liebes Kind, alle Außerirdischen haben eine menschliche Struktur", sagte ein lächelnder Amu Teiron, der unser Gespräch mit großem Interesse verfolgt hatte. "Wenn du das Portal entdeckt hast, wirst du die Außerirdischen auf eine ganz neue Weise wahrnehmen."

"Natürlich haben sie Beine und Arme wie wir", murmelte Shala, "aber viele von ihnen sehen doch sicher schrecklich aus, oder?"

"Nicht voreinander", lachte Amu Teiron. "Aber sie erschrecken, wenn sie die Erdlinge sehen, die für sie genauso außerirdisch sind. Sie finden, dass ihr furchtbar ausseht. Aber ihr habt alle Gliedmaßen und Eingeweide, die sich ziemlich ähnlich sind. Aber nicht alle sind Seelenträger.”

“Da haben wir es wieder”, stellte ich fest. “Seelenträger, also. Ich dachte, dass diejenigen, die echte Körper haben, auch Seelen haben. Bei uns Engeln ist es meistens die Seele, die übrig bleibt, aber die ist umso schlauer!”

Alle lachten, und Amu Teiron klatschte in die Hände. Hinter unserem Rücken stand ein Tisch, den wir vorher noch nicht gesehen hatten, und es wurden sowohl Essen als auch Getränke darauf gestellt. Amu Teiron und seine Frau gaben Shala und mir ein Zeichen, uns zu bedienen. Sie selbst rührten das Essen nicht an. Es fiel uns fast schwer, in dieser feierlichen Atmosphäre und in diesem fantastischen Licht zu essen. Aber wir verstanden, dass das Buffet auf den Tisch gelegt worden war, um unsere physischen Körper zu befriedigen.

“Lass mich nachdenken”, sagte ich und mampfte eine saftige, süße und schmackhafte Frucht. “Wir befinden uns im Reich der Mitte, im Bereich der Zentralen Rasse. Im Zentrum sitzt der Schöpfer, und dann schwimmen sieben Universen herum wie Fische im Wasser. Habe ich Recht?”

“Groteskerweise, ja!” sagte Melchizedek mit einem Lächeln. “Die Zentrale Rasse ist eigentlich in allen sieben Universen mehr oder weniger vertreten. Wir haben unsere speziellen Seelenträger hierher, dorthin und überallhin geschickt.”

“Das haben wir weder bei den Hethitern noch bei den Bön-Leuten bemerkt”, protestierte ich. “Wo es Vertreter der Zentralen Rasse gibt, kann das Böse und die Gewalt nicht existieren, oder?”

“Unsere Ausgesandten sind auf verschiedenen Planeten, um Anomalien zu beheben.” erwiderte Melchizedek. “Manchmal dauert das sehr lange. Es ist uns nicht erlaubt, böse oder gewalttätige Mittel einzusetzen; unsere Arbeit wird durch

Erleuchtung erledigt. Diejenigen, die wir ausgesandt haben, sind Lehrer. Schon vor 11.000 Jahren haben wir Lehrer auf die Erde geschickt. Es hat also auch dort seine Zeit gebraucht! Die Menschen müssen selbst das Wissen aufnehmen und es dann in der richtigen Weise anwenden. Unsere Weisheitslehrer sind grundlegend missverstanden worden. Jesus war einer von ihnen. Buddha war ein anderer, und Mohammed sollte einer der Lehrer sein, aber er ruinierte alles und ging hinüber auf die andere Seite. Dort blieb er, aber seine Anhänger glauben, dass er ein Prophet ist, und nennen Allah Gott. Es gab noch viele mehr wie ihn, aber der Mensch hat seinen eigenen freien Willen. Das ist nicht immer so einfach zu verkraften, vor allem nicht, wenn es versucht, das Gute zu konterkarieren und das Böse zu indoktrinieren. Manchmal ist es, wie du wahrscheinlich weißt, gar nicht so einfach, zwischen Gut und Böse zu unterscheiden.”

“Wohin geht ihr nach dem Tod?” fragte Shala plötzlich, und ich zuckte zusammen. Ich dachte nicht, dass das eine angemessene Frage in dieser Gesellschaft war, aber unsere Gastgeber lachten herzhaft.

“Das ist unterschiedlich”, antwortete Ma Zira. Sie sah Shala lange an und fuhr dann fort: “Wir sind nicht aus Fleisch und Blut, wie ihr es wart, bevor ihr zu Engeln wurdet. Wir sind ständig lebendig. Wir können in den Universen reisen, wohin wir wollen, und wir können wie jetzt physische Form annehmen, wann immer wir wollen. Dies ist unsere Stadt, unser liebster Wohnsitz, und hier wandern wir oft umher und erfreuen uns an dem, was wir selbst vor Millionen von Jahren geschaffen haben. Aber das gilt nur für meinen Mann und mich. Melchizedek kann auch verschiedene Universen und Planeten besuchen. Aber wenn wir die Bewohner der Zentralen Rasse betrachten, werden sie erstens sehr alt, und zweitens wird der Tod für sie zu einem Aufstieg in die Ganzheit, in das Licht.”

“Arme Wesen!” rief Shala aus, “können sie nicht wie wir reisen?”

“Es gibt keinen Zwang bei der Zentralen Rasse”, antwortete Ma Zira und tätschelte Shala nachsichtig den Arm. “Stattdessen gibt es viele verschiedene Möglichkeiten, und sie dürfen selbst wählen, wie sie ihr Leben fortsetzen wollen. Wenn sie in der Ganzheit sind, dann können sie freiwillig in einem neuen Seelenträger zurückkehren. Das ist unsere Form von dem, was ihr Reinkarnation nennt.”

“In den sieben Universen, die das Zentrale umkreisen, ist das anders geregelt”, fuhr Amu Teiron fort. “Dort sind die Dinge fast so, wie auf der Erde. Es gibt ähnliche Realitäten wie die, aus der ihr zwei, Shala und Jan, kommt. Es gibt verschiedene Realitäten oder nicht-physische Dimensionen auf mehreren Planeten in den Universen. Leider kann ich es nicht im Detail erklären, da ihr noch nicht durch das Große Portal gekommen seid.”

“Die Sache mit dem Portal”, wandte ich ein, “verstehen wir nicht wirklich. Und außerdem, seit wir dich kennengelernt haben, kann irgendetwas noch feierlicher oder gewaltiger sein? Kann das Licht auf der anderen Seite des Portals schöner sein als dieses? Und nebenbei, wie kommt man durch das Portal? Kann man höher reichen als bis hierher?”

“Das Große Portal”, antwortete Amu Teiron, “ist erst in etwa fünfzig Jahren nach eurer Zeitrechnung zugänglich. Es ist den kommenden Generationen vorbehalten, es zu entdecken. Das Einzige, was ich sagen kann, ist, dass wenn der Mensch dreidimensional lebt und gleichzeitig in der vierten Dimension voll bewusst und aktiv ist, dann hat er das Große Portal durchschritten.”

“Es ist fast so, als würde ich wieder auf der Erde inkarnieren wollen”, murmelte ich. “Zumindest in der nächsten, übernächsten Generation.”

“Du darfst mich nicht verlassen!” rief Shala erschrocken aus. “Außerdem weißt du doch ganz genau, dass wir bereits in der vierten Dimension leben. Warum solltest du also dort hinuntergehen?”

“Du bist ein weises Mädchen.” sagte Ma Zira lächelnd. “Unser lieber Autor plumpst immer wieder auf die Erde hinunter, aber da gehört er nicht mehr hin.”

21. Eine Hochzeit auf Zulusche Art

Melchizedek und Tu-Tula hatten uns verlassen, ohne dass wir es bemerkten. Nur Shala und ich verabschiedeten uns von den beiden Urmenschen, den Erstgeborenen der Zentralen Rasse im Zentraluniversum. Sowohl Ma Zira als auch Amu Teiron küssten uns auf die Stirn und wünschten uns eine weiterhin angenehme Reise. Ich nehme an, das bedeutet, nach Hause zurückzukehren, dachte ich mit einem Seufzer. Sicherlich genoss ich die Existenz nach dem Tode auf der Erde, aber dies war etwas ganz Besonderes. Es gab so viel zu erforschen, herauszufinden und in sich aufzunehmen. Ich spürte, dass wir mit der Zentralen Rasse noch nicht fertig waren, weder Shala noch ich. Jeder, der einmal das Paradies besucht hat, möchte zurückkehren...

Als ich in Maorions kleinem Schiff saß, hatte ich endlich Zeit zum Nachdenken. Tilla, Jaina und Monja waren zuvor mit einem Raumschiff abgereist, und auch Gia-La hatte sie begleitet, um an Tillas Hochzeit teilzunehmen. Nachdem wir uns von Melchizedek verabschiedet hatten, trafen wir wieder auf Maorion, der uns zum Hafen brachte. Tu-Tula blieb in der Stadt - immerhin war er Ratsherr und wurde im Ratshaus gebraucht, und außerdem kümmerte er sich um Bico. Der Junge war überglücklich, dass er bleiben durfte, zumindest für einige Zeit.

Melchizedek hatte mit mir unter vier Augen gesprochen, bevor wir aufbrachen. Er wollte mir einige Dinge erklären. Er gab zu, dass ich nicht zufällig für die Reise zur Zentralen Rasse ausgewählt worden war. Ich wusste, dass wir eine Aufgabe hatten, aber es stellte sich heraus, dass Shala dachte, ich wüsste, was es war, und ich dachte, sie wüsste davon. Die Aufgabe bestand einfach darin, einen Einblick sowohl in die Zentrale Rasse als auch in die Ursprungskulturen zu erhalten. Melchizedek besuchte oft unsere Realität und wenn es um eine Botschaft gegangen wäre, hätte er davon gewusst. Er kannte mich ziemlich gut, und er hatte beschlossen, mir die Chance zu geben, für einen längeren Aufenthalt in der Zentralen Rasse "befördert" zu werden. Eine Person wie ich, mit einem Fuß noch auf der Erde und mit dem anderen gut vertraut mit den Mysterien vieler anderer Realitäten, wäre eine Bereicherung für die Zentrale Rasse. Es wurde, wie er es ausdrückte, etwas neues Blut benötigt. Es war jedoch noch nicht entschieden, wann ich dorthin kommen würde oder wann ich, zuallererst, durch das Große Portal eintreten würde. Ich würde diesen Weg unter allen Umständen gehen müssen.

Schätze mal, dass ich glücklich war! Außerdem hatte ich eine Kugel um meinen Hals, ähnlich der, die mein irdisches Medium vor so vielen Jahren erhalten hatte (*siehe Bild auf Seite 10*). Melchizedek hängte sie mir um den Hals. Es war eine Art Code zu den WingMakers, eine Art Eintrittskarte. Auch wenn es physisch war, würde es mir in die andere Realität folgen, mein jetziges "Zuhause". Es fühlte sich an, als ob sich tausend Welten geöffnet hätten, als ob eine gigantische Rosenknospe ihre Blütenblätter vor meinen erstaunten, überwältigten Augen öffnete. Ich würde ein neues Zuhause bekommen, eines das ich mir nicht einmal in meinen kühnsten Träumen hätte vorstellen können. Das Einzige, was mich störte, war, dass ich nicht wusste, ob ich meine jetzige Engelsform behalten würde oder ob ich wieder körperlich werden würde.

Man wird nicht einfach so körperlich, dachte ich. Dann muss man wohl von einer Frau entbunden werden. Ich hatte noch nicht herausgefunden, wie die Liebesbeziehung zwischen Männern und Frauen bei der Zentralen Rasse funktionierte, aber um sicher zu sein, hatte ich Männer, Frauen und Kinder in der Stadt herumlaufen sehen. Ich hätte Melchizedek fragen sollen, ob ich inkarnieren würde oder ob ich in meiner üblichen Engelsform durch das Große Portal gehen und mich dann materialisieren würde. Aber das würde eine Frage für später sein. Ich wusste nicht einmal, ob das Große Portal physisch oder psychisch war. Als ich das fragte, lächelte Melchizedek sein ruhiges, weises Lächeln, aber er antwortete nicht.

"Du bist völlig in Gedanken versunken, Jan", sagte Maorion und klopfte mir auf die Schulter. "Jetzt ist es an der Zeit, deine Augen zu schließen."

Ich konnte mir nicht verkneifen, ihm zu erzählen, was mich erwartete. Er war sehr glücklich und umarmte mich herzlich.

"Das bedeutet, dass wir uns ab und zu sehen werden", sagte er, "denn ich bin ziemlich oft bei der Zentralen Rasse. Ich bin, wie du weißt, eine Art Bote und berichte sowohl Tu-Tula als auch Melchizedek über das, was auf den bewohnten Planeten geschieht. Eigentlich hätten du und Shala direkt aus dem Reich der Zentralen Rasse in eure engelhafte Realität reisen können, aber ich glaube nicht, dass einer von euch Tillas Hochzeit verpassen möchte."

Ich hatte mich mit unserem Hauptmann angefreundet. Dass er ein großer Magier war, hatte ich dank der Tatsache erkannt, dass er uns so sicher zwischen den Welten hin und her trug, wenn wir unsere Augen schlossen. Zu Shala wollte ich jedoch noch nichts sagen, sie würde wahrscheinlich traurig sein. Ich grübelte darüber nach, warum sie uns eigentlich überhaupt begleitet hatte, aber sie war natürlich einer der lieben Engel, die oft in meiner Nähe waren. Vielleicht würde sie auf mich aufpassen; immerhin neigte ich dazu, ein wenig verspielt zu sein. Und ich gebe zu, dass ich Mädchen mag, egal in welcher Form ich bin.

Als Shala an Deck kam, wurden wir aufgefordert, die Augen

zu schließen. Ich schaute mein süßes Engelsmädchen an und erwartete das übliche Kichern, aber sie sah blass aus und hatte Tränen in den Augen. Was war passiert? Wir hatten es eilig, unsere Augen zu schließen, also beschloss ich, mit ihr zu reden, sobald wir unsere Augen wieder öffnen durften.

Diesmal döste ich nicht ein. Zu viel war passiert und ich war so benommen, dass ich mich fragte, ob ich jemals wieder würde schlafen können. Die Einladung zur Hochzeit kam genau im richtigen Moment; sie würde mich ein wenig ablenken. Der Ernst musste warten, bis wir wieder zu Hause waren, und dann hatte ich viele enge Freunde zu konsultieren. Als wir aufwachten, segelten wir gerade durch den langen Kanal in das Königreich der Zuiden. Shala saß am Bug, den Blick auf das hohe Schilf gerichtet. Sie war sicherlich nicht ihr übliches Ich. Vielleicht fand sie es traurig, Tilla zu verlieren, dachte ich. Sie waren in der Tat so gute Freunde.

Die Begrüßung in Zuidum war wie eine große, warme Umarmung. Die nächste Umarmung war die von Tarrara - eine echte Urmutter, dachte ich. Ich erinnerte mich an ihr wunderbares Lied und ihren Tanz und hoffte, am Abend bei der Hochzeit wieder etwas Ähnliches zu erleben. Es schien, als hätten die Zuiden auf uns gewartet und wir wurden in Belis und Tarraras Haus geführt, wo ein leckeres Essen auf uns wartete. Hier aß man offensichtlich vor der Hochzeitszeremonie, dachte ich. Alle waren in Abendgarderobe. Die Braut war nicht zu sehen, und Beli erklärte, dass sie in einem Frauenhaus war. Die Ahnen hatten beschlossen, dass die Braut und der Bräutigam sich an diesem Tag vor der Hochzeitszeremonie nicht sehen sollten.

Es waren die Ahnen, die am wichtigsten waren, sowohl in der Religion der Zuiden als auch der Zulus. Sie wussten von Melchizedek, der für die Planeten und das gesamte Universum zuständig war - aber sie empfanden zu viel Ehrfurcht, um überhaupt über ihn sprechen zu wollen. Die Ahnen hingegen standen den Zuiden nahe. Auf irgendeine geheimnisvolle Weise kamen sie mit ihnen in Kontakt, sowohl mit den alten Ahnen als auch mit den neuen. Die Neuen waren die Seelen, die in der Zukunft geboren werden sollten. In den Stämmen der Zuiden gibt es immer einen geistigen Führer. Dieser Führer soll seine Mitmenschen gegen die Hexenmacht, von der sie glauben, dass sie existiert, oder gegen ruhelose Geister verteidigen. Dieser Teil ihrer Religion ist den Zuiden auch zu den Zulu-Stämmen auf der Erde gefolgt. Die Tiergeister waren ebenfalls wichtig, aber auf der Erde wurde der Glaube an Geister auf ganze Wälder und vor allem Höhlen ausgeweitet. Gleiches galt für Zuiden und Zulus, dass man sich in allen Familien ständig an die Ahnen erinnern musste. Wenn nicht, konnten sie Ärger oder Unheil anrichten. Ich konnte ihre Denkweise besser verstehen, nachdem ich nun die Zentrale Rasse besucht hatte. Ich war froh, sowohl Jaina als auch Gia-La wieder zu treffen. Auf ihrem Weg hierher mit dem Raumschiff von der Zentralen Rasse hatten sie bei den Etruskern Halt gemacht, erzählte Gia-La. Monja war überglücklich, zu Hause angekommen zu sein. Sie würde sich um das Haus von Bico kümmern, wenn er nicht zu Hause war, aber sie würde es nicht alleine tun.

Gia-La und Jaina waren bei ihr geblieben, bis sie ihren Kapitän wiedergefunden hatte. Irgendwie war das Haus von Bico ausgeräumt worden und die bösen Verwandten waren verschwunden. Monja hatte sich gut als Haushälterin eingelebt, die für die neuen Diener zuständig war. Der Kapitän hatte anscheinend auf eine Dschungeltrommel gehört, denn am nächsten Tag war er im Haus aufgetaucht, und das Wiedersehen war sehr romantisch. Jaina hielt sich die Hand vor den Mund, um nicht zu laut zu kichern, während sie es erzählte, mit vielen Details und Ergänzungen. Gia-La musste sie gelegentlich unterbrechen, damit sie ohne Übertreibungen bei der Wahrheit blieb.

Das Abendlicht erschien wie ein tiefblauer Schleier über der Nachbarschaft. Als das verschleierte Licht der ersten Sterne das Dach hinter uns traf, war es Zeit für die Hochzeitszeremonie. Wir wurden auf das große Feld außerhalb der Stadt geführt, wo sich alle vor einem Tor versammelten, das, wie ich verstand, zeremoniell war. Es war ein hohes Tor in zwei Teilen aus Metall, wunderschön geschnitzt mit Symbolen, die ich überhaupt nicht verstand. Statt eines Torschlosses gab es ein Band, das zwischen den beiden Teilen des Tores gebunden war. Auf der äußeren Seite stand Tjai, und innen, auf der rechten Seite, standen seine Eltern, Tarrara und Beli. Auf der linken Seite sollten natürlich die Eltern der Braut stehen, aber stattdessen stand dort Maorion. Er war derjenige, der die Verwandten vertrat, die Tilla verheiraten sollten. Shala stand neben mir und sprang vor Ungeduld. Ihre schlanken Finger trommelten auf meinen Arm, bis ich lächelnd ihre Hand ergriff und sie festhielt. Die Braut ließ lange auf sich warten, aber vielleicht war das ein Teil der Zeremonie.

Das goldglänzende hohe Tor wurde in die Mitte eines Kreises gestellt, der mit Steinen markiert war. Es befand sich auf der Seite, die der Stadt zugewandt war, wo die Verwandten standen, während Tjai mit unergründlicher Miene auf der anderen Seite auf seine Geliebte wartete. Endlich waren die Trommeln zu hören. Sie begannen leise und sanft, um bald in einen lauten, aufreizenden Klang überzugehen. Tilla machte ihren Auftritt.

Sie schritt mit hoch erhobenem Haupt, gekleidet in das zeremonielle Brautkleid, das aus einem hohen, goldenen Kopfschmuck mit einer Art Schleier aus Perlen in einem Muster bestand. Das Kleid, das sie trug, war weiß und durchscheinend. Überall trug sie Schmuck - Ringe, Armbänder, Halsketten, Ohrringe, Armreifen und Fußringe. Alles war in ausnehmend schöner Schmiede- oder Perlenarbeit gefertigt. Um ihre Taille trug sie einen wunderschönen roten Gürtel. Er symbolisierte eine Warnung an andere Frauen, sich auf Distanz zu halten. In ihrer rechten Hand hielt sie einen Speer, der den Speeren ähnelte, die wir bei Beli und Chram gesehen hatten, als wir sie zum ersten Mal besuchten. Sie stand neben Tjai, der in einen goldenen kurzen Rock gekleidet war und mit so viel Schmuck behängt war, dass ich mich fragte, wie er das schaffen konnte. Er nahm ihre linke Hand und mit der rechten Hand schnitt sie das Band mit dem Speer in der Mitte des Tores in zwei Hälften. Ein langgezogenes "aaahh!" war aus dem Publikum zu hören. Es bedeutete, dass die Braut ihr altes Leben hinter sich ließ, um in ein neues einzutreten.

"Ich betrete dieses Haus, das Haus meines Mannes", sagte sie mit leiser Stimme. "Ich bin Tilla aus dem Land der Hethiter, und ich verspreche bei den Geistern meiner Vorfahren, Tjai, dem Sohn von Beli und Tarrara, eine gute und treue Ehefrau zu werden."

Es gab einen heftigen Trommelwirbel und dann wurde das Tor geöffnet. Ich habe nie gesehen, dass jemand es geöffnet hat, also muss es sich von selbst geöffnet haben. Das junge Paar, immer noch Hand in Hand, kniete zuerst vor den Eltern des Bräutigams, die zuerst Tjai und dann Tilla auf Stirn, Nase und Mund küssten. Die Prozedur wurde vor Maorion wiederholt. Die Trommeln spielten eine rhythmische Melodie, und dann war das Publikum an der Reihe, dem Brautpaar zu gratulieren. Sie standen die ganze Zeit mit dem Gesicht zum Publikum, während Geschenke in Hülle und Fülle herbeigetragen wurden. Ein Bauer hatte eine Ziege, ein anderer ein Schaf, ein dritter ein Huhn, und so weiter.

Dies ging mindestens eine Stunde lang so, während sowohl das Brautpaar als auch die Eltern regungslos dastanden und die Ovationen und Geschenke des Volkes entgegennahmen.

Danach folgten das Lied und der Tanz. Zuerst wurden Kriegstänze von jungen Burschen getanzt, die so taten, als würden sie sich gegenseitig besiegen. Dann waren die unverheirateten Mädchen an der Reihe, danach die verlobten Mädchen, und schließlich die Matronen. Tarrara trug ein wallendes blassgrünes Kleid, mit luftigen goldenen Tüchern. Sie begann den Tanz, gefolgt von der Braut und dem Bräutigam, und dann stimmte einer nach dem anderen im Publikum mit ein. Shala zog mich in das Getümmel und ich weiß nicht, wie lange wir tanzten. Alle meine Konzepte von Zeit waren verschwunden. Alle sangen, und zu den Trommeln gesellten sich verschiedene Saiteninstrumente.

Schließlich konnte ich nicht mehr weitertanzen. Shala machte weiter, aber ich sank in das Gras neben dem Tor und wischte mir den Schweiß von der Stirn. Das Brautpaar war verschwunden. Maorion kam vorbei und setzte sich neben mich.

"Jetzt haben sich die Braut und der Bräutigam in ihr eigenes Haus zurückgezogen", erzählte er mir. "Die Hochzeitsgäste bleiben die ganze Nacht so. Erfrischungen werden sowohl hier als auch im Haus von Tarrara und Beli serviert. Willst du dorthin gehen?"

Wir bahnten uns einen Weg durch die Menschenmassen und ich machte mir einen Moment lang Sorgen um Shala, aber sie war schließlich alt genug, um auf sich selbst aufzupassen: vielleicht eine Sache von 100 Jahren! Das war ein amüsanter Gedanke! Es war schön, sich in das gemütliche Haus zu schleichen, wo auch unsere Gastgeber ihren Weg gefunden hatten, weg von dem immer wilderen Tanz. Auch Jaina hatte ihren Weg hierher gefunden, obwohl sie nicht glücklich aussah.

"Oh, wie einsam werde ich sein", murmelte sie. "Tilla war meine beste Freundin."

"Du kannst morgen nach Hause gehen", tröstete Marion sie,

falls das ein Trost war. Doch Tarrara legte ihren Arm um das dünne Mädchen, das im Griff der großen Frau fast verschwand.

"Du bist hier jederzeit wieder willkommen", versicherte sie. "Jetzt werde ich dir erzählen, was ich für dich in den Sternen gesehen habe. Die Sterne zu lesen ist eine Gabe, die ich von vielen Generationen zurück geerbt habe und bei der mir die Geister der Ahnen helfen. Ich fand, dass du gestern Abend so einsam geschaut hast, als Tilla mit dem Speer geübt hat, also habe ich meine innere Gabe angerufen.

"Wenn du nach Hause zu deinem Vater kommst, wird dich eine angenehme Überraschung erwarten. Ich werde sie nicht verraten, aber auch deine Einsamkeit wird ein Ende haben, liebes Kind. Die Freude, die du erleben wirst, ist nicht weit von dem Kummer entfernt, den du heute Abend hier erlebst. Nicht nur Liebe erwartet dich, sondern auch Erleuchtung. Dein Vater hat beschlossen, dass du eine Art Magie erlernen wirst, die es dir ermöglicht, mit uns und mit allen anderen, die du kennst und die sich in einiger Entfernung von dir befinden, zu kommunizieren. Freue dich auf die Heimreise, Jaina, und danke mir nicht. Die Sterne lügen nie."

Ob Jaina wohl glücklich war? Ich fühlte mich müde und leicht betrübt, denn diese wunderbare Reise neigte sich langsam dem Ende zu. Doch bevor wir uns für ein paar Stunden Schlaf zurückzogen, durften wir noch einmal das Spiel der Glühwürmchen in der Dunkelheit der Nacht erleben. Es war ein erstaunlicher Anblick! Es war wie ein glitzernder Pelz, der sich in der schwarzen Luft auf und ab bewegte, ja, man könnte sagen, dass der Pelz tanzte! Es war ein würdiger Abschluss für einen wunderbaren Tag.

Doch es war noch nicht ganz vorbei. Tarrara sang uns ein Abschiedslied, das wir nun an die Freunde auf der Erde weitergeben. Ihre wunderbare Altstimme, die auch schwindelerregende Höhen erreichen konnte, sandte eine

Botschaft an die Erdenmenschen. Dies war ihr Lied:

"Die Schreie des Windes bringen Engelschöre
die die Gesetze singen, die das All aufgestellt hat.
In den Höhlen, die Mutter Erde besitzt,
sieht das wilde grüne Auge des Smaragds seinen Berg,
sein Geburtsschloss, das in Stücke gesprengt wurde,
und den Boden der Erde, den es in seinen Armen verbirgt.

Der Kies, den das Volk des Windes bringt,
erzählt das düstere Geheimnis der Erde,
und die Edelsteine der Erde weinen bitterlich,
weil sie die Sicherheit des Mutterhauses vermissen.

"Und so wurden die starken Riesen der Erde in Stücke
gerissen,
die Berge, die über die Magie der Zeiten wachen
und deren Wehklagen von den Strömen des Windes
mitgerissen werden,
aber ihre Sehnsucht nach Liebe existiert noch im All,
in den Höhlen, die Mutter Erde besitzt.
So erbärmlich klein in der Unendlichkeit des Kosmos
ist der Träger der Seele, der Mensch genannt wird.
So groß ist der Schaden, den sie verursachen können
aus ihrer selbst gewählten Heimat.
In den Höhlen, die Mutter Erde besitzt,
hat sich der Smaragd in Moos verwandelt,
das Auge des Rubins ist rot geworden vor Tränen
und der Glanz des Diamanten ist nur noch ein Nebel
wo das Indigo des Saphirs gerade zu Staub geworden ist.
Doch die Schreie des Windes bringen Engelschöre,
die denen Kraft singen, die noch einen Schrei nach Frieden
und Glauben an das Gesetz des Raumes hören.

*"Seht, Mutter Erde bedeckt ihr Gesicht vor Kummer
in der letzten Höhle, die von den Bergen der Erde übrig
geblieben ist.
Doch noch leuchtet eine Hoffnung in ihren Augen,
eine Hoffnung auf die Rücksicht des Menschen,
nicht mehr für seine eigene Befriedigung zu leben."*

22. Shalas Geschichte

In gewisser Weise war die Hochzeit in Zuidum eine Antiklimax. Sie war gut vorbereitet, bunt, lustig, schön… aber nach dem Besuch der Zentralen Rasse war alles andere weniger wichtig, weniger bunt, weniger gut vorbereitet und weniger schön. Es war nur schade, dass Shala sich in ein stilles, blasses, tränenüberströmtes Mädchen verwandelt hatte. Vielleicht war sie in der Hochzeitsnacht zu lange aufgeblieben und hatte zu intensiv getanzt. Engel sind nicht an solche Feiern gewöhnt. Sie saß an ihrem gewohnten Platz im Bug und starrte hinunter in die Wellen. Sie war nicht in Hörweite von Maorion und mir, also beschloss ich, ein wenig mit ihm über die neuen, aufregenden Pläne zu sprechen, die auf mich warteten.

"Ich freue mich sehr über die Einladung, für einige Zeit bei der Zentralen Rasse zu sein", sagte ich, und meine Augen leuchteten wohl, denn Maorion brach in Gelächter aus.

"Das weiß ich", bestätigte er. "Ich verstehe, dass du in Gedanken dort bist. Deshalb durftest du sie auf dieser Reise auch besuchen, sogar zweimal."

"Aber was ist mit den ursprünglichen Stämmen?" wunderte ich mich. "Ich dachte, sie wären unsere Mission, von der wir erzählen wollten, wenn wir nach Hause kommen."

"Das ist so, Jan. Aber die eigentliche Mission bestand darin, euch beiden ein intimes Wissen über die Zentrale Rasse zu vermitteln. Die Herkunftskulturen waren ein notwendiges Anhängsel zu diesem Wissen."

"Was willst du damit sagen? Wir beide?" Ich war ein komplettes Fragezeichen.

"Ja, was denkst du denn sonst, warum du und Shala

gemeinsam auf diese Reise gegangen seid? Klar, es ist immer sinnvoll mit Yin und Yang, beide Sichtweisen sind wichtig. Aber das Ziel war eigentlich, euch den nächsten Schritt in eurer beider Entwicklung zu zeigen: die Zentrale Rasse.”

Ich hatte nicht bemerkt, dass Shala sich dem Heck genähert hatte, wo Maorion und ich saßen. Als sie unser Gespräch belauscht hatte, stieß sie einen Schrei aus. Dann flog sie mir um den Hals und ich dachte, sie würde mich zu Tode umarmen. Ihre Freudentränen benetzten meine Wangen, sodass ich verstand, dass wir noch unsere körperliche Form hatten. Sie hatte gedacht, dass nur sie zurück zur Zentralen Rasse gehen würde, und ihre Verzweiflung hatte mich beunruhigt. Sie hatte sich nicht getraut, Melchizedek zu fragen, als er ihr die große Neuigkeit mitteilte, und außerdem war er bald darauf verschwunden. Sie hatte auch eine Kugel erhalten, ähnlich der meinen, aber sie hatte sich nicht getraut, sie zu tragen, während ich mit meiner “Ernennung” prahlte und prahlte. Man lernt immer wieder etwas Neues dazu!

“Was kannst du uns noch über die Zentrale Rasse erzählen?” fragte ich Maorion, als das junge Mädchen sich beruhigt hatte und sogar an einem der leckeren Kekse zu knabbern begann, die Tarrara in den Essensvorräten verstaut hatte.

“Das gesamte Projekt, das die Information der Menschen auf der Erde betrifft, ist vorgezogen worden”, antwortete der Kapitän. “Aufgrund der derzeitigen Situation der Erde ist das Schlimmste zu befürchten. Es ist wichtig, dass die Menschen erfahren, dass die Zentrale Rasse eine Art Energiekanal zu den Menschen aufbaut, um ihnen helfen zu können. Den Rest werdet ihr wahrscheinlich erfahren, wenn ihr dort ankommt. Ihr seid ein Teil dieses Kanals!”

“Wir sind jetzt zu dritt hier”, sagte ich, “aber die kleine Jaina, wo ist sie hin? Wollte sie nicht mit uns reisen?”

"Ihr Großvater wird sie in ein paar Tagen abholen", antwortete Shala. "Es gibt sogar noch mehr Raumschiffe als dieses auf diesem Globus."

"Jetzt, wo wir einen Moment zusammen sind", sagte ich, "kannst du uns nicht ein bisschen mehr über dich erzählen, Shala? Ich spreche oft über mein letztes Leben auf der Erde, aber du hast nie ein Wort über deines gesagt. Hast du es völlig vergessen?"

"Nein, das habe ich nicht", antwortete Shala. "Es fällt mir etwas schwer, über diese Zeit zu sprechen, aber vielleicht ist es jetzt an der Zeit. Ich glaube, dass wir mit der Zentralen Rasse in Kontakt gekommen sind, weil wir uns an unsere früheren Leben erinnern. Sie brauchen Menschen mit dieser Art von Erinnerung, da sie die Erde nie besucht haben. Ich werde versuchen, es dir zu erklären, Jan.

"In dem Leben vor meinem letzten auf der Erde war ich eine Nonne in Frankreich. Ich stammte aus einer sehr reichen und vornehmen Familie und war eine von vier Töchtern. Wir waren ziemlich verwöhnt, aber ich entschied mich, Nonne zu werden, als mein zukünftiger Mann bei einem Unfall starb. Ich wurde eine sehr ehrgeizige Nonne und verschloss mich völlig in meiner religiösen Begeisterung. Als ich nach einem plötzlichen Tod durch eine Lungenentzündung hier ankam, war ich ein ziemlich unausstehlicher Engel. Es ging mir gut, ich lernte ziemlich viel und hielt mich für eine weise Frau. Mit anderen Worten, ein übermütiger Engel, verstehst du. Deshalb wurde ich wieder heruntergeschickt. Ich musste ein Leben auf der Erde wählen, das mir Prüfungen bescherte. Ich entschied mich dafür, in Schweden geboren zu werden, so wie du auch. Mein Vater hatte einen kleinen Tabakladen, in dem meine Mutter mitarbeitete. Als sie mich erwartete, in den frühen 1940er Jahren, gestand sie meinem Vater, dass das Risiko bestand, dass ich mit einer erblichen Behinderung geboren werden würde. Leider wurde es dann auch so. Ich wurde mit verkümmerten Händen geboren und meine Zehen waren rechtwinklig nach innen gedreht. Ansonsten war ich ein sehr schönes Kind, und vielleicht liebten mich meine Eltern mehr, weil ich behindert war. Ich wurde Charlotte genannt, nach meiner Großmutter. Ich nannte mich Shala, und das wurde mein Spitzname. Mein Vater hat mir immer Geschichten vorgelesen und mich auf seinem Knie geschaukelt. Ich liebte ihn. "Charlotte und Shala, meine kleine Schwalbe!", sang er immer.

"Als ich drei Jahre alt war, starb mein Vater, und meine Mutter musste sich um den Tabakladen und mich kümmern. Ich lernte, meine Hände zu gebrauchen, auch wenn es schwierig war, und ich konnte laufen, ich stolperte mühsam vorwärts. Ich wollte nicht in dem Rollstuhl sitzen, der vom Krankenhaus geliehen war. Ich wollte ein möglichst normales Kind sein, und mein starker Wille ermöglichte es mir, ziemlich viele Hausarbeiten zu erledigen und im Laden mitzuhelfen. Mama und ich hatten eine gute Zeit zusammen, und auch der Laden lief gut. Jeder kannte uns, und die meisten waren nett. Aber dann kam der harte Teil: Ich war sieben Jahre alt, als meine Mutter wieder heiratete, und zwar einen Mann, der immer Zigaretten bei uns kaufte. Ich hasste ihn. Er sah gut aus, konnte gut reden und schaffte es, sowohl Mama als auch den Laden zu erobern. Er sah mich nicht, und wenn er sich herabließ, mir einen Blick zuzuwerfen, war er bitter und voller Hass.

"Ich bemerkte bald, dass meine Mutter sich verändert hatte. Nachdem sie eine fröhliche und herzliche Person gewesen war, war sie nun verängstigt und unterwürfig. Mein Stiefvater beherrschte sie völlig und wollte zunächst, dass sie mich in irgendein Heim schickte. Aber meine Mutter war in dieser Hinsicht sehr standhaft; sie wollte mich zu Hause unter ihrem Schutz haben. Ich glaube, mein Stiefvater gab ihr nachts

Schlafmittel, denn dann schlich er sich zu mir und zwang sich mir auf. Wenn ich mich ihm verweigerte oder jemandem erzählte, was er mit mir machte, schwor er, dass er mich umbringen würde. Ich lag jede Nacht verängstigt im Bett und meine Behinderung machte es ihm leicht, seine Übergriffe auszuführen. Ich glaube nicht, dass Mama etwas ahnte, aber ich hatte schreckliche Schmerzen im Genitalbereich. Als ich ihm davon erzählte, hat er nur gelacht. Äußerlich war er ein Charmeur, und die Leute kauften gerne in unserem Laden ein. Ich durfte mich nicht mehr im Laden zeigen. Er nannte mich einen Freak und Krüppel und behauptete, dass ich die Kunden verschrecke.

"Mein Stiefvater hatte ein schreckliches Temperament. Manchmal schlug er meine Mutter, aber sie traute sich nicht, es jemandem zu sagen. Ich war vierzehn Jahre alt, als etwas Schreckliches passierte. Leider erinnere ich mich viel zu deutlich daran.

"Es war ein so schöner Frühlingstag. Ich schlich mich gelegentlich zum Hafen, wenn das Wetter schön war, und an diesem Tag hatte ich das getan. Ich liebte es, die Boote zu beobachten, und ich genoss es, den Frühlingsduft in meiner Nase zu spüren und zu sehen, wie sich die kleinen Blätter der Birken langsam zu kleinen, herrlich grünen Blättern entwickelten. Ich dachte immer, dass ich mich eines Tages an Bord eines Schiffes schleichen würde, um dem ganzen Elend zu entkommen. An diesem Tag lag ein wunderschönes Boot im Hafen. Es war wahrscheinlich ein privater Luxuskreuzer, aber das verstand ich zu diesem Zeitpunkt noch nicht. Ein Matrose stand an der Gangway und rauchte. Er war ein junger Bursche, mit schwarzen Haaren und fröhlichen braunen Augen.

"Schönes Mädchen, wo willst du hin?", rief er. Ich traute meinen Ohren nicht. Niemand außer meiner Mutter hatte mich 'schönes Mädchen' genannt, und ich glaube, ich war rot wie eine rote Beete. Er lachte und kam auf mich zu.

"'Ich sehe, du hast eine Behinderung, aber das macht nichts', sagte er freundlich. 'Ich würde gerne mit dir tanzen; du bist das hübscheste Mädchen, das ich je gesehen habe!'

"Kaum hatte er zu Ende gesprochen, kam mein Stiefvater angerannt. Wütend packte er meinen Jackenärmel und zog mich mit sich. Der Seemann schrie:

"'Ich werde heute Abend um acht Uhr hier sein. Ich kann das Boot jetzt nicht verlassen! Komm her, schönes Mädchen, und ich führe dich zum Tanzen aus!'

"'Oh, du bist also auch eine Nutte, du kleine Hure', rief mein Stiefvater. 'Deine Mutter wollte dich in die Finger kriegen, und hier bist du, rennst runter zum Hafen und prostituierst dich. Ich werde dich in Stücke schlagen!'

"Und das tat er auch, Jan. Verzeih mir, wenn ich weine, aber es ist eine schreckliche Erinnerung. Kaum waren wir zu Hause - wir wohnten in einer Wohnung mit einem Eingang auf der Rückseite des Ladens - fing er an, mich zu schlagen. Im Flur nahm er ein Gewehr von der Wand herunter und schlug damit auf meinen Kopf ein. Das Gewehr war wahrscheinlich ungeladen, da er nicht auf mich geschossen hat. Dann schlug er mich und trat mir auf den Bauch und auf den Kopf, bis ich starb. Ja, es ist wahr, Jan! Das Letzte, was ich sah, war, dass Mama aus dem Laden gerannt kam, als sie meine Schreie hörte. Dann war alles dunkel. Ich hörte, wie meine Mutter schreiend um Hilfe rannte, dann wurde ich völlig ohnmächtig. Das ist die Geschichte meines Lebens, Jan. Ich wäre bald fünfzehn Jahre alt geworden."

Ich war an dieser Stelle völlig schockiert und bereute, dass ich sie gebeten hatte, ihre Geschichte zu erzählen. Gleichzeitig war es vielleicht gut für sie, diesen ganzen Dreck loszuwerden, der anscheinend wie Teer an ihrer schönen kleinen Seele geklebt hatte. Ich verstand auch, dass die Zentrale Rasse

Informationen sowohl über positive als auch negative Vorkommnisse brauchte, um die gegenwärtigen Menschen auf Mutter Erde besser zu verstehen.

23. Ende gut... aber kein Ende

Wir waren schon ein paar Stunden auf dem Meer, als Maorion plötzlich rief:

"Jetzt, meine Freunde, ist es Zeit, sich zu verabschieden - oder besser gesagt: 'Bis bald!' Wenn ihr eure Augen geschlossen habt und sie dann wieder öffnet, werdet ihr nicht mehr in dieser Dimension sein. Ich werde euch durch das Portal in die nächste Dimension oder Realität bringen, aber danach müsst ihr euch selbst helfen. Das Portal, durch das wir jetzt gehen werden, ist nicht dasselbe wie das Große Portal im Zentraluniversum. Es gibt viele Portale. Seid gesegnet, meine Freunde! Wir werden uns bald wiedersehen."

Er umarmte uns beide, und wir setzten uns nebeneinander und hielten uns an den Händen. Wir schlossen die Augen, und diesmal, ich weiß nicht, wie lange, aber ich fand, es ging ziemlich schnell. Es fühlte sich an, als würde das Boot auf den Boden aufschlagen und wir purzelten heraus, immer noch mit geschlossenen Augen und unseren Händen, die sich fest aneinander drückten. Wir hörten: "Jetzt könnt ihr eure Augen öffnen!" Die Stimme war von Lachen erfüllt und es war definitiv nicht die von Maorion. Es war Jolith, die auf der grünen Wiese stand, wo wir unsere Reise begonnen hatten. Sie breitete ihre Flügel aus, und wir kletterten in ihr sicheres Gefieder und schliefen ein. Als wir erwachten, fanden wir uns in unserer eigenen Realität wieder, und dort erwartete uns ein lächelnder, einladender Zar.

"Na, Janne, hast du schon viele neue schöne Mädchen kennengelernt?", neckte er. "Du warst lange weg und hast bestimmt tolle Abenteuer erlebt, aber ich denke, es ist schön, dich wieder zu Hause zu haben."

Shala und ich sahen uns an und schwiegen. Zar wusste wohl, dass wir bald wieder abreisen würden, und wollte unsere Reaktion sehen.

"Wir waren im Paradies", antwortete ich, "ein Paradies, in das wir bald zurückkehren werden. Aber das weißt du wahrscheinlich."

"Ich weiß", sagte er und klopfte mir auf die Schulter. "Wir haben für heute Abend ein Festmahl für euch beide arrangiert und dann hoffen wir, mehr zu hören. Alle Engel freuen sich in eurem Namen. Wir betrachten die nächste Reise als eine Wiedergeburt. Ihr werdet tatsächlich für einige Zeit zu physischen Menschen, ohne wiedergeboren werden zu müssen."

"Ist das üblich?" fragte Shala.

"Nein, aber es kommt vor", antwortete Zar. "Die Zentrale Rasse braucht nicht nur Zuwachs von Neugeborenen, sondern auch von Menschen mit großer Erfahrung. Aus diesem Grund erhalten sie gelegentlich Seelenträger von uns. Nun seid ihr beide ausgewählt worden. Ist das nicht ein Grund zum Feiern?"

Natürlich war es ein außergewöhnliches Engelsfest, das uns erwartete. Seltsamerweise empfand ich keinen Kummer darüber, das Engelsreich bald wieder zu verlassen. Ich hatte viel bei ihnen gelernt. Ich hatte dort auch spannende Abenteuer erlebt - zum Beispiel, als wir den Reptilienplaneten besuchten oder als wir eine Kernschmelze auf der Erde verhinderten. Ich hatte sowohl gelernt als auch gelehrt, und nun war diese Zeit vorbei und erledigt. Aber ich bin immer scharf auf neue Erfahrungen, neue Herausforderungen und Abenteuer. Es machte mir nichts aus, die Transparenz für einige Zeit gegen einen rustikaleren Körper zu tauschen. Der Vorgeschmack auf mein kommendes Dasein war nur angenehm gewesen, aber Shala war wohl nicht ganz so erfreut. Sie war dieses Mal ein guter Engel gewesen, und sie war sehr gebildet, auch wenn sie furchtbar schüchtern war.

Fest oder nicht - aber das Wichtigste für mich war, meinen alten wunderbaren Freund zu treffen, den Ureinwohner und engelhaften General Kualli. Seine imposante Gestalt wartete auf mich, als ich den engelhaften Festsaal betrat und unser Wiedersehen war von gegenseitiger Freude und Gemeinschaft geprägt. Wir setzten uns nebeneinander und begannen sofort, über alles zu sprechen, was seit unserem letzten Treffen geschehen war.

"Erinnerst du dich", fragte ich, "dass ich dich einmal gefragt habe: Wer bin ich? Deine Antwort wurde zur Vollendung meines letzten Buches, *Auf Engelsflügeln*." Er nickte und lächelte sein großes, großzügiges Lächeln.

"Nun, Jan, weißt du jetzt, wer du bist?", fragte er. "Hat dir die Reise durch Zeit und Raum eine Antwort gegeben?"

"Ja", antwortete ich, "ich war immer ich und werde immer ich sein - damals, jetzt und in der Zukunft. Du hast gesagt, dass es sowohl meine Frage als auch meine Antwort war, und dass ich der bin, der ich jetzt bin."

"Ich meinte", sagte er lächelnd, "dass das Wichtigste ist, wer du jetzt bist, nicht wer du warst oder wer du sein wirst. Hat die Antwort jetzt, nach der Reise, eine andere Bedeutung für dich?"

"Willst du, dass ich bescheiden bin?" fragte ich. Er schüttelte den Kopf mit einem Zwinkern in den Augen. "Dann sage ich Folgendes", fuhr ich fort, "dass ich mein eigenes Selbst, wer ich jetzt bin und was ich sein werde, noch nie in einem so hohen Maße erlebt habe wie bei der Zentralen Rasse. Bei ihnen zu wohnen, das bin ich, wenn du verstehst, was ich meine? Ich bin der fröhliche Jan, der offene Jan, der etwas verrückte Jan und der Jan, der hier bei den Engeln eine wunderbare Ausbildung erhalten hat. Ich bin eine Mischung aus vielen Gefühlen und Eindrücken und Wünschen und Freuden, und das werde ich immer bleiben.”

“Du bist einzigartig”, unterbrach Kualli. “Waren wir uns da nicht einig? Schließlich hast du dich selbst in allen Variationen angenommen, und damit ist natürlich auch der Seelenträger in dir, wie Melchizedek es ausgedrückt hätte. Erinnerst du dich, dass wir darüber gesprochen haben, dass du allein mit deinem ätherischen Lebensmuster bist? Verstehst du jetzt, dass du alles davon in deine neue Existenz in der Zentralen Rasse mitbringst? Das hättest du auch getan, wenn du dort als Säugling geboren worden wärst. Aber jetzt ist es so, dass du dort gebraucht wirst, einfach weil du du bist und einfach weil jetzt jetzt ist! Das Gleiche gilt für Shala. Der Große Geist hat sich um die Planung für diesen Transfer gekümmert, aber wenn du oder Shala nicht hätten reisen wollen, hätte er auf euch gehört. Der Unterschied zwischen irdischen Planungen und kosmischen Gegenstücken ist, dass niemand etwas gegen seinen Willen tun muss. Der Galaktische Rat ist immer bereit, ein wenig umzudenken, wenn es nötig ist.”

“Der Galaktische Rat - sind das der Schöpfer und seine sieben göttlichen Schöpfungen?” fragte ich mich.

“Nein, so sehen wir das nicht. Es gibt Abstufungen auch bei den WingMakers oder der Zentralen Rasse, aber das ist so, weil es leichter zu verstehen sein soll. Der Schöpfer und seine Sieben herrschen über das Superuniversum, in dem du dich jetzt befindest. Über etwas zu herrschen ist nicht dasselbe wie zu regieren. Ein Herrscher ist autokratisch, und die Menschen sind seine Untertanen. Wo du hingehst, gibt es keine Untertanen, nur Menschen.”

“Oh Kualli, ich werde dich so vermissen!” rief ich aus.

“Ich besuche die Zentrale Rasse ab und zu, auch wenn ich dir das noch nicht erzählt habe”, antwortete mein Freund lächelnd. “Ich bin ein Teil des Galaktischen Rates, wie du weißt, und das bedeutet Reisen.”

"Muss ich meine Seelengruppe verlassen?" fragte ich.

"Ja, Jan, das musst du, denn deine Mission als Mensch in einer anderen Entwicklungsphase bei der Zentralen Rasse umfasst nicht die Engelsdomänen. Manchmal musst du dich zurückhalten, Jan, auch wenn es sich schwierig anfühlt. Du hast deinen Teil für deine Seelengruppe getan, und ihr seid alle für immer in die Lebensmuster der anderen eingeprägt. Deine Freunde werden nun einer nach dem anderen arbeiten. Es ist Zeit für sie, neue Aufgaben zu übernehmen. Die Zeit, die du mit ihnen zusammen verbracht hast, hat sie bereit für ihre eigenen Herausforderungen gemacht. Freue dich darüber, Jan! Erinnerst du dich daran, dass ich dir einmal beigebracht habe, dass nichts endgültig ist und dass das, was danach kommt, mit Kraft, Weisheit und Liebe gleichzusetzen ist?"

Ich nickte. Dieses Wissen hatte sich in mein altes Landarbeiterhirn eingebrannt, das wirklich in eine ganz andere Richtung geflogen war, als ich es mir jemals hätte vorstellen können.

"Werde ich dich sehen können, wenn du die Zentrale Rasse besuchst?" fragte ich ein wenig naiv. Er lachte über mein ängstliches Gesicht.

"Dummkopf, natürlich wirst du das! Shala und du habt euch materialisiert, als ihr in den verschiedenen Königreichen gelandet seid. Warum sollte ich das nicht auch zu diesem Zeitpunkt tun?"

"Ich habe nie vermutet, dass es mehr als ein Universum gibt", seufzte ich. "Jetzt weiß ich, dass es acht sind, wenn du unseres mitzählst. Außerdem befindet sich die Milchstraßengalaxie laut der Karte, die ich bei den WingMakers gesehen habe, nur am Rande des siebten Superuniversums (*siehe Bild auf Seite 52*). Es geht darum, sich mit der Geschwindigkeit der Gedanken bewegen zu können."

"Vielleicht findet sogar eine kluge Seele auf der Erde einen

Weg in der Zeit, eine Zeitlücke", schlug Kualli vor. "Das ist kein Ding der Unmöglichkeit. Wir wissen, dass es solche Lücken gibt, und wir machen auch manchmal davon Gebrauch, aber wir werden den Menschen nicht mehr davon erzählen, denn es gibt immer welche, die sie falsch nutzen. Alles hat seinen eigenen Zeitrahmen, und es lohnt sich nicht, ihn zu überschreiten."

"Glaubst du", und jetzt flüsterte ich, "glaubst du, dass ich Außerirdische zu sehen bekomme oder vielleicht mit ihnen sprechen kann, wenn ich in die Zentrale Rasse komme?"

"Glaubst du", flüsterte Kualli zurück, "glaubst du, dass die Räume der Welten unbewohnt sind? Wen bezeichnest du wirklich als Außerirdischen?" Ich dachte eine Weile nach.

"Ich habe eine dumme Frage gestellt", antwortete ich schließlich. "Die Menschen nennen jeden, der nicht so aussieht wie wir, Außerirdische. Aber in Wirklichkeit hat der Schöpfer eine bestimmte Vorlage gemacht, wie seine Schöpfungen aussehen sollten, zumindest ein Grundmuster. Sie würden Ihm ähneln, ist das nicht so?"

"Sicherlich. Du und ich und viele von uns hier oben stammen von dem Volk der Sonne und der Sterne ab. Vielleicht ist es an der Zeit zu sagen, dass auch dieses Volk vom selben Vater erschaffen wurde und dass unser Ursprung am Anfang aus dem Zentrum des Universums der Zentralen Rasse stammt." Kualli war nun sehr ernst. "Während deines und Shalas Aufenthaltes dort, wirst du vieles zu sehen bekommen, was dir völlig fremd erscheint. Ihr werdet andere Dinge kennenlernen als hier. Wenn ihr später hierher zurückkehrt, werdet ihr eine ganz neue Welt unter euren Erfahrungen haben."

"Was denkst du, wie lange wir dort sein werden?" fragte ich.

"Ich weiß es nicht, Jan. Vielleicht 100 Jahre, vielleicht 1000 Jahre, vielleicht mehr - oder viel weniger. Wir zählen nicht auf diese Weise. Wir zählen in Form von Erfahrung und Macht. Wir zählen in Form von Liebe und Einfühlungsvermögen. Wir zählen in Bezug auf deine Bereitschaft, dir das Wissen anzueignen, das wir dir hier nicht geben können.”

“Ich hoffe, dass wir für eine Ewigkeit da sein werden”, sagte ich träumend, und wieder ganz naiv.

“Auch eine Ewigkeit kann relativ sein”, sagte Kualli und lächelte. “Die Ewigkeit kann Unterbrechungen haben und Systeme, die sich nach und nach verändern. Sei auf alles gefasst. Hier wird nichts gestört, und du bist auch ein Teil von uns. Vergiss das nicht.”

Doch später am Abend, als ich zusammen mit Shala und Kualli in der großen Sternwarte der Engel stand und das blendende Glitzern, den Glanz, das Schimmern, das Strahlen von unzähligen Sternen und Planeten sah, fühlte ich mich wie eine Ameise vor einem Holzstapel. Es war zu groß. Kualli beobachtete, wie ich vor dem grandiosen Anblick zusammenschrumpfte. Dann sagte er:

“Wenn du denkst, etwas ist zu groß für dich, dann komm zur Besinnung, gib der Sache etwas Zeit und frage dich, warum das so ist. Ich gebe zu, dass ein oberflächlicher Gedanke den gigantischen Holzhaufen sieht und seine Kleinheit vor sich spürt. Warum bist du klein und das Firmament so unendlich groß?”

“Damit ich lerne, dass es beides gibt”, antwortete ich. “Sowohl groß als auch klein. Und dazwischen?”

“Wenn du denkst, dass etwas zu groß für dich ist”, wiederholte Kualli, “dann versuche, es zu umarmen. Strecke deine Arme so weit wie möglich darum herum. Verstehe, dass du anders bist, aber trotzdem sehr ähnlich. Es gibt immer Dinge, die kleiner sind als du, wie zum Beispiel eine Ameise. Es gibt immer Dinge, die kleiner sind als die Ameise. Schließlich wird nur noch ein Staubkorn übrig sein, eine Zelle im

Universum. Eine Zelle ist der Anfang von etwas, das wachsen kann. Die Zelle kann verschiedene Wünsche haben: ein Universum zu werden, eine Galaxie zu werden, ein Planet zu werden, etwas zu werden, das auf diesem Planeten existiert, usw., bis ins Unendliche. Auf diese Weise existiert das Kleine immer im Großen und umgekehrt.

"Das ganze Firmament, das du vor dir siehst, ist ein Teil von dir - und du bist ein Teil davon. So ist es für alle Menschen, und es ist ein Wissen, das ihr alle teilt. Erinnere dich daran, bevor du in das große Paradies reist, das deinen kleinen menschlichen Körper beherbergen wird. Das Einzigartige durchdringt den Einzigartigen, wo nur ein Wesen existiert, das der Anfang und die Fortsetzung aller Dinge ist: der Schöpfer."

24. Nachwort

Shala und ich saßen da und warteten auf das Raumschiff, das uns in das Reich der Zentralen Rasse bringen sollte. Auf dieser Zeitreise durften wir nicht auf Engelsflügeln reisen, dachte ich. Stattdessen würden wir das Große Portal passieren. Die Abschiedsfeste waren vorbei und die tausend und eine Verabschiedung. Man hatte uns über die Zentrale Rasse oder die WingMakers gelehrt und die erst kürzlich begonnene Informationsarbeit zwischen ihnen und Mutter Erde, die über das Internet stattfindet. Als ich die Erde verließ, gab es einen Mangel an Computern, sodass ich bei den Engeln lernen musste, was das Internet bedeutet. Shala war begeistert von dieser "neuen" Erfindung und lernte schnell. Bei mir ging es etwas langsamer, aber jetzt bin ich ziemlich gut darin. Und schließlich waren wir bereit, unser geliebtes Engelsreich zu verlassen.

Die kleinen Kugeln, die wir um unsere Hälse trugen, trugen eigenartige Hieroglyphen. Sie dienten als eine Art Kanal zu den WingMakers, und das Material war für uns völlig unbekannt. Es sieht aus wie Knochen oder Elfenbein, ist aber viel lockerer in der Konsistenz. Ich saß da und dachte, dass sich meine Leser über dieses Buch sehr wundern werden. Es erzählt von für die Erde völlig unbekannten Orten im Weltall, da unsere Teleskope nicht stark genug sind, sie zu sehen. Die Menschheit glaubt, enorme Fortschritte in ihrer Forschung gemacht zu haben. Hat sie aber nicht. Das wissen wir.

Die kleinen Kugeln sind der einzige physische Beweis, den wir für die Existenz der Zentralen Rasse haben. Wenn man sie als Beweis betrachten kann. Mein Medium, Mariana, hat eine solche Kugel, und die Symbole darauf stimmen mit den Symbolen auf den erstaunlichen Gemälden der WingMakers überein. Das ist alles, was ich sagen kann, um jemanden zu überzeugen. Trotzdem könnte es sein, dass ich damit keinen Erfolg habe.

Ich verlange nicht, dass ihr mir glaubt. Ihr dürft dieses Buch gerne als eine Fantasiegeschichte betrachten. Wahrscheinlich werde ich bald noch mehr spannende Dinge erleben. Es gibt mehr Ursprungskulturen und mehr Planeten in mehr Universen.

An den meisten Orten gibt es Leben. Ich denke, die Zeit ist reif für die Erdenmenschen, diese neuen/alten Wahrheiten kennen zu lernen.

Wenn ihr es vorzieht, den eisernen Vorhang vor euch herunter zu ziehen, macht das für mich keinen Unterschied. Ihr wählt selbst, was ihr glauben wollt und ihr werdet sicherlich mehr wissen, irgendwann. Der Übergang, den ihr Tod nennt, ist das Eingangstor zu unendlichem Wissen und unendlicher Weisheit, vorausgesetzt, ihr wollt euren Geist entwickeln. Ich wollte mehr wissen, und das tue ich immer noch. So verabschiede ich mich vorerst und werde mich zusammen mit meinem Engelsmädchen Shala auf ein schwindelerregendes Abenteuer in meinem physischen Körper, aber mit einer uralten Seele im Gepäck, begeben. Trauen wir uns zu sagen: "Wir sehen uns in 700 Jahren wieder!?" Oder sollten wir einfach und selbstbewusst sagen: "Gaia, unsere geliebte Erde, ist ein zukünftiges Paradies!"

Appendix

Meditationsübungen

Für alle, die es wünschen, hier ein paar Meditationsübungen in Verbindung mit Jan Fridegårds eigenartigen Reisen.

1. Setze dich bequem zurück gelehnt an deinen Meditationsplatz. Schließe deine Augen, trenne dich von der äußeren Umgebung und stelle dir vor, dass du dich in einem weißen Licht befindest. Das Licht ist überall um dich herum, du bist darin eingeschlossen und es fühlt sich warm und angenehm an. Du solltest nun versuchen, deinen eigenen Eingang zu dem zu finden, was als vierte Dimension bezeichnet wird. Man kann auf verschiedenen Wegen dorthin gelangen, siehst du, und jedes Individuum sollte seinen eigenen Weg nutzen. Das Große Portal, das im Buch erwähnt wird, ist der Eingang zur fünften Dimension. Aber zuerst musst du in die vierte "Realität", wie ich sie lieber nenne, durchgehen. Wenn du es geschafft hast, einzutreten, ist es eine Dimension, die sich genauso real anfühlt wie die dritte, deine jetzige.

Wie ich oben schon erwähnt habe, gibt es viele Wege, um dorthin zu gelangen. Du bist ein einzigartiges menschliches Wesen, dementsprechend ist auch dein Weg dorthin einzigartig. Wenn du dich von der dritten Realität in die vierte bewegen willst, musst du zuerst herausfinden, wie dein Weg aussieht. Hier sind einige Beispiele:

- Gehe auf einer Straße, bis du zu einer Kreuzung mit drei Möglichkeiten kommst. Lies die Wegweiser genau. Wenn auf einem von ihnen "Vierte Dimension" steht, dann nimm sie. Wenn auf keinem von ihnen "Vierte Dimension" steht, musst du umkehren und von vorne beginnen. Wir werden das richtig machen, nicht wahr? Wenn du ein für alle Mal den richtigen Weg in die vierte Dimension (Realität) betreten hast, wird es für dich in Zukunft einfacher sein, dorthin zu gelangen. Wenn du diesen Weg beschreitest, wirst du unwiderrufliches Wissen erhalten. Es wird dir auf die Art und Weise gegeben werden, die absolut richtig für dein einzigartiges Selbst ist.

- Stelle dir einen kleinen schwarzen Punkt in der weißen Leere vor. Beobachte, wie sich dieser Punkt ausdehnt und zu einem Quadrat wird. Das Quadrat erhält das Aussehen einer Tür oder eines Portals. Sende all die Liebe, zu der du fähig bist, zu diesem Portal/Tür und bitte um die Erlaubnis, es in die vierte Dimension zu betreten. Sieh, wie deine Liebe von deinem Herzzentrum zum Portal ausstrahlt, so dass es sich öffnet. Dann folge dem Strahlen, das du ausstrahlst, direkt durch das offene Portal. Spüre, dass sich das Portal hinter dir schließt, aber sei dir auch bewusst, dass es sich öffnen wird, wenn du zurückkehren möchtest.

- Gehe online und schau dir eines der Bilder auf der WingMakers Website (www.wingmakers.com) auf deinem Computer an. Wähle aus den 24 Bildern dasjenige aus, das dich am meisten anspricht. (Wenn du das Bild auf einem Farbdrucker ausdrucken kannst, ist das ein großer Vorteil). Betrachte das Gemälde zuerst als Ganzes. Dann nimm die Details wahr. Dann tauche in das Gemälde ein, spüre, dass du eins mit ihm wirst und ihr beide in kosmischem Licht badet. Du musst dieses

Gefühl regelrecht lieben! Dann stelle dir vor, dass das Gemälde dein Tor zur vierten Dimension ist. Tauche in die eigentümliche Symbolik des Gemäldes ein und fühle dich als eins mit ihm. Lass es dich direkt in die nächste Dimension bringen.

- Zünde eine Kerze vor dir an. Schaue die Flamme an und bringe sie in dein Herz. Schließe dann deine Augen und spüre die Flamme in deiner Herzregion. Sie sollte dort warm sein. Die Flamme soll dich in die vierte Dimension führen. Sie krabbelt aus deinem Herzen und fliegt davon, und dann musst du ihr folgen. Du bist mit der Flamme verbunden, es gibt ein Band der Ausstrahlung zwischen euch beiden. Wenn du eine Weile im Raum geflogen bist, kommst du an einen weißen Zaun. In dem Zaun ist ein Tor. Die Flamme fliegt über das Tor und direkt über den Zaun. Jetzt kommt deine Entscheidung: Folgst du der Flamme und schwebst über den Zaun oder versuchst du, das Tor zu öffnen oder das Strahlenband zu durchtrennen und kehrst in deinen bekannten Alltag zurück?

   Denke so: Ich kann schweben. Ich bin die ganze Zeit hinter der Flamme durch die Luft geschwebt, und warum sollte ich jetzt aufhören? Da es für die Flamme kein Hindernis gibt, gibt es ein solches auch für dich nicht. Du musst nur mitkommen. Du spürst ein befreiendes Gefühl von Glück und Aufregung. Was ist hinter dem Zaun? Folglich ist es völlig unnötig, das Tor zu öffnen. Es ist dein angeborenes Gefühl, in einem Muster zu sein, von dem du glaubst, dass du ihm folgen musst. Du musst das Tor nicht öffnen, um sicher zu sein, dass du es trotzdem durchqueren kannst.

   Wenn du das Band der Ausstrahlung abschneidest, gehorchst du deiner Angst. Gib zu, dass du oft -

nicht immer! - deiner Angst gehorchst oder ihr erlaubst, Macht über dich zu erlangen. Wenn du ihr dieses Mal dieses Recht gibst, musst du zurückkehren, und es kann einige Zeit dauern, bis du den Mut findest, es erneut zu versuchen. Die Angst ist kein Freund, sie ist dein eingeschworener Feind. Frage stattdessen die Angst, was sie dort macht. Wenn sie dir eine zufriedenstellende Antwort gibt, analysiere sie, bevor du ihr nachgibst. Dann wähle. Vermutlich wählst du die erste Alternative.

- Schließe deine Augen und gehe auf einen Berg. Es ist leicht, hinaufzukommen, aber es ist schwieriger, hinunterzukommen, da du nicht weißt, auf welcher Seite du hinunterklettern wirst. Du willst in die vierte Dimension gelangen, aber du weißt nicht wirklich, wo sie ist. Die eine Seite des Berges ist absolut kahl. Die andere Seite ist mit niedrigen Büschen und Gestrüpp überwuchert, ziemlich schwer zu durchdringen. Die dritte Seite ist voller schöner Blumen; sie duften und rufen dich von dort an und dir wird ein bisschen schwindelig. Die vierte Seite ist voller Wasser, und die Rinnsale machen es glänzend und rutschig und unmöglich, darauf zu gehen. Welche Seite solltest du wählen?

  Du solltest dich für keine Seite des Berges entscheiden. Du bist auf seinem Gipfel angekommen, und dort oben ist der Eingang zur vierten Dimension, direkt vor deiner Nase. Oft ist es so, dass wir das, was wir vor der Nase haben, nicht wahrnehmen. Das, was viel zu einfach ist, machen wir uns schwerer. In der Luft da oben auf dem Berg ist dein Ziel. Es ist um dich herum und über dir, eine Spirale aus Licht, und du stehst genau in der Mitte. Entspanne dich und lass dich vom Willen des Schöpfers ergreifen und pfeife direkt in die vierte Dimension. Du hattest die Lichtspirale nicht bemerkt, da sie so nah war und da du dich in ihr befandest.

2. Die zweite Meditationsübung hat nicht so viele Facetten. Sie geht direkter zur Sache, aber dann musst du schon auf dem Weg sein und vielleicht sogar die vierte Dimension besucht haben - das erste Portal zur Ewigkeit.

Sirius ist ein bemerkenswerter Stern, da er einen Zwerg hat, der ihn umkreist, und dieser Zwerg ist bewohnt. Aber Sirius selbst funktioniert als ein Portal zu anderen Dimensionen. Er funktioniert auch als Portal für Außerirdische von verschiedenen Orten in unserem und anderen Universen, durch das sie eintreten können, um zu unserer Erde oder zu anderen Planeten in unserem Universum zu gelangen. Sirius ist eine Kraftquelle, eine Art Zentrum in unserem Universum. Das ist der Ort, an den du gehst.

Stell dir vor, du bist ein geflügeltes Wesen, das direkt zum Sirius fliegt. Was du dort erlebst, ist deine eigene Sache, aber du wirst dort hundertprozentig gut aufgenommen werden, das garantiere ich dir. Von dort aus kannst du, wann immer du willst und dich dazu bereit fühlst, durch das Sirius-Portal gehen. Es führt in die vierte Dimension und dann, wenn du die Erlaubnis hast, in die fünfte Dimension.

Viel Glück!

Dies waren einige Beispiele für Meditationen, die den Weg zu einem höheren Bewusstsein öffnen können. Ich bin überzeugt, dass alle, die es wünschen, damit Erfolg haben werden. Das Wichtigste, und das gilt für alle Vorschläge, ist, die Angst loszulassen. Angst ist ein unüberwindbares Hindernis, um weiterzukommen. Das Gefährlichste, was es gibt, findest du auf der Erde, wo du lebst. Hier lauern wirklich Gefahren. Wenn du in der Lage bist, auf der Erde zu leben und zu verweilen, dann weißt du, was Böses, Gewalt und Machtgier sind. In der vierten Dimension gibt es nur helle Energien, aber auch viel Weisheit. Entscheide dich für einen Besuch und habe niemals Angst zurückzukommen. Du bist derjenige der einzigartig ist, also entscheidest du!